RÊVEURS ET NAGEURS

Denis Grozdanovitch a longtemps mené une double vie d'érudit et de sportif professionnel (tennis, squash et courte paume). En 2002, il publie son *Petit Traité de désinvolture* qui obtient le prix de la Société des gens de lettres et devient un livre culte pour ses nombreux lecteurs. En 2005, paraît *Rêveurs et Nageurs*, prix des Librairies Initiales, et l'année suivante, *Brefs Aperçus sur l'éternel féminin* qui reçoit le prix Grand-Chosier.

DU MÊME AUTEUR

Petit Traité de désinvolture
Corti, 2002
et « Points », n° P1284

Brefs Aperçus sur l'éternel féminin
Robert Laffont, 2006

De l'art de prendre la balle au bond :
précis de mécanique gestuelle et spirituelle
J.C. Lattès, 2007

Denis Grozdanovitch

RÊVEURS ET NAGEURS

ou du plaisir parmi les difficultés

José Corti

L'auteur remercie le Centre National du Livre pour son aide,
ainsi que Béatrice Monti von Rezzori
et sa Fondation Santa Maddalena.

TEXTE INTÉGRAL

ISBN 978-2-7578-0064-5
(ISBN 2-7143-0881-3, 1re publication)

Par une certaine fin d'après-midi automnale de l'avant-dernier siècle – au fond d'un jardin à moitié abandonné des alentours de Boston – une fillette nommée Alice James, tout en chantonnant une comptine anglaise sans queue ni tête, pousse nonchalamment une balançoire grinçante sur laquelle est juché son jeune frère Henry en culottes courtes. Ce dernier remarque alors :

« Je crois qu'on peut appeler ça du plaisir parmi les difficultés. »

À tous ceux qui seront sensibles à l'humour poétique, à la sage et profonde gravité de cette phrase prononcée par un garçonnet mélancolique au fond d'un jardin envahi par l'automne, à ceux – rêvant et nageant – dont les forces faiblissent… mais qui restent encore capables d'éprouver d'intenses minutes de plaisir parmi les difficultés croissantes d'un monde bouleversé et parfois tellement infernal qu'on pourrait le croire au bord du désastre, je dédie fraternellement ces pages.

Denis Grozdanovitch

Savoir qu'il y a quelque chose de plus important que les réussites ou les échecs : ce sont les sensations fines, la participation à ce qui est à partir de rien, une aile qui passe, une roche moussue, un chaland sur le fleuve, les mille révélations que le choc du monde fait sur le corps et qui allument une petite flamme intérieure, quand on sait s'absenter de ce qui hurle, grince, blesse par trop. Et l'on ne pense même pas qu'on en jouit. C'est comme dans l'enfance, on ne sait pas l'enchantement traversé…

Georges Haldas

Que la lecture, pour toi, ne soit pas ce qu'elle est pour tant de lecteurs : lire pour mourir. Secoue de tes mains cette poussière barbarement intellectuelle et laisse cette bibliothèque, où peut-être un jour viendra se loger ta pensée momifiée. Il est encore temps pour toi et l'après-midi t'invite à marcher vers le fleuve où nagent des corps juvéniles plus instructifs que tant de livres, y compris ceux que tu pourrais écrire.

Luis Cernuda

à André, mon père

à Blaise, John Cowper et Jack
dont les fantômes bienveillants soutiennent
mes rêves dérivant sur les eaux du Léthé...

Un choc culturel

J'avais remisé ma vieille DS Citroën dans la grange attenante au château et à quelques mètres de la chambre d'Archie, mon hôte. Or, j'avais oublié qu'à cette heure-ci de l'après-midi, le vieux lord anglais se livrait à sa sieste quotidienne. Aussi commençai-je de tirer plusieurs fois sans succès sur le démarreur. Politesse anglaise oblige, Archie émergea tout ébouriffé de sa chambre et s'enquit de savoir s'il pouvait m'être de quelque secours. Connaissant depuis longtemps les compétences manuelles d'Archie, acquises au fil des années devant la nécessité de devoir tout réparer dans son château branlant de Nouveau Pauvre (comme il s'intitule lui-même), j'acceptai son aide avec empressement…

Archie, qui est à moitié chauve et assez myope, s'approcha de l'automobile d'un air préoccupé, quasi anxieux (je compris par la suite qu'il nourrissait une prévention de longue date contre les ingénieurs de chez Citroën), puis retroussa ses manches à la manière d'un vieux lutteur qui ne se fait aucune illusion quant à l'éventuelle facilité du moindre combat.

Il se mit d'abord en devoir d'ouvrir le capot, ce qui, avec une Citroën, ne constitue pas nécessairement (tous ceux qui en ont possédé une le savent) une opération d'une totale banalité. Ce fut le début d'une longue suite récriminatoire de sa part. Comme je me suis prudemment rangé depuis longtemps dans la catégorie des néophytes enthousiastes en matière de mécanique, ayant décidé une fois pour toutes d'y voir de la pure et simple sorcellerie, je n'osai – fût-ce pour une opération aussi anodine – proposer mes services, craignant que la chose pût être interprétée comme une forme d'irrévérence blessante envers quelqu'un que je pouvais considérer comme un expert. Force me fut pourtant, devant l'agacement maîtrisé mais sensiblement croissant d'Archie, de lui dévoiler l'astuce qui interdit l'accès du moteur aux non-initiés.

Mettre le nez dans le moteur d'une DS – je le sais pour avoir observé l'expression ahurie de nombre de garagistes non-cartésiens à l'ouverture du capot – peut à bon droit être considéré comme un choc culturel. Ce fut tout à fait le cas avec Archie qui dans un haut-le-corps s'exclama : « *Gosh !* »

Presque aussitôt cependant, le pragmatisme anglais commandant impérativement de prendre contact avec les problèmes avant que d'y réfléchir, Archie plongea au plus profond des entrailles du mécanisme, trifouillant avec fébrilité parmi les durites, émettant à intervalles réguliers de petits grognements désapprobateurs ou bien encore des : « *What's that ?* » et des : « *Extraordinary !* ». Enfin, après dix bonnes minutes d'intense activité exaspérée, il me demanda de mettre le contact et d'actionner le démarreur. Après quelques tentatives infructueuses, le moteur fit mine de répondre favorablement pour s'épuiser presque immédiatement en crachouillis pitoyables. Archie releva la tête et, me fixant de derrière le pare-brise avec un air soupçonneux un tantinet agressif, s'écria : « Avez-vous touché l'accélérateur ? » Sur ma réponse négative, il fonça dans le capharnaüm qui lui sert d'atelier dans l'un des coins de la grange et en ressortit avec une espèce de long croc recourbé d'un modèle que je n'avais encore jamais vu jusque-là puis, plongeant derechef sous le capot, entreprit avec la dernière énergie, soufflant comme un bœuf, de tordre quelque élément manifestement rétif du mécanisme. Ayant plus ou moins réussi, du moins à ce qu'il me sembla, il me demanda de remettre le moteur en marche. Celui-ci démarra au quart de tour pour presque aussitôt exploser dans un couac atroce et insolent. Archie hurla : « *Crazy french system !* », ajoutant rageusement entre ses dents : « Peuvent-ils faire les choses comme tout le monde ? Le peuvent-ils ? »

J'entrepris alors quelque chose comme une longue justification emberlificotée concernant la dramatique absence de simplicité dont sont affectés la plupart des ingénieurs français, mais Archie, qui était resté à m'écouter dubitativement tout en contemplant dans une sorte de transe de perplexité courroucée l'intérieur du capot, s'immobilisa soudain tel un faucon en plein ciel – et je me souvins à cet instant qu'il avait été un as de la R.A.F. durant la dernière guerre – puis avec une rapidité foudroyante fondit sur un minuscule clapet qu'il entreprit (de toute évidence convaincu d'avoir enfin débusqué le fauteur de troubles) de dessouder avec frénésie. On entendit alors d'étranges bruits de succion et de déglutition assez répugnants émaner du moteur imperturbablement récalcitrant.

Ce fut à ce moment-là qu'Archie, parvenu au comble de l'exaspération, se releva brusquement dans un mouvement de dépit. Or – trois fois hélas ! – Archie avait sous-estimé un dernier aspect de l'incompétence Citroën car il se heurta méchamment le haut du crâne au rebord – un peu bas, il faut bien l'admettre – du capot relevé. Archie, aveuglé à la fois par le sang qui avait jailli de la blessure en maculant ses lunettes et par une rage longtemps contenue, vociféra : « *Damned it !*

Bloody french mecanic ! » et, se ruant sur le moteur comme pour un assaut décisif des Scottish Rangers face à l'ennemi, commença d'arracher furieusement toutes les durites sans plus pouvoir se contrôler, le sang qui dégoulinait se mêlant à l'huile du moteur.

Ce n'est qu'en le prenant à bras-le-corps et en lui dispensant des paroles d'apaisement au creux de l'oreille – abondant dans son sens, l'assurant d'être convaincu, moi aussi, que les ingénieurs français étaient de dangereux pervers dépourvus du moindre sens commun – que je parvins à le dissuader d'empoigner la lourde masse qui reposait à quelques mètres de la voiture et d'anéantir définitivement ce symbole patent de l'incorrigible arrogance continentale.

Le surlendemain vers dix heures du matin, quand j'arrivai dans le garage de M. Cazalis, le concessionnaire Citroën local à qui j'avais demandé de remorquer la DS, j'eus tout d'abord l'impression d'être la proie d'un sortilège : Cazalis était appuyé au même chambranle de porte que celui où je l'avais laissé la veille et il prononçait mot pour mot le même discours devant le même auditeur.

À mon arrivée, ce dernier s'éclipsa et M. Cazalis, soulevant d'un millimètre le rebord de sa casquette en guise de salut, se dirigea en traînant ses charentaises avachies vers la DS qui, environnée d'une kyrielle d'outils éparpillés sur le sol, un gros chat roux endormi sur son toit et parmi un va-et-vient d'hirondelles affairées autour de leurs nids sous les poutres, reposait paisiblement au fond du garage. Marchant à l'allure d'un vieux pachyderme essoufflé, Cazalis m'expliqua, avec un fort accent gascon, que le temps lui avait manqué. Cela dit, avec de merveilleuses machines comme celle-ci, m'assura-t-il en désignant la DS, je n'avais aucun souci à me faire, ce serait l'affaire de quelques coups de tournevis.

Légèrement appuyé au rebord du capot ouvert comme à la rambarde d'un balcon, triturant dans le moteur à l'aide d'un minuscule tournevis comme s'il touillait distraitement la terre d'une jardinière, Cazalis entama alors un long exposé sur la géniale conception des moteurs Citroën. Environ trois quarts d'heure et cinq brefs coups de tournevis plus tard, le conférencier interrompit soudain son discours et, selon ce qui était devenu pour moi un rituel, me demanda d'actionner le démarreur. Le moteur partit au quart de tour et commença de ronronner avec régularité. Cazalis, s'inclinant à la manière d'un chef de chorale cherchant à repérer une note discordante, grommela, comme pour lui-même : « Pas mal, pas mal… », puis attaqua dans la foulée ce qui semblait être la deuxième période de son allocution : la fabuleuse histoire de la 2 CV !… sa main, comme auparavant, glissant de temps à autre à l'intérieur du moteur…

Or ce dernier, qui continuait de tourner inlassablement, semblait avoir engagé un véritable concours d'endurance avec la loquacité intarissable du mécanicien volubile. En outre, à intervalles réguliers, le ventilateur du radiateur se déclenchait avec un bruit si épouvantable qu'il aurait pu paraître propre à étouffer dans l'œuf toute velléité d'expression ; cependant ce vrombissement d'enfer n'entamait pas d'un iota la faconde de Cazalis qui, ne haussant pas même le ton (ce qui m'obligeait à tendre l'oreille), continuait d'égrener ses considérations philosophico-mécaniques. Seul le chat roux avait eu le bon sens d'aller se réfugier un peu plus loin sur l'aile d'une camionnette désossée. Je tâchais, pour ma part, en acquiesçant poliment, de ne pas perturber le flux oratoire qui semblait agir de concert avec la main, désinvolte mais guidée effectuant de mystérieux réglages infinitésimaux dans le ventre de ma vieille DS.

Survint alors un nouveau compère, lequel, arborant une tête d'idiot vernaculaire tout à fait exemplaire, offrait une expression réjouie sur sa face ronde où, derrière des lunettes aux verres épais, ses yeux semblaient dormir tranquillement côte à côte comme deux petits lacs de pure candeur. Ce personnage était accompagné d'une ravissante fillette au regard déluré qui, toisant en silence êtres et objets autour d'elle, commença de me scruter…

L'homme aux yeux candides se lança pour son compte, et sans préambule, dans une mélopée sauvage en semi-patois où je crus deviner qu'il était question des sangliers ravageant les potagers en bordure de forêt. Cazalis, rendu méditatif par des nouvelles d'un caractère aussi alarmant, hochait la tête d'un air navré et lâchait de temps à autre un philosophique : « Ça devait finir comme ça ! »

Le ronronnement du moteur, agrémenté par les pétarades récurrentes du ventilateur, continuait d'accompagner l'interminable conciliabule des deux Gascons. Une pause, parfois, pouvait laisser espérer qu'on abordait enfin au rivage d'une conclusion, mais non ! Le flux verbal reprenait comme une source un court instant ralentie par un amas de brindilles, tandis que la fillette, me fixant toujours, semblait chercher à jauger mon degré de résistance et ma capacité à soutenir son regard sans sourciller.

La vérité est que je demeurais hypnotisé par la main qui s'attardait dans le moteur, engendrant de temps à autre de soudaines accélérations.

Enfin, la petite fille, qui estimait sans doute m'avoir percé à jour et s'être largement octroyé la victoire en me faisant baisser les yeux à trois reprises, tira le benêt en criant : « Bon maintenant on y va, je m'ennuie ! je m'ennuie ! On y va ! On y va ! »

Après leur départ, le garagiste, contournant le capot, se décida à couper les gaz et nous pûmes alors constater que le problème s'était transmué en auto-allumage. Sans s'en émouvoir le moins du monde, sa main droite titillant négligemment un filin avec une pince plate, Cazalis entama sur-le-champ et par le menu son plan personnel de résorption du chômage en Europe.

Sur ces entrefaites, Mme Cazalis, que j'avais déjà entrevue la veille, émergea de l'étroit bureau encombré de papiers, suivie de trois énormes chiens pataudss tyrannisés par un quatrième, minuscule mais impérieux. Passant à portée de son époux, elle lui lança un regard de tendresse complice, puis, me désignant les chiens qui, à l'instigation du roquet, inauguraient un concert d'aboiements, me dit avec une nuance de reproche et comme si j'en étais responsable : « C'est qu'à c't'heure-ci, i commencent à avoir faim ! » Enfin, débusquant un vieux vélo rouillé de derrière un amas de cartons, elle l'enfourcha avec d'infinies précautions et à une allure quasi onirique (à la limite exacte de la perte d'équilibre), ses quatre chiens déployés en escadrille sur ses arrières, commença de pédaler en zigzag pour rejoindre leur maison située tout au plus à la distance de quarante-cinq mètres.

Cazalis, impassible, continuait de disserter, farfouillant toujours. De temps à autre, comme s'il s'adressait en aparté à l'assemblage compliqué de tuyaux et de pistons qui s'étalait devant lui, il murmurait : « Ah ! On finit par y venir ! » Cependant, mon oreille commençant à se faire à cette musique concertante, je décelai un subtil changement de tessiture affectant tout à la fois le régime du moteur et celui du discoureur.

À cet instant, l'épouse, manifestement elle aussi en parfaite empathie, ressortit de la maison et, à cette même allure somnambulique, repédala en direction du garage, toujours suivie des chiens en formation réglementaire. Repassant à la hauteur de son mari, elle s'adressa à lui en patois. Cazalis, paraissant s'extirper d'un rêve profond, fit en guise de réponse un geste évasif. Je crus deviner qu'il s'agissait de la facture qu'elle s'apprêtait à rédiger dans le bureau. Refermant alors le capot d'un geste un peu théâtral, le garagiste déclara :

– Voilà ! Le reste, on peut rien y faire ! Sans que je parvienne à déterminer si cette formule désignait l'état de vétusté de mon moteur ou le problème général du chômage.

Dans le bureau, aux murs couverts de photos représentant différents modèles prestigieux de la firme Citroën ainsi que des paysages de montagne pyrénéenne et où les papiers éparpillés sur la table lévitaient au rythme d'un énorme ventilateur fixé au plafond, je réglai la note qui restait assez modique en dépit des trois heures de main d'œuvre. Sur l'esplanade, devant le garage où m'attendait la voiture, les ondes rythmiques des cigales – clamant leur allégeance indéfectible à un soleil surpuissant – envoûtaient la campagne…

Un touchant comité d'adieu s'était improvisé : les trois gros chiens affalés dans la poussière, la tête entre leurs pattes, le roquet assis au pied d'un bidon d'huile, le chat juché dessus, ainsi que Cazalis, de nouveau appuyé à son chambranle de porte, semblaient avoir tenu à escorter le départ de la convalescente.

Je mis le contact. Le moteur résonna cette fois-ci avec le même allant qu'un allegro de Vivaldi. Ravi, je donnai deux brefs coups d'accélérateur enthousiastes.

À ma grande surprise, Cazalis eut alors un brusque sursaut et abandonnant vivement son chambranle pour venir se pencher à la portière, il s'écria :

– Holà ! Holà ! Doucement ! Avec Citroën, faut y aller mollo !

Une vieille empathie cynique

Observant dernièrement le spectacle d'une de ces mémés à chiens tirant le pauvre cabot par sa laisse au point de l'étrangler à demi parce qu'il reniflait le derrière d'un de ses congénères, je me pris à rêver sur cette mystérieuse imbrication des âmes humaine et canine dont on nous dit la si lointaine ancienneté. Car qui n'a entendu dire que la relation entre les hommes et les chiens remonte aux époques antédiluviennes – du temps où les hardes de demi-loups qui suivaient les tribus nomades s'étaient laissées progressivement apprivoiser en sentinelles des campements, puis en gardiens des troupeaux ? Ce commerce ancestral n'ayant pu manquer d'établir une relation de profonde empathie entre la gent canine et nous, le regard candide du chien, lorsqu'il croise le nôtre aujourd'hui, ne nous renvoie-t-il pas, parmi les infinies sophistications de l'existence moderne, à la sainte et primordiale bêtise en nous ? cette bêtise – pour jouer sur la belle ambivalence de ce mot – avec laquelle il nous a bien fallu, à la longue, vivre *en bonne intelligence* ?

Et nous autres citadins d'aujourd'hui, condamnés à entretenir des relations de plus en plus intermittentes avec les animaux, comment ne ressentirions-nous pas avec une émotion toute particulière ce rappel d'innocence dispensé par les « vieux compagnons de nos rêves[1] » ?

Je me souviens de l'un d'entre eux, aux alentours de mes dix ans – un chien perdu que nous avions adopté et appelé Dick –, qui fut le muet camarade idéal[2] de mon enfance. Des après-midi entières jouant inlassablement au jeu du caillou (rapporté tout mouillé de salive dans la main), tous deux exultant dans les embardées du vent ; longeant les berges l'un derrière l'autre, comme des Indiens, pour dénicher les poules d'eau ; fourbus dans les fins d'après-midi, écoutant, assis côte à côte, le ronronnement du moteur des péniches qui forçaient à contre-courant vers Paris... tandis que, parfois, de grosses averses giflant le dos du fleuve – qui moussait comme en ébullition ! – trempaient mon compagnon poilu qui se mettait à sentir très fort... jusqu'à ce jour, entre tous mémorable, où, au retour d'une de nos courses, surprenant nos deux reflets dans le miroir en pied du vestibule, je fus saisi d'un bref vertige d'identité, ne sachant plus distinguer laquelle des deux silhouettes était celle de l'enfant...

1. Selon la belle expression de Bachelard.

2. Bien que je sache que l'on aura du mal à me croire, je tiens à noter ce qui vient de se produire à l'instant même : séjournant actuellement à la campagne, dans une maison qui reste toutes portes ouvertes, et ma table de travail se situant sur une mezzanine, j'entendis – *à la seconde précise où j'écrivais ce mot* – des grattements de pattes sur le parquet qui ne pouvaient en rien être celles du chat. Me penchant par-dessus la balustrade, je découvris un colley – surgi d'on ne sait où – assis au bas de l'escalier – qui me regardait avec sympathie. Je descendis et pendant quelques instants il me fit fête avec l'enthousiasme traditionnel de son espèce, sans excès pourtant, puis, alors que je commençais à redouter de possibles embarras, il repartit tranquillement vers le portail du jardin, s'y arrêtant quelques secondes pour un désinvolte pissat avant de s'éloigner en trottinant sur le chemin.

Je me souviens aussi d'Ypo, bâtard croisé de labrador et de setter, alliant la balourdise pataude de l'un à la mobilité inconséquente et gracieuse de l'autre. Durant les quelques mois passés à la ferme des Vanel, en Lozère, il ne me quitta pas d'une semelle, m'accompagnant au cours de mes randonnées en forêt, courant en cercles concentriques à travers les fourrés et les bruyères, surgissant soudain à l'endroit où je l'attendais le moins, comme pour jouer à me surprendre, puis, s'étant assuré de ma présence, repartant dare-dare vers les fantasmes complexes évoqués par son odorat.

Plus d'une fois dans le soleil omniprésent de ces hautes après-midi d'été où je descendais me baigner dans la Truyère en contrebas de la maison, je me suis dit que sa présence gambadante à mes côtés était l'allégorie parfaite de mon bonheur sans histoire d'alors.

Me reviennent encore ses démonstrations enthousiastes, dans la maison, quand il avait compris que l'heure du départ était venue ; son entêtement aussi à me tirer dehors, les fois où il se méprenait sur mes intentions ; ses repos alanguis à mes pieds, devant le feu, qui redoublaient mon plaisir ; le bruit réconfortant de ses griffes sur les marches de l'escalier de bois quand, la nuit, il venait me rejoindre dans la chambre donnant sur la lande, à l'instant même – qu'il semblait avoir perçu – d'un accès de solitude mélancolique ; de ses vigoureux battements de queue et de cette maladresse affective si semblable à la mienne…

Quand je repartis, à la fin de mon séjour, il m'accompagna jusqu'à la route goudronnée au bas du chemin de terre – là où commençait le monde civilisé. Après avoir mis en marche le moteur de ma moto, je lui adressai mentalement une petite prière, ainsi que je fais toujours avec les animaux, soupçonnant vaguement que ce sont eux les vrais dieux tutélaires *bienveillants* de nos existences. Il resta là, à me fixer intensément de ses yeux humides débordants de sentimentalité. Je tournai le dos et démarrai, effaçant le chiffre mystérieux de cette courte et vive amitié silencieuse.

Quelques mois plus tard, j'appris qu'il avait été tué d'un coup de fusil par un voisin soucieux de faire respecter les limites imprescriptibles de son jardinet.

Zora, qui appartenait à mes hôtes d'alors, était une chienne ; un lévrier afghan d'une extrême élégance, un peu comique toutefois, comme le sont la plupart du temps les dandys, car bien souvent sa démarche distinguée, sur ses longues jambes nerveuses, vacillait curieusement. Pourtant, lorsqu'il s'agissait de courir, elle emportait mon admiration ! En la voyant jaillir comme la foudre puis sauter avec aisance au-dessus des obstacles, on savait, sans l'ombre d'un doute, qu'on avait affaire à une athlète de haut niveau.

Comme la plupart des champions, elle aimait à exercer et à montrer sa vitesse et sa virtuosité. Quel plaisir que de la voir foncer entre les troncs d'arbres serrés, sans jamais ralentir l'allure, confiante en son coup d'œil infaillible, effectuer ce prodigieux bond de côté, si parfait, à ma tentative d'approche, s'aplatir sur ses deux pattes avant, sans bouger d'un poil, à l'instant où elle anticipait ma feinte et d'assister au foudroyant démarrage final qui me laissait sur place ! Lorsque que le jeu était fini et que je m'acheminais vers la maison, repris par mes préoccupations du moment, je pouvais sentir son museau froid venir par instants toucher délicatement ma main.

Un soir, quelques jours avant Noël, je sortis dans le jardin pour observer la pleine lune dans le ciel de cristal sombre. Zora était là, hurlant à la mort, s'interrompant parfois pour écouter les réponses venues des alentours. C'était nuit de fête canine et je compris qu'ils étaient tous empêchés de se rejoindre par les innombrables barrières dressées entre eux dans ces quelques pauvres kilomètres carrés.

À ma vue cependant et avant même que je l'aie invitée à jouer, elle se mit à courir éperdument en tous sens, parcourant plusieurs fois de suite toutes les distances possibles du jardin, puis, après un saut de pure exubérance, stoppa net pour écouter l'appel de ses congénères et y répondit longuement. Emmitouflé dans mon manteau et mes pensées douillettes, je me sentis soudain gauche et emprunté face à ce chien élégant qui saluait avec un tel enthousiasme la magnétique beauté de cette nuit d'hiver !…

Cette nuit-là, en rêve, j'entrevis une forme fuselée qui filait sans entrave à travers la steppe, sous la lune… Au matin, du côté de la rue, j'entendis un coup de frein brutal suivi d'un choc sourd. J'appris plus tard que Zora – qui s'était échappée au cours de la nuit –, elle pourtant si rapide et si sûre, n'avait pas su retraverser la rue.

Nous avions été obligés de nous séparer de Dick lorsqu'à la suite d'une augmentation de loyer importante, mes parents et moi avions dû quitter la maison au bord du fleuve et emménager dans un petit appartement où nous ne pouvions décemment confiner un gros animal. Ypo et Zora avaient tous deux été victimes, eux aussi, du rétrécissement de l'espace dans le monde civilisé. Resserrement progressif auquel nous autres, *les maîtres intelligents*, avons apparemment si bien su nous adapter. Pourtant, à chaque fois que nous croisons un des innombrables chiens de nos grandes villes d'aujourd'hui, tirant désespérément sur sa laisse, dans la mince part encore sauvage et muette de nous-mêmes, la vieille empathie indéfectible hurle à la mort !

De la difficile légèreté d'être

> Je me suis toujours persuadé que les damnés finissaient par évoluer en enfer comme poissons dans l'eau.
>
> *Jean de la Fontaine*

« La mélancolie n'est pas le malheur mais le sentiment du malheur, sentiment qui n'a rien à voir avec ce qu'on affronte, puisqu'on l'éprouverait au cœur même du paradis. Nul besoin d'adversité ni d'enfer, la certitude de l'inanité suffit. La mélancolie est l'apothéose de l'à-quoi-bon, c'est le triomphe de l'inéluctable ressenti comme mélodie sans trêve, comme tonalité fondamentale de la vie. »

Voilà ce que nous déclare Cioran.

Si je m'incline devant « la certitude de l'inanité », j'aimerais cependant faire remarquer que cette mélancolie engendrée par « le triomphe de l'inéluctable » est principalement éprouvée par ceux qui ont cru avec force, un jour, qu'il pût jamais en être autrement.

Ne peut-on observer, en effet, que ce sont ceux-là mêmes – ayant naïvement et désespérément souscrit dans leur prime jeunesse aux *assurances éternelles*, aux garanties d'immortalité promises par l'Église chrétienne (et pour cela, point n'est nécessaire d'être expressément dévot, il suffit, bien entendu, d'avoir été longuement perfusé au sérum culturel instillé dans nos veines par notre éducation) – qui, ensuite troublés par le scepticisme inhérent à la réflexion rationnelle, profondément déstabilisés par la révélation de mythologies culturelles radicalement indifférentes à toute angoisse ontologique (et ne glorifiant nullement, soit dit en passant, la souffrance méritante), se jettent alors avec de vilaines rages d'enfants gâtés – soudain spoliés de leur éventuel *bon point métaphysique* – dans le désespoir nihiliste, la mélancolie sarcastique, amère et vengeresse ? Ne montrent-ils pas par là combien ils ont pu s'enticher dans leur tendre et candide enfance – soigneusement protégée du réel – des glorieuses, miraculeuses et méritoires récompenses prétendument réservées aux gentils catéchumènes ? N'en demeurent-ils pas, par la suite, irrémédiablement grevés de l'intérieur par une aigre nostalgie mélancolique, et ne commencent-ils pas, sous le coup de la déception, non seulement à éprouver cette « apothéose de l'à-quoi-bon », mais encore à distiller méchamment leur ressentiment désenchanté, se jetant avec une fureur autodestructrice dans les bras de Némésis ? Plus dommageable encore, hélas, ne développent-ils pas bien souvent alors – privés de leur chère transcendance – une funeste propension à vouloir régler sévèrement et de manière *institutionnellement coercitive* les choses d'ici-bas, se ralliant tout naturellement, pour ce faire, à des idéologies nettement fascisantes ?

Il y a belle lurette, en tous cas, que je sais pertinemment combien ces athées persifleurs et cyniques, ces Don Juan sarcastiques, ces nihilistes *à la slave*, ces thuriféraires de l'absurde, sont intimement (et inconsciemment) les plus *intégristes* d'entre nous – les plus éloignés, à tout le moins, d'une éventuelle légèreté païenne insouciante ou d'un quelconque stoïcisme fataliste face à l'inéluctable ! Leurs sarcasmes, leurs constats sardoniques, ont toujours sonné à mes oreilles comme des jérémiades. Enfin donc, que c'est bien de longue date, en dépit du respect fraternel que j'éprouve pour tous ceux qui, comme lui, résistent vaillamment à l'optimisme dogmatique et imbécile d'aujourd'hui, ce qui m'a toujours semblé suspect chez Cioran.

Il y a chez ce fils de pope, brillant écrivain et humoriste, mais sacrifiant trop souvent au conformisme de l'anticonformisme à mon goût, une certaine jouissance maligne à vouloir désespérer son prochain, non point tant à cause de ce que la vie a toujours été et demeure en elle-même (offrant, ce me semble, de magnifiques compensations à ses aspects désastreux) qu'au nom de la déception qu'il éprouve à réaliser « l'inanité », pour le coup, des grandes espérances consolatrices qu'on lui avait fait miroiter dans sa tendre et pieuse enfance, et dont les divers mirages l'avaient alors tant émerveillé qu'il ne peut plus désormais (incapable de s'adapter à une nouvelle donne et d'éprouver le moindre enthousiasme sportif et ludique pour l'existence telle qu'elle se présente au commun des mortels) que soupirer à leur suite, vitupérant au passage avec aigreur à l'encontre de ce nouveau réel *trivial* qu'il croit avoir enfin débusqué, lequel est fort éloigné de mener jamais à cette saint-sulpicienne apothéose paradisiaque à laquelle il avait tant voulu croire au départ.

Chacun sait que désespérer son auditoire dans une première période afin de vanter les avantages et béatitudes du royaume divin dans la seconde est la méthode rhétorique éprouvée des prédicateurs. Cioran, qui, lui, nous inflige en permanence la première mais nous prive de la seconde et qui se considère probablement comme une sorte de grand stoïque glacé un peu démoniaque, ne soupçonne manifestement pas à quel point il n'est peut-être, en réalité, que la triste moitié inconsciente d'un évangélisateur.

En fait, à bien y regarder, c'est à une variante balkanique du calvinisme que nous avons vraisemblablement affaire ici, laquelle mène une guerre larvée contre toute vision païenne, multiple, baroque et éventuellement joyeuse de l'existence. Pour des puritains de cette eau, l'existence telle qu'elle se présente, dans un simple jardin laissé à l'abandon, par exemple, est insupportable défi, insulte à cette rationalité intangible qui est leur credo dogmatique inconscient. Ces hygiénistes latents, fatalement répugnés par le désordre anarchique qui leur paraît régner dans le monde, et devant l'impossibilité de le planifier efficacement, prônent, sous le thème de l'absurdité et de l'inconvénient d'exister, une sorte de rigueur morale déguisée. Ils envisagent souvent – ce qui paraît irréfutable ! – de résoudre le problème que leur pose le réel en se supprimant eux-mêmes. L'ennui, ici encore, demeure leur conception approximative du réel qui, leur faisant négliger le simple fait d'en être inévitablement partie intégrante (à savoir ballottés par leurs désirs inconséquents, comme tout le monde), les dupe une fois de plus et les oblige à s'accrocher à la vie *au moins encore quelque temps*, ce qui fait qu'à la longue ils ne réalisent que rarement ce magnifique projet. La vérité (si l'on ne répugnait pas à prononcer ce vilain mot) pourrait bien être, après tout, que non seulement ces dandys dédaigneux ne prétendent répudier et vilipender l'existence que par amour forcené pour elle, adoptant au bout du compte – vis-à-vis de cette réalité fluctuante qu'ils prétendent rejeter faute de pouvoir la maîtriser – une attitude contra-phobique. Il est d'ailleurs amusant de pointer ce faux paradoxe qu'ils demeurent, pour la plupart, de grands hypocondriaques devant l'Éternel. Mais au fond, leur fonction ne serait-elle pas de nous rappeler à quel point nous ne sommes, la plupart du temps, que les marionnettes inconscientes de notre propre théâtre mental tragi-comique et ne devrions-nous pas les en remercier ?

(À ce stade, je ne résiste pas au plaisir de citer ici Ortega y Gasset, lorsqu'il s'insurge contre une atmosphère spéculative analogue : « Heidegger prétend que la philosophie consiste à rendre patent que la vie est néant, mais il ne remarque pas qu'en faisant cela, il est déjà démontré que ce qu'il dit n'est pas vrai. En effet, le néant qu'est la vie présente cette particularité qu'en son sein surgit l'énergie incoercible de se complaire à élaborer le jeu somptuaire d'une théorie, d'une philosophie qui rend patente la vie comme néant. De fait, si la vie était seulement néant, la seule action convenable et inévitable serait de se suicider. Mais il se trouve qu'elle n'est pas seulement néant : au lieu de se suicider, la vie s'occupe de philosopher, ce qui consiste inévitablement à sentir une jouissance dans le maniement des idées, dans le jeu des concepts exacts. » Et, ajouterais-je, dans le jeu sado-masochiste de la délectation morbide.)[1]

Il semble maintenant qu'une même amertume désenchantée soit à l'œuvre derrière cette remarque de Montherlant – faite, cela va sans dire, à une époque qui

1. « S'il y avait dans le monde un pessimisme sincère et total, il serait nécessairement silencieux. Le désespoir qui a une voix et une forme sociale, c'est le cri d'angoisse qu'un frère lance à son frère quand tous deux se promènent en trébuchant à travers une vallée d'ombres, peuplée de camarades. Dans son oppression il témoigne qu'il y a quelque chose de bon dans la vie, parce qu'elle présuppose sympathie… La détresse réelle, dans son désespoir sincère, est muette et aveugle ; elle n'écrit pas de livres, elle ne se sent pas d'impulsion à attaquer l'univers intolérable par un monument plus durable que l'airain. »

Texte d'un journaliste anglais à propos de Strindberg et cité par Miguel de Unamuno, dans le *Sentiment Tragique de la Vie*.

usait peu du téléphone et qui, de surcroît, n'avait pas la moindre idée d'échanges aussi merveilleusement désincarnés et platoniques que ceux qui prévalent aujourd'hui avec la « Communication Internet » :

> Je ne sais que dire de l'amitié, puisqu'elle se dilue ou succombe tout à fait, si l'un des amis déménage et va habiter dans un quartier éloigné du quartier de l'autre.

Cet attachement au mythe de l'amitié, que je partage malheureusement, ne procède-t-il pas d'une erreur initiale, d'une fausse conception de la réalité issue, encore une fois, d'un idéalisme utopique impénitent et dont découlent fatalement, quasi logiquement, nos déconvenues ?

Ne peut-on constater que ceux qui ont eu la chance d'être épargnés au départ par de trop vastes et vaines espérances, ceux qui ont été enseignés à une école de la vie moins chimérique et qui savent, ainsi que le recommandait Jacques Chardonne, « poser le pied assez légèrement sur cette terre », s'accommodent facilement, sans faire tant d'histoires, de ces camaraderies passagères et sans lendemain, ne se formalisent pas, comme nous, des abandons et négligences amicales, des serments bafoués et des promesses (divines ou terrestres) non tenues, pressentant sans doute, sans avoir besoin d'y songer *savamment*, combien cette tournure des choses se montre conforme, après tout, à l'ordre effectif du monde, c'est-à-dire évanescent, hautement désinvolte ?

Carl Schmitt, le chat et la petite souris

Bien souvent le samedi matin, j'écoute France Culture.

Ce matin-là, une émission était consacrée au philosophe allemand Carl Schmitt.

Après une brève introduction, dans son style oratoire de *progressive exacerbation en apnée*, l'animateur en vint à interroger ses deux invités (comme de bien entendu, spécialistes patentés de la question) sur l'étrange évolution d'un penseur qui, à partir d'une réflexion apparemment opposée à toute forme de totalitarisme, en était venu à adhérer aux thèses du national-socialisme.

Ne connaissant Carl Schmitt que par ouï-dire, je m'attendais à quelques considérations désabusées, voire sarcastiques, sur la contradictoire et versatile intellectualité humaine. Or ce qui m'intrigua, c'est qu'au cours de toutes leurs élucubrations, ces éminents spécialistes ne laissèrent à aucun moment échapper un semblant d'ironie ou la moindre amorce de moquerie concernant l'inconséquence éventuelle des simples (ou en l'occurrence un peu moins simples) mortels. Bien au contraire, on entendait sans cesse résonner, en contrepoint des improvisations, la basse continue d'une profonde lamentation incrédule concernant le fourvoiement d'une aussi brillante « intelligence ».

L'« Intelligence », voilà bien le mot qui leur venait constamment aux lèvres ! Déesse pour laquelle on sentait que tous trois éprouvaient un respect sacré, proche de la transe, et dont ledit Carl Schmitt représentait, de l'avis général, un thuriféraire si exemplaire qu'il était quasiment impossible de se rendre à l'évidence qu'il ait pu ruiner sa lumineuse pensée en l'engageant dans un réel, hélas, parfois un peu retors.

Selon toute vraisemblance, aucun des analystes en présence n'avait jamais eu l'occasion de rencontrer quiconque dont la logique verbale ne correspondît pas à la pratique dans les faits, ni jamais éprouvé l'usuelle intermittence des facultés intellectuelles, non seulement au cours d'une existence entière, mais encore tout simplement au cours de l'exposé d'un seul raisonnement un tant soit peu complexe.

À moins que ces trois-là – ce qui était toujours possible, après tout – fussent en train de tenter une démonstration par l'absurde ?

Cependant, comme il émanait de ces universitaires haut gradés une foi quasi-mystique en l'aspect impondérable de cette fameuse « valeur intellectuelle », et qu'en outre j'étais seul devant ma radio, je me contentai de grommeler quelques remarques bougonnes en direction du poste.

En bref, aucun des orateurs ne manifestait la moindre tendance à la causticité. Je croyais reconnaître là, assez nettement, les propensions avérées de notre syncrétisme pagano-chrétien à l'idolâtrie pour une part et à l'hagiographie pour l'autre, lesquelles, à travers différents avatars, ont résisté à tous les assauts de l'esprit réaliste. Je prenais conscience que, pour ces esprits cartésiens formatés par l'Université, la lecture antinomique d'Érasme, de Montaigne, de Nietzsche, et éventuellement des moralistes français était restée lettre morte. On sentait qu'il ne pouvait être en rien question, concernant l'un des leurs, de tenter d'apercevoir un individu d'essence simplement humaine – toujours un peu dérisoire – sous les habits sacerdotaux du Grand Philosophe. Comme si tout Grand Philosophe qu'il ait été, celui-ci n'avait pu non seulement – dans un moment d'égarement – prendre des vessies pour des lanternes et ensuite s'obstiner par vanité et par orgueil (ainsi qu'on le voit faire tous les jours à tout un chacun), mais encore être jamais rejoint par la fourberie, l'inconséquence ou bien même (Ô ! Horreur !) le spectre abhorré de la simple bêtise ?

> Et laissez-moi encore vous dire pour la millième et unième fois ce qui est évident depuis des siècles : que le philosophe sera toujours ridicule !
>
> Et bête ! Mais d'un bête ! Car enfin, la bêtise n'est rien d'autre que la sœur jumelle de l'intelligence et s'épanouit en fleurissant non pas sur le terreau vierge de l'ignorance, mais bien sur la glèbe féconde arrosée de la septième sueur des penseurs et des sages…
>
> Et je souscris à la croyance commune qui voit dans les penseurs les plus profonds les fournisseurs de la plus solide des bêtises […] Étrange ce gauchissement de toute formule sitôt qu'elle est confrontée avec la vie. Si grande soit-elle, une philosophie, plus elle est proche de la vie, plus son ridicule – par une sorte de feinte, de cabriole démoniaque, – s'affirme considérable : on met alors droit dans le mille et il a nom « bêtise ». C'est avec effroi qu'on s'aperçoit que plus c'est sérieux, moins c'est sérieux !
>
> Witold Gombrowicz, *Journal*, p. 329 et 330.

En écoutant ces universitaires, il fallait bien se rendre à l'évidence que ces gens qui passaient leur vie dans les livres ne conservaient qu'une notion très approximative de la vie immédiate – celle qui se déroulait sous leurs yeux, dans leur rue (où par bonheur la voirie moderne a remédié depuis longtemps au danger des puits « thalésiens » sur les voies publiques), dans leur entourage, voire et surtout : *en eux-mêmes* ! On subodorait que ces esprits dogmatiques, ultra-rationnels, étaient pétris d'angoisse devant le foisonnement du réel et que l'esprit de système leur était, en fait, un refuge bien bétonné, pour ne pas dire un solide blockhaus à l'épreuve de la moindre surprise. Cela semblait être, en l'occurrence, le cas dudit Carl Schmitt dont on comprenait que les obsessions majeures avaient constamment tourné autour de l'effort d'établissement d'un État autoritaire inébranlable où ne subsisterait aucune ambiguïté ni aucun espace pour des tendances antagonistes – lesquelles, selon lui, ne pouvaient que mener très rapidement à ses deux grandes hantises : le Chaos et le Désordre ! On n'osait trop présumer de ce qu'aurait pensé un tel esprit de la fameuse démonstration de Bergson selon laquelle le désordre n'était, la plupart du temps, *qu'un ordre que l'on n'apercevait pas* – façon de réfléchir qu'antisémite notoire, il eût sans doute rejetée avec l'épithète méprisante de rhétorique talmudique. Par ailleurs, on était assez enclin à supposer qu'il n'avait développé ses puissantes théories bien huilées que dans le but de satisfaire ses inexorables tendances paranoïaques. Une projection symptomatique sous le couvert de la grande pensée objective.

Or, concernant cet aspect du personnage que n'importe quel auditeur un peu attentif était en mesure d'inférer de la teneur même de leur propos, pas la plus petite remarque sarcastique de leur part !

Force m'était de constater une fois de plus le sérieux indéfectible, la pathétique absence d'humour et de simple bon sens – bêtise supérieure et sophistiquée, en somme – dont ont toujours fait preuve les esprits cartésiens et dont la France a largement pâti dans un passé récent avec ses gouvernements saturés de grands universitaires, d'énarques, de polytechniciens et de saint-cyriens (dans le domaine de la stratégie militaire, l'histoire de la ligne Maginot nous en offrant, à tout jamais, l'une des illustrations allégoriques les plus parfaites ainsi que, dans le domaine de l'administration, la réalisation ubuesque plus récente du « Remembrement des parcelles rurales », une autre !)

> Que la bêtise soit aux hommes non pas une seconde nature mais la première, du moins depuis qu'ils pensent ou pensent qu'ils pensent, c'est là une évidence assez bête – et même toute bête – pour que l'on s'épargne le ridicule, autrement dit la bêtise supplémentaire, de prétendre le démontrer.
>
> Philippe Barthelet (Avant-propos à l'*Éloge de la Bêtise* de Jean Paul.)

Alors que je m'efforçais de rester assis tranquillement sur mon fauteuil à écouter cette émission sans m'abandonner à des vitupérations solitaires dommageables à ma santé, le chat Bachi, qui venait de ramener une souris sur le plancher de la grande salle, commença de se livrer au rituel consacré de son espèce. Il me vint à l'esprit que le surgissement inopiné de cette saynète – rappel d'une vie sauvage un peu cruelle et tout à fait étrangère aux élucubrations philosophiques transcendantales – était une sorte de commentaire silencieux offert par le réel inclassable.

Bref, durant tout le temps où ces beaux parleurs tentaient de se rassurer mutuellement sur la victoire finale inéluctable d'une certaine logique supérieure de l'esprit, le chat Bachi, émissaire du réel ironique, ne cessa de tourmenter *irrationnellement* la « pauvre » petite souris, comme pour démontrer, par les faits, l'inanité de toute cette casuistique anthropocentrique.

Je songeai alors à cette scène du *Moby Dick* de Melville où une sorte de prédicateur, le soir à la veillée, sur le pont du Péquod, ne cesse de pérorer (refaisant le monde à sa façon cohérente et méthodique) tandis qu'un grand Noir, un peu à l'écart, occupé à pêcher par-dessus le bastingage, écoute ces propos d'une oreille à la fois distraite et sceptique, jusqu'au moment où, après avoir relevé sa ligne sous le coup d'une touche, il s'avance vers le groupe et, pour tout commentaire, lance au beau milieu du cercle, en pleine clarté des flambeaux, un poisson tropical à l'aspect monstrueux, inqualifiable, qui se met à gigoter désespérément sur le plancher devant l'auditoire médusé. Il s'ensuit un silence général prolongé… puis l'assemblée se disperse et tout le monde va se coucher !

Apologie des fantômes

> Si grande que soit la hardiesse avec laquelle nous nous élançons vers l'avenir, nous avons besoin nous aussi, comme les générations plus timides du passé, de nous sentir soutenus et guidés par l'invisible présence des morts.
>
> Guglielmo Ferrero

> Hola ! Hola ! Réveillez-vous tous les morts !
> Comme ils dorment profondément
> Ceux dont l'oreiller est si bas !
> Mais ils n'en ont cure, les pauvres amoureux
> Qui se promènent sur le pont du monde
> Dans la tempête de l'amour !
>
> William Shakespeare

Souvent la nuit, au cours de rêves profonds et compliqués, mes morts m'apparaissent : au détour du couloir d'une maison inconnue, se tenant de guingois dans l'encoignure d'une porte, les yeux levés au plafond ; assis au chevet du lit où je m'ébats en compagnie d'une de mes visiteuses nocturnes, paraissant méditer pendant que je soupire d'aise ; au bord d'une rivière d'enfance que je longe à vélo, tandis qu'eux, une ligne à la main, qu'ils ne trempent pas, rêvassent ; dans les vestiaires d'un stade, demeurant hébétés sous l'eau d'une douche dont ils ne semblent tirer aucun plaisir.

Toujours leur image est confuse, énigmatique, mais leur présence étonnamment proche, impossible à éluder. Assez fréquemment, ils sont plusieurs – qui ne se connaissaient pas de leur vivant – paraissant conspirer, ne m'adressant la parole que négligemment, comme si ma présence était superflue.

Cependant, s'il m'arrive de saisir leurs paroles, ce ne sont que broutilles sans queue ni tête, plaisanteries faciles, commérages insipides. Leurs propos ne semblent être que léger gazouillis humain sans conséquence.

Serait-ce que, par ce biais onirique, mon subconscient cherche à me signifier que cette effervescente écume de futilités baroques et burlesques, de minimales, infimes et dérisoires émotions, constitue après tout, et en deçà de toute emphase philosophique, la trame bien réelle de nos heures et de nos jours ? Ou bien serait-ce que les morts eux-mêmes me désignent ainsi, à leur manière allusive, alambiquée, l'absurdité de tout ce qui prétend trop souvent requérir notre grave et inquiète attention ?

C'est en tous cas un fait avéré que mes morts n'abordent jamais aucun sujet d'envergure, qu'ils paraissent même, au cours de ces séances, les éviter soigneusement, comme s'ils jouaient une comédie à la Beckett ou avaient monté pour moi un canular de collégien, se dérobant sans cesse par des pirouettes à toute interrogation sérieuse. Lorsqu'ils me reviennent ainsi, mes morts me font l'effet d'une bande d'oiseaux bavards nichés dans un grand arbre, virevoltant d'une branche à l'autre et commentant à perdre haleine les aspects les plus triviaux de l'existence.

Mes morts sont aristophanesques !

*

Cette nuit dernière encore, je me retrouvais en compagnie d'un vieil ami que je n'avais pas revu depuis des lustres et nous stationnions devant le panneau d'affichage automatique d'un hall d'aéroport dont les chiffres et les lettres cliquetaient en tournant. Dans cette atmosphère d'aventure artificielle entretenue par les voix sirupeuses des hôtesses, au milieu de l'affairement des voyageurs entre deux avions, je faisais d'immenses et vains efforts pour m'expliquer les raisons qui faisaient qu'après nous être perdus de vue depuis si longtemps, nous nous retrouvions dans un endroit aussi inattendu.

Du plus profond de mon sommeil s'insinuait alors l'hypothèse que la seule permission sans doute délivrée aux morts de nous rencontrer, était celle d'être *en transit* dans nos songes…

*

Au cours d'une interview radiophonique que j'ai entendue récemment, Emmanuel Berl nous raconte qu'un jour, sa femme et lui, rangeant de vieux papiers dans le grenier de sa maison familiale, mirent soudain la main sur un paquet de lettres au papier jauni rassemblées par un élastique. Sa femme, s'enquérant de savoir si elle devait les ajouter à la masse des choses au rebut, lui tendit le paquet. Il poussa alors un cri de surprise car il venait de reconnaître – sur les enveloppes de ces lettres non décachetées et qui lui étaient adressées – l'écriture de Proust. Extraordinairement surpris d'avoir été en possession de ces lettres pendant tant d'années sans même l'avoir su, il commença de remonter mentalement la filière des événements afin d'essayer de reconstituer l'histoire de cette réapparition inopinée. Il parvint à établir que l'un de ses oncles, chez qui il était domicilié à l'époque, les avait reçues pour lui alors qu'il était en voyage à l'étranger, que sur ces entrefaites, la guerre étant arrivée et son oncle mobilisé, celui-ci les avait prises dans son barda – pensant sans doute avoir le loisir de les lui expédier depuis sa garnison ; or son oncle ayant été fait prisonnier presque tout de suite, elles étaient restées en Allemagne pendant toute la guerre puis, à sa libération, déposées distraitement dans ce grenier et oubliées.

Elles resurgissaient ainsi, vingt-cinq ans plus tard, intactes après toutes ces tribulations et finalement entre les mains de leur destinataire. Et Berl de conclure en disant : « Présence des morts ! Car c'était tellement lui, *cette manière* : toutes ces circonvolutions compliquées, ces détours et ces retours inespérés pour en arriver au but par surprise ! Du Marcel tout pur ! »

Je prends conscience qu'en exhumant cette anecdote – Berl maintenant disparu lui-même depuis si longtemps –, je viens me placer tout naturellement dans une chaîne de remémoration qui transmet à travers le temps d'anciennes paroles, d'anciens gestes, d'anciens souvenirs à demi clandestins pour d'autres curieux de mon espèce, dans l'avenir ! Et cela a quelque chose d'exaltant. Oui, penser au fureteur qui un jour, dans quelque autre grenier où ce cahier aura *fatalement* échoué, lira ces lignes et sera rendu songeur à son tour, méditant sur la mystérieuse et jubilante façon qu'ont les vivants et les morts de se repasser le bâton témoin dans la course de relais que constitue de quelque manière la parole littéraire, me remplit d'une sorte de confiance allègre !

*

Littré, au mot « péripétie », donne la signification suivante : « événement imprévu qui change la face des choses. » Je m'avise que c'est bien là ce à quoi j'aspire avec ces lignes : susciter une nouvelle péripétie concernant notre conventionnelle, appauvrissante, immorale et ingrate façon habituelle de considérer les morts.

*

Il y a une trentaine d'années à peu près, alors qu'à mon habitude je furetais parmi les piles de livres dans une grande librairie parisienne, l'une des vendeuses, assez affriolante et qui jouait assurément un rôle non négligeable dans mon assiduité pour l'endroit, annonça d'une voix presque claironnante à sa collègue que Dino Buzzatti – et l'expression qu'elle employa, si bien appropriée à l'auteur du *Désert des Tartares*, me frappa – venait de *passer l'arme à gauche* ! D'abord interloqué par l'abrupte manière dont cet arrêt venait de m'être signifié, à propos d'un écrivain aussi important pour moi à l'époque, je me remémorai ensuite sa nouvelle intitulée *Les Bosses*.

Le narrateur, dont on comprend qu'il est septuagénaire, y explique que, depuis quelque temps, surgissent assez régulièrement dans son jardin d'étranges bosses insolites. Demandant à son jardinier s'il a une idée sur la question, celui-ci lui répond alors qu'une bosse se forme à chaque fois qu'un ancien compagnon oublié meurt au loin. Et de lui énumérer les noms de ceux auxquels correspond chacune de ces bosses. La nouvelle se termine sur la question que la narrateur se pose à lui-même : « Apparaîtra-t-il un jour dans un jardin, une bosse signalant *ce type qui dans le temps s'appelait Dino ?* »

En fait de bosse à cet instant-là, et en dépit du fait que la plupart de ses livres rassemblés à la lettre B dans le rayon de littérature italienne eussent formé une jolie petite proéminence, ce ne pouvait être que celle qui venait de saillir dans mon *jardin secret* de fidèle lecteur.

En cette occurrence, resurgissait aussi la question qui m'avait si souvent troublé concernant la disparité du sort, au sein de nos mémoires, des morts illustres facc à l'océan des obscurs !

Quelle différence tangible pouvaient bien constater entre eux, désormais, tous « ceux dont l'oreiller était placé si bas » ? Autrement dit : quel bénéfice *réel* avaient-ils jamais retiré de leurs heures d'effort consacrées à une œuvre laborieuse, tous ceux-là qui, comme ce cher Dino, avaient œuvré d'arrache-pied pour la postérité ? Était-ce donc cette sorte d'étrange choc en retour venu du futur qu'il leur semblait quelquefois ressentir au beau milieu de leur travail et qu'ils mentionnent parfois avec hésitation – lequel ne serait autre (gageons-le follement du moins) que la jubilation, ou la tristesse, qu'en éprouveraient à l'apprécier – dans un même instant contracté – les amateurs de l'avenir [1] ? Et serait-ce là cette fameuse intégration immédiate à la dimension intemporelle du monde que les anciens taoïstes désignaient comme *le cours des choses ?*

*

Aussi les morts, lorsqu'ils reviennent nous interpeller à quelque carrefour de nos pensées ou de nos rêves, ne cherchent-ils pas à nous venir en aide, à nous prévenir, en quelque façon, d'éventuels faux pas, ou encore à nous donner leur précieux assentiment ? Tentent-ils de nous faire profiter de leur ancienne expérience lorsque, depuis le surplomb « idéal » d'où ils nous observent,

1. Ce que le poète appelle « la gloire » est l'effet direct de la réalité tangible du futur.

George Steiner, *Le château de Barbe-Bleue,* p. 128.

ils nous voient patauger dans les marécages d'ici-bas, si près de nous enliser ?

*

Et quand bien même les défunts ne reviendraient-ils en rien auprès de nous sous la forme si souvent raillée des fantômes, des spectres, des réapparitions, qu'en est-il de leur présence en nous si prégnante, si impérieuse ? Qu'en est-il de ces rêves puissants et troublants au cours desquels ils s'imposent à nous avec une telle apparence de réalité que nos ultimes ressources logiques sont loin de suffire à nous rasseoir solidement ? Et quand bien même ne s'agirait-il que de fantasmes nés de notre imagination – en appétence de merveilleux – comment devons-nous alors considérer cette similaire inclination répercutée dans l'inconscient collectif de tous les peuples de cette planète, cette place essentielle conférée dans toutes les cultures, à la pensée en nous des morts ?

*

> Mais que sont, après tout, ces vivants
> qui croiraient pouvoir aller droit leur chemin
> sans dialoguer avec les morts ?
>
> Léon Broussard

Dans le film de Rosi *Cadavres exquis*, la première séquence nous montre les catacombes de Palerme où sont alignées – accrochées aux murs – de longues « théories » de squelettes revêtus des habits sacerdotaux de leurs anciennes dignités de prélats ; le protagoniste principal, un inspecteur de police qui s'acharne à remonter la filière de la mafia sicilienne, va de déconvenue en déconvenue car, à chaque fois qu'il parvient à approcher et à interroger l'une des autorités de l'organisation clandestine, il est obligé de se rendre à l'évidence que celle-ci ne connaît ni ses pairs ni ses supérieurs hiérarchiques et ne fait que recevoir et exécuter des ordres qu'elle reçoit anonymement. On comprend alors que la force de la Mafia repose sur cette parfaite organisation de l'anonymat et du mystère. Chacun est obligé d'obéir aveuglément sous la menace, ne sachant pas plus d'où proviennent les décisions que les éventuelles punitions.

Kafka n'a pas imaginé mieux.

À la fin de cette enquête, qui n'aboutit évidemment pas, nous suivons notre inspecteur désabusé jusque dans le musée d'histoire ancienne de Palerme, où un dernier rendez-vous s'avérera tout aussi décevant que les précédents. La caméra effectue alors un long et lent travelling arrière, s'arrêtant un instant sur chaque statue en buste des anciens notables de la ville et, sans autre explication, le film s'interrompt sur cette revue d'ensemble. Cette dernière séquence fait clairement référence à la toute première dans les catacombes, nous éclairant soudain sur ce qui est inféré : c'est l'anonyme système clandestin créé par les anciens patriciens siciliens (primitivement pour résister à l'unité italienne) qui, continuant de fonctionner tout seul sans que personne n'y puisse rien, régente l'existence des vivants – impuissants – d'aujourd'hui !

Quoi qu'il en soit de l'exagération possible de cette inférence, il n'en demeure pas moins que cette fable cinématographique dévoile ce qui, à mon sens, constitue l'un des ressorts les plus puissants et cependant des plus occultés, de toute société. Nous continuons, que nous le voulions et le sachions ou non, de vivre parmi les structures contraignantes de la « Polis » mise en place par nos lointains prédécesseurs. Ce pourquoi aussi j'ai toujours eu tendance à penser que la seule manière efficace pour nous libérer du poids de certaines conventions ne pouvait commencer que par l'examen minutieux de leur généalogie historique. Car ne faire que briser – comme le tentent régulièrement les rebelles impulsifs – les derniers maillons de la chaîne qui nous lie au passé, n'est qu'une vaine gesticulation sans effet puisque cette chaîne – formée de notre propre physiologie atavique – se reconstitue instantanément après rupture. [1]

Hélas, dresser la généalogie de nos croyances est une entreprise non seulement ardue, requérant calme et patience, mais qui peut encore s'avérer singulièrement dangereuse. Nietzsche, par exemple, qui a tenté l'aventure avec un courage pour le coup « surhumain », ne se serait-il pas heurté, pour finir, à une surprenante découverte : celle de sa propre illusion vitale, beaucoup plus judéo-chrétienne qu'il ne l'aurait souhaité, et cette subite révélation de l'ambiguïté de sa propre psychologie ne l'aurait-elle pas plongé dans une dichotomie schizophrénique ? C'est donc ainsi, me semble-t-il, que – aussi logique et justifiée puisse nous paraître notre propre attitude, aussi absurde et obsolète leur legs puisse-t-il nous paraître également – nous ne saurions aller droit notre chemin sans dialoguer avec les morts. Car les « morts se rencontrent, certes, sur nos lèvres » (ainsi que le remarque Samuel Butler) mais ne cessent non plus de s'agiter et de disputer en nous-mêmes,

1. À la manière de ces ponts que certaines fourmis africaines forment d'elles-mêmes, s'accrochant les unes aux autres audessus des fleuves, et sur lequel passe le gros de la colonie en marche. On a pu constater que, si l'un des maillons individuels qui concourent à former, en quelque sorte, le tablier du pont vient à se décrocher et à chuter, la fourmi « en marche » suivante prend automatiquement la place du chaînon manquant.

à travers nous-mêmes, et, il faut le souligner, avec la même véhémence, la même ardeur combative que de leur vivant. (Ne suffit-il pas pour s'en convaincre de constater les ravages de la névrose chez ceux – trop respectueux sans doute – qui ont été annihilés à la longue par la voix impérieuse en eux des morts ?) Ne sommes-nous pas, bien souvent et à notre insu, le théâtre de luttes d'influences sans merci que les générations passées perpétuent en notre for intérieur ?

Chercher à se rendre libre – dans la faible mesure où la chose nous est permise – consisterait peut-être alors à tenter, d'une manière ou d'une autre, *de négocier astucieusement en soi-même avec les morts ?*

Or, à l'instar de toute négociation, celle-ci ne saurait débuter sans une tentative de pénétration préalable des raisons de ceux dont nous désirons obtenir l'assentiment ou contrecarrer les vœux. En l'occurrence, et quel que soit le but que nous nous sommes fixé, il ne peut passer que par une réelle et sincère compréhension des traditions séculaires qui nous ont formés et continuent de nous guider.

Ce après quoi la généalogie de nos états d'âmes et la phénoménologie des idées qui nous mènent seraient les sciences suprêmes et indispensables à celui qui se pique d'exercer sa mince part de liberté.

*

Aussitôt que mon père eut émis ce dernier râle caractéristique, cet ultime *pneuma* d'agonie après une longue nuit d'essoufflements decrescendo, je notai que son odeur corporelle (comme de miel ambré), qui – du temps de l'enfance lorsqu'il me prenait sur ses genoux, sous les douches après nos parties de tennis, dans sa petite chambre de malade lors des derniers moments – m'avait toujours ravi, s'exhalait soudain avec une puissance inusitée, incroyablement entêtante, envahissant tout l'appartement !

> Mais quand d'un passé ancien rien ne subsiste, après la mort des êtres, après la destruction des choses, seules, plus frêles, mais plus vivaces, plus immatérielles, plus persistantes, plus fidèles, l'odeur et la saveur restent encore longtemps, comme des âmes à se rappeler…
>
> Marcel Proust

Le lendemain matin, alors que son corps embaumé reposait à quelques mètres derrière moi et que je prenais mélancoliquement mon petit déjeuner dans la cuisine de l'appartement de mes parents, un oiseau, que j'identifiai comme une sorte de colombe, vint cogner frénétiquement au carreau de la fenêtre. [1]

Les jours qui suivirent sa mort, cherchant à mettre de l'ordre dans le bric-à-brac de son atelier d'artiste, je tombai sur plusieurs objets :

1. Dans ses carnets intitulés « Permis de séjour », Claude Roy (qui semble très sceptique à ce sujet, mais pourquoi le note-t-il ?) nous raconte que le poète Joseph Brodski – exilé d'URSS en Amérique et qui ne put jamais revoir ses parents – fut étonné de constater qu'à chacun des deux jours qui correspondit à leur mort – qu'il ignorait –, l'une des corneilles qui nichaient dans l'arbre en face de sa fenêtre vint inexplicablement cogner au carreau.

Claude Roy attribue le phénomène à l'extrême sensibilité des animaux qui, émus par notre désarroi, viennent nous manifester une sorte de soutien amical *interspécifique*. Cependant, de cette interprétation à une autre, plus audacieuse, je ne distingue pas de différence fondamentale. Il existe très certainement un monde d'essences platoniques (ou tout autre) qui gît discrètement derrière l'habituel nôtre et qui ne se manifeste qu'à l'occasion de notre soudaine réceptivité provoquée par des événements extraordinaires.

Le premier, un menu carnet noir où il notait, d'une part, ses citations favorites d'insatiable lecteur et, d'autre part, ses émotions les plus vives de grand sensible. Concernant la disparition, bien des années auparavant, de l'oncle Fernand, le frère de sa mère qui lui avait tenu lieu de père, il y avait ceci :

> De sa main amaigrie et faible, l'oncle Fernand a tiré un tiroir de commode et m'a dit : « Puisque je crois que je ne reverrai plus ton mouflet, donne-lui ceci de ma part. » et il m'a tendu une paire de jumelles. Je ne l'ai plus revu qu'inerte et inconscient le mercredi 1er février à 19 h. Il est mort le 2 à 9 h…
>
> Dans les années 25, pour m'épater, repliant le tuyau du bec de gaz dans le couloir de l'hôtel de Savoie, il prenait son élan sur les marches de l'escalier et tournait un saut périlleux.
>
> C'est ainsi.

Il est rare, désormais, que je puisse passer aux alentours de la rue de Savoie – rue Séguier ou rue Saint-André-des-Arts – sans qu'à un moment ou un autre, dans un flash d'arrière-conscience, je ne voie l'oncle Fernand – le gymnaste de la famille – tourner son saut périlleux.

Le deuxième, placé dans un petit vase, était une carte de vœux dessinée par lui, représentant un angelot comique aux ailes froissées, à la dégaine dépenaillée de vagabond et à la mine penaude, qui disait : « Joyeux Anniversaire ». Cette carte – constituée de deux volets en carton refermés l'un sur l'autre – déclenchait lorsqu'on l'ouvrait (grâce à un minuscule mécanisme en forme de pastille placé à l'intérieur) une musiquette qui jouait *Happy Birthday to you*. Mon père avait conservé ce zinzin pour nous surprendre à l'occasion, puis le « grand oubli » l'avait pris et l'objet attendait depuis des années parmi l'encombrement de sa table à dessin. Comme le lendemain de sa mort se trouvait être l'anniversaire de ma sœur, il me sembla – et elle-même, émue et enchantée de cette trouvaille, le pensa aussi – qu'il y avait là un peu plus qu'une simple coïncidence.

Le troisième, sa vieille raquette métallique « Prince », celle avec laquelle il avait joué quotidiennement au tennis les dernières années avant que d'en être empêché par la maladie. M'étant amusé à l'essayer, je la trouvai tout à fait à ma main et commençai de l'utiliser régulièrement. Depuis lors, il ne peut se faire que je réussisse un long revers croisé sur le revers adverse – arme favorite de mon père de son vivant –, précédant tout juste l'aventureuse « charge » au filet, sans que j'aie la sensation que la raquette entière, comme sous le coup d'une jubilation qui lui est propre, vibre légèrement !...

> Tout cela rend cette hypothèse assez incroyable (le fait que certains objets recèlent et éventuellement irradient la présence des morts) encore qu'elle ne le soit pas beaucoup plus que tant d'autres phénomènes dont l'habitude a émoussé les aspérités miraculeuses. On retrouverait un peu partout dans la nature ce don prodigieux d'emmagasiner dans l'invisible d'inépuisables énergies, des traces, des souvenirs, des impressions ineffaçables. Il n'est pas une chose en ce monde qui se perde, disparaisse, cesse d'être, de garder et propager la vie. Faut-il rappeler, dans cet ordre d'idées, l'incessante émission d'images que constate la plaque sensible, les vibrations sonores qui s'accumulent dans les lignes du gramophone, les ondes hertziennes qui ne perdent rien de leur force à travers l'espace, les mystères de la

semence et, pour tout dire en un mot, l'inexplicable de presque tout ce qui nous environne ?

Maurice Maeterlinck, *L'Hôte inconnu*, p. 45 et 46.

Le quatrième enfin fut cette lettre abandonnée dans un tiroir – était-ce un brouillon, fût-elle jamais envoyée ? – adressée en 1984 (il avait soixante-douze ans) à son frère Pierre, qui, à la suite de circonstances malheureuses, était exilé en Yougoslavie depuis cinquante ans et avec qui il avait été élevé rue de Buci, puis rue de Savoie, à quelques pas de la Seine. Lettre en forme de poème-énumération qui non seulement me révélait soudain nombre de sentiments et d'impressions subtils que le grand pudique qu'il était n'aurait jamais osé dire de vive voix (si tant est que personne le puisse !) mais encore évoque l'atmosphère devenue désormais mythique d'un Paris révolu :

Comme tu as dû le remarquer, avec l'amoindrissement de l'acuité des sens, les pôles d'intérêt deviennent plus rares et se créent des goûts différents. Je ne regrette rien mais… malgré tout ! que ne donnerais-je pour entendre, ne serait-ce que dix minutes, les sabots des chevaux des fiacres sur les pavés de bois de la place Saint-Michel !…

– attendre une heure dans la longue queue devant la piscine Ledru-Rollin, me plonger dans son eau chlorée, entendre l'appel des garçons de cabines au bout du temps écoulé…

– revoir en hiver les reflets sinistres des bateaux-mouches dans l'eau noire de la Seine, la nuit tombée…

– jouer au meccano… rue de Buci… près de la grille de la cheminée remplie des boulets rougeoyants, la tête légèrement étourdie par les émanations…

– aller au cinéma Cluny, l'après-midi, et sortir par les portes soudain déployées le long de la salle, étonné qu'il fasse encore jour.

– passer au coin de la rue de Buci et de la rue de Seine, le long du magasin « Ecco » et revoir miroiter sur ses murs en mosaïques quelques petits rectangles dorés.

– prendre une photo rue de Savoie avec le petit appareil « Franceville » à plaques 4 cm x 4 cm, le médium faisant office d'obturateur.

– discuter avec les copains de la rue, Pépino, Francisco, André Porte, Gibert, Parmentier…

– acheter 3 berlingots chez la mercière en haut de la rue, à coté du bistrot Vaylet.

– chiper chez le boulanger Prévost une truffe au chocolat.

– se laisser glisser sur les chariots à roulettes sur la pente de la rue de Savoie.

– enrouler avec un doigt l'hélice d'un bateau en planche découpée, mue par des tresses de caoutchouc noir, et le lancer sur le bassin du Luxembourg.

– entrer dans l'Hôtel de Savoie, entendre le timbre de la porte et crier : « Dérangez pas ! »

– faire du patin à roulettes place Dauphine et nous asseoir sur les bancs de son square triangulaire.

– aller avec notre père dîner au restaurant serbe dont les garçons chantaient à mi-voix en servant.

– aller à la messe le dimanche matin pour faire plaisir à l'abbé Delaroche, faire un billard après, et l'après-midi monter à sept ou huit dans un grand taxi Renault à capote ouverte pour aller jouer au football sur la plaine de Bagatelle.

– ou simplement… retrouver un quart d'heure un corps jeune et courir dans le vent, inépuisable, souple, sentir l'air entrer dans les poumons, et la grande boule tourner facilement sous le martèlement des pieds.

Je ne regrette rien, je le répète, mais quand même un petit quart d'heure…

Je t'écris cette lettre dans une période de grand froid (pour la France). Le grand terre-plein qui se trouve devant nos fenêtres est envahi par les mouettes, chose encore jamais vue depuis la construction de la cité. Elles sont affamées, elles ont dû, cherchant leur pitance, remonter la Seine, puis rentrer dans les terres. Des gens de leurs fenêtres jettent de la nourriture, elles tournoient dans de vastes spirales affolées avant de se reposer et repartir.

La vie d'un homme est-elle plus importante qu'un seul battement d'aile ?

Nous vous embrassons tous,

André.

*

J'étais enfant et je me promenais en compagnie de mon père. Nous parcourions par une journée d'été radieuse les pentes de la montagne. Nous foulions aux pieds les herbes élastiques d'une prairie piquetée de fleurs qui, à bien y réfléchir, ne pouvaient être que des asphodèles. Par les sentiers caillouteux, nous traversions de ravissants bois et passions d'énormes blocs de rochers aux ombres bleues. À l'instar de ce que Platon prétend que les dieux font avec nous dans l'en-deçà, mon père me décrivait le monde et me nommait les choses. Il me montrait la délicatesse des ombres portées sous les arbres dans les prairies, il essayait de me faire distinguer, en bon aquarelliste qu'il avait toujours été, les différentes nuances de vert qui composaient la végétation, il vantait le scintillement du ruisseau. Le soleil, haut et puissant dans le ciel, paraissait immuable et mon père disait :

« Vois-tu comme le monde est beau, vois-tu comme il est possible d'être heureux et quelle chance nous avons de nous promener à notre guise dans ces prairies, et ce n'est pas tout car il y a bien d'autres endroits au monde tout aussi merveilleux, mieux : il y aura pour toi d'autres instants égaux à ceux-ci. Simplement, il faut que je t'avertisse d'une chose : en sus des quatre éléments ici réunis et qui suffisent à notre bonheur, il en existe, hélas, un cinquième, également, fondamental, lequel devient, à l'occasion, aussi vaste et profond que l'océan lui-même : il se nomme la Discorde. Quand il domine, le monde est soudain dévasté par une sorte de feu sans flamme, telle la chaux vive qui ronge chaque chose de l'intérieur ; tout s'obscurcit, le bonheur est relégué dans ses refuges secrets ; la montagne, le soleil, les fleurs, les délicatesses naturelles, animales ou végétales, sont négligés. La magnificence ici présente n'apparaît plus aux yeux des humains. Oui, à certaines époques, hélas, prolifèrent des hordes de génies malfaisants qui ont pour mission d'obscurcir la vision. »

Cependant, il ne continua pas longtemps sur ce registre et reprit son énumération des beautés naturelles de cette matinée ensoleillée, cherchant à implanter dans ma jeune conscience les merveilleuses « réminiscences ».

Puis, monnaie courante des songes, mon père disparut brusquement et je restai seul au milieu des herbes et des fleurs de la prairie. À cet instant, je pris conscience qu'il y avait une dernière chose dont il avait omis de me parler : j'éprouvais en effet le sentiment, avec l'évidence d'une intuition enfantine inébranlable, qu'il venait de disparaître à jamais. Une sorte de désolation, très différente toutefois de celle dont il m'avait entretenu, envahissait mon cœur ; une désolation non pas destructrice mais poignante, d'autant plus poignante que la matinée continuait d'irradier sa splendeur.

Tandis que je m'affligeais ainsi, à quelques pas, une ombre lumineuse et diaphane – tout à fait semblable aux personnages vaporeux des premiers films muets – se matérialisa au bord du chemin. C'était lui de nouveau, dans sa chemise d'été à manches courtes, mais son visage, méditatif et grave, était tourné vers la cime des arbres et il ne semblait pas avoir conscience de ma présence. Je m'approchai de lui sans parvenir à attirer son attention et je vis bien qu'il était autre. J'eus pourtant la certitude qu'il pouvait m'entendre :

« Pourquoi, Père, as-tu disparu si brusquement ? »

Mon père, paraissant chercher d'où venait cette voix, tourna alors son regard dans ma direction mais celui-ci passa sur moi comme si j'avais été transparent et, pour toute réponse, je n'obtins que ce sourire à la fois las et malicieux qu'il retournait de son vivant aux questions sans objet. À ce moment, ainsi qu'il advient encore dans les songes, son discours s'adressa directement à mon entendement, sans le truchement d'aucune parole :

Les êtres, déclara-t-il en substance, se dérobaient à la présence les uns des autres par jeu – un jeu dont les règles restaient inconnues mais qui, à tout prendre, valait la peine d'être joué et dont il suffisait d'accepter le caprice pour ne plus en éprouver la cruauté. Cette angoisse devant leur disparition n'était qu'un des effets mineurs de cet élément discordant dont il avait justement cherché à me prévenir. Il suffisait simplement de décider que tout était dans l'ordre pour que le trouble se dissipe.

Et en effet, une fois ce discours entendu, je m'éveillai, toute angoisse évaporée, et la perspective d'une longue journée enthousiasmante s'ouvrant devant moi.

*

Débordant de vie à cette heure, dense et visible
Dans ma quarantième année, l'an quatre-vingt-trois de ces états,
À quelqu'un qui vivra dans un siècle d'ici ou
Dans n'importe quel nombre de siècles,

À vous qui n'êtes pas encore né, j'adresse ces chants,
M'efforçant de vous atteindre.
Quand vous lirez ceci, moi qui étais visible alors,
Serai devenu invisible ;
Alors ce sera vous, dense et visible, qui vous rendrez compte de mes poèmes,
Qui vous efforcerez de m'atteindre,
Vous figurant combien vous seriez heureux si je pouvais être avec vous
Et devenir votre camarade ;
Qu'il en soit alors comme si j'étais avec vous
(Ne soyez pas trop certain que je ne suis pas avec vous à cette heure.)

Walt Whitman

*

L'ultime fois où je m'entretins avec ma sœur (elle devait mourir une semaine plus tard), ce fut dans cette petite chambre impersonnelle et fonctionnelle de l'hôpital Gustave Roussy à Villejuif où elle était reliée à une multitude de tuyaux et d'électrodes, devant un immense panneau-écran où clignotaient toutes sortes de chiffres et d'inscriptions luminescentes dont quelques-unes, parfois, bippaient doucement…

Exaltée plus encore qu'à son ordinaire par des doses massives de morphine, Isabelle discourait et délirait à n'en plus finir, tentant notamment de m'expliquer (si ce n'est de me convaincre) que nous étions issus d'une famille de dépravés sexuels ! Se soulevant sur les coudes comme elle le pouvait malgré son extrême faiblesse, son crâne chauve coiffé d'une toque de tissu qui ressemblait à celle des anciens bagnards, tournant vers moi son visage gonflé et tuméfié par les médicaments et la maladie et où seuls les yeux témoignaient encore de l'ancienne beauté, elle me fixait d'un regard halluciné pour me sommer d'avouer que j'avais effectivement violé toutes nos cousines germaines ! Puis, vaincue par l'épuisement, elle retombait sur l'oreiller et fermait les yeux tandis qu'un voyant bleu s'allumait par intermittence…

Par la baie vitrée, je pouvais apercevoir, en contrebas, un vaste terrain vague où les herbes folles ornementaient des carcasses d'automobiles rongées par la rouille, où de vieux journaux étaient spasmodiquement soulevés par les bourrasques d'avril. Au milieu, accompagnés d'un chien folâtre et joueur, trois gamins s'essayaient, avec des cris de joie, à lancer un cerf-volant rouge dans le grand vent…

Soudain, se relevant brusquement alors que je la croyais endormie, Isabelle me confia que ce qui l'avait le plus incommodée du temps où elle avait dû dépendre d'une garde-malade chez elle, c'était le fait que cette fille négligente laissât des détritus dans le filtre de l'évier de la cuisine, ce qu'elle avait toujours eu en horreur. Depuis lors, et je ne saurais dire pourquoi, c'est cette dernière confidence, anodine et décalée, qui me relie à elle. Chaque fois que je lave la moindre tasse dans l'évier, je mets un soin tatillon – quasi superstitieux – à nettoyer la petite grille au fond du bac.

*

À l'instant, de lourdes pluies torrentielles s'abattent sur notre toit de lauses et giclent sur les escaliers, tandis que les chemins alentour se transforment en ruisseaux. Je songe aux anciennes journées de pluie et me souviens à quel point la sensation de la déliquescence générale pouvait me réconforter peu de temps après la mort de ma sœur. Il me semblait en effet sentir l'écoulement naturel de son image, emportée, liquéfiée par le flux universel venu opérer la véritable dissolution du corps et de l'âme, et cela m'apaisait.

Les jours de soleil, en revanche, l'image du cadavre se desséchant dans l'obscurité du tombeau m'était intolérable.

Peu d'écrivains, à ma connaissance, font allusion, lorsqu'ils traitent de la douleur consécutive à la perte d'un être cher, à cette relation charnelle qui nous lie les uns aux autres, en deçà des affinités plus spirituelles – laquelle relève de ce que Bachelard nomme l'imagination matérielle. Ces représentations de l'imagination matérielle occupent pourtant une place prépondérante dans notre psychisme, pouvant devenir cruelles et obsédantes lorsque nous échouons à les « remettre proprement à leur place » au moyen du raisonnement. C'est d'ailleurs le lot commun que de ne pouvoir s'ôter de l'esprit ces récurrentes images contraignantes – d'où le bienfait, en ces circonstances, des images apaisantes proposées par la religion, la philosophie ou la poésie.

En ce qui me concerne, mon subconscient semblait avoir confectionné cette aperception rassurante de la déliquescence pluvieuse délitant le cadavre de ma sœur, en douceur, dans les entrailles de la terre – lesquelles commençaient alors de le digérer, de l'amalgamer avec délices… Il y avait bien l'image gênante de ce cercueil faisant obstacle par sa dureté, moins putrescible, mais l'imagination souveraine parvenait sans trop de mal à le transpercer de part en part comme une enveloppe virtuelle inconsistante – ce qu'elle était réellement, après tout… Et lorsque, la nuit venue, ces images me visitaient au seuil de l'endormissement, il advenait, plus consolant encore, que le cercueil de ma sœur – à l'instar de ceux des princesses mérovingiennes descendant la Seine vers l'Atlantique – soit emporté sur le dos de ce fleuve imaginaire que les eaux ruisselantes avaient fini par former.

Je me laissais alors glisser à sa suite dans le puissant courant du sommeil…

> Ce départ du mort sur les flots ne donne qu'un trait de l'interminable rêverie de la mort. Il ne correspond qu'à un tableau *visible*, et il ne pourrait tromper sur la profondeur de l'imagination matérielle qui médite sur la mort, comme si la mort elle-même était une substance, une vie dans une substance nouvelle. L'eau, substance de vie, est aussi substance de mort pour la rêverie ambivalente. Pour bien interpréter le « Todtenbaum », l'arbre de mort, il faut se rappeler avec C.J. Jung que l'arbre est avant tout un symbole maternel ; puisque l'eau est aussi un symbole maternel, on peut saisir dans le « Todtenbaum » une étrange image de l'emboîtement des germes. En plaçant la mort dans le sein de l'arbre, en confiant l'arbre au sein des eaux, on double en quelque manière les puissances maternelles, on vit doublement ce mythe de l'ensevelissement par lequel on imagine, nous dit Jung, que « le mort est remis à la mère pour être ré-enfanté ». La mort dans les eaux sera pour cette rêverie la plus maternelle des morts. Le désir de l'homme, dit ailleurs Jung, « c'est que les sombres eaux de la mort deviennent les eaux de la vie, que la mort et sa froide étreinte soient le giron maternel, tout comme la mer, bien qu'engloutissant le soleil, le ré-enfante dans les profondeurs… Jamais la vie n'a pu croire à la mort.
>
> Gaston Bachelard, *L'Eau et les rêves*, p. 99.

*

Mon amie B., en compagnie de deux amis à elle venus l'aider à déménager l'appartement de sa mère qui venait de mourir, était enfin arrivée à destination dans sa maison de grande banlieue, près de Paris. Ils commencèrent donc de transbahuter comme ils le pouvaient les meubles qui n'avaient pas été cédés au brocanteur. Or B. n'avait pas retrouvé une bague en diamant – de grande valeur – dont sa mère lui avait souvent parlé, lui disant : « C'est pour toi que je la garde ! » Celle-ci avait mystérieusement disparu et B. pensait que sa mère, sans le lui dire, l'avait peut-être, au bout du compte, vendue par nécessité.

Parmi les meubles conservés, il y avait un lit à sommier métallique dont B. pensait se servir pour sa chambre d'amis au premier étage. Ils transportèrent donc le lit à l'étage ; après quoi, le déménagement étant terminé, ils prirent un verre tous ensemble au rez-de-chaussée. L'un des trois amis décida ensuite de rentrer chez lui tandis que le second accepta de rester dormir sur place et, par la même occasion, d'étrenner le nouveau lit. Les deux amis restèrent un moment à deviser tranquillement en sirotant leur verre, B. exposant sa déception de ne pas retrouver cette bague qui, en l'occurrence, vu sa situation financière du moment, l'aurait opportunément tirée d'affaire. À ce moment de la conversation, tandis que la lumière déclinait brusquement à l'extérieur et que les premières gouttes d'une averse venaient consteller les vitres, tous deux furent surpris d'entendre un bruit cristallin, très pur, qui résonna dans toute la maison. Interloqués, ils se regardèrent un instant pour en déduire ensuite qu'il devait s'agir d'un glaçon tombé dans le freezer du frigidaire précédemment transporté et qui se dégivrait.

Un moment plus tard, B. monta à l'étage pour préparer le nouveau lit. Alors qu'elle en était à border les draps et les couvertures, sa main, qui longeait le sommier, s'engouffra soudain comme d'elle-même dans une sorte de poche qui s'était formée à cet endroit et au fond de laquelle ses doigts sentirent un objet rond et dur. Celui-ci, dressé à hauteur d'yeux dans la demi-pénombre de l'averse qui faisait rage au-dehors, se révéla être la bague en diamant.

*

Un certain soir, en vacances au bord de la mer, nous sortîmes au crépuscule, ma sœur et moi, dans le jardin qui donnait directement sur la plage, elle claudiquant sur sa jambe endolorie. Sa maladie, à cette époque, ne faisait que commencer.

Nous contemplions l'un de ces splendides couchers de soleil qui se succèdent presque chaque soir sur la côte normande, à la fin de l'été. Dans le bleu violacé du ciel, quelques feux de bateaux répondaient à l'apparition des premières étoiles. La lueur tournante du phare venait se réfléchir à intervalles réguliers dans ses yeux déjà légèrement hagards. La mer était d'un bleu-vert sombre et sa litanie vespérale, tel un apaisement après le vent de la journée, nous imposait le silence.

À un moment donné pourtant, Isabelle me dit de profil : « Ce serait bien qu'on se souvienne longtemps de ce moment ! »

Puis, se tournant vers moi, elle me lança un regard que je ne lui avais jamais connu auparavant. Un regard spectral, pénétrant, semblable à celui qu'au détour des couloirs déserts d'un musée de province, vous lance parfois, depuis la toile peinte de son portrait, qui végète dans l'ombre, une ancienne jeune fille d'il y a trois siècles.

*

Moi, toute ma vie je suis resté blanc et muet
comme un phare de jour

en attendant l'heure où je serai bien debout
dans mon éternité
à caresser les visages endormis dans les fenêtres.

André de Richaud

*

La Toussaint à Paris.

Tandis qu'un relâchement latent gagne les citadins, qu'au milieu des envolées de feuilles mortes tourbillonnantes, sous le ciel bas et la lumière voilée, la ville entière baigne dans une humeur mélancolique, on a soudain l'impression que l'âme profonde de Paris remonte à la surface.

Un étrange calme intemporel, une douceur, une affabilité ironique saisit les gens dans les rues, les cafés, les couloirs du métro, mais plus encore peut-être dans les parcs et les squares, où la végétation mourante semble, d'un seul coup, à l'unisson de l'accalmie générale ; une urbanité pleine de sollicitude plane sur le monde et laisse augurer ce que pourrait être une *civilisation compatissante*.

Par ces jours où le présent semble devenir poreux, où le passé affleure, la présence des morts se fait sourdement sentir. Foulant aux pieds les feuilles décomposées qui forment l'amorce de la reviviscence, le flâneur, levé tôt pour déambuler dans le parc, voit la lumière s'insinuer entre les arbres et les massifs, et il perçoit soudain, portée par la bourrasque d'automne, une vague rumeur exhalant à voix basse les anciennes espérances…

*

Lorsque je serai mort depuis plusieurs années,
Et que dans le brouillard les cabs se heurteront,
Comme aujourd'hui (les choses n'étant pas changées)
Puissé-je être une main fraîche sur quelque front !
Sur le front de quelqu'un qui chantonne en voiture
Au long de Brompton Road, Marylebone ou Holborn,
Et regarde en songeant à la littérature
Les hauts monuments noirs dans l'air épais et jaune.
Oui, puissé-je être la pensée obscure et douce
Qu'on porte avec secret dans le bruit des cités,
Le repos d'un instant dans le vent qui nous pousse,
Enfants perdus parmi la foire aux vanités ;
Et qu'on mette à mes débuts dans l'éternité,
L'ornement simple, à la Toussaint, d'un peu de mousse.

Valery Larbaud

*

J'étais venu ce mercredi-là assister à une conférence d'anthropologie faite au Collège de France par l'ethnologue Maurice Bloch, laquelle avait pour titre, sans doute hautement significatif : « La valeur de ne pas comprendre ». Ce dernier, brossant un court aperçu des idées en faveur dans la psychologie ethnologique actuelle, déclara que chez la plupart des spécialistes occidentaux d'aujourd'hui revenait fréquemment cette question :

« Comment peut-on encore croire aux fantômes de nos jours ? »

Or, poursuivit-il, étant donné ce fait avéré pour n'importe quel amateur d'anthropologie qu'environ quatre-vingt-quinze pour cent des gens sur cette planète continuaient de croire aux revenants et à leur influence sur notre vie quotidienne, la question correctement posée aurait plutôt dû se formuler ainsi :

« Comment certains d'entre nous font-ils pour ne pas croire aux fantômes ? »

Ce refus du cadavre comme image de soi traduit, naturellement, un refus général du corps. Je refuse de me reconnaître dans la mort parce que je refuse de me confondre avec mon corps. Sans doute mon corps est-il (provisoirement) semblable à mon corps vivant ; on estimera pourtant qu'il y a entre les deux une différence radicale, un changement d'ordre, comme dirait Pascal. Si cette différence ne se voit pas, c'est qu'elle est invisible, de nature immatérielle. Le cadavre n'est pas la somme de mon corps, mais son reste, sa « dépouille » : il y manque un élément qui était présent quand j'étais vivant et qui a disparu au moment de ma mort. Cet élément inconnu dont l'évaporation au moment de la mort assure la différence entre le vivant et le cadavre, c'est-à-dire entre le corps et son double, constitue, on le sait, le principal de la substance dont sont composés les « fantômes ». Rien de plus nécessaire en effet, si l'on tient à maintenir une différence entre l'homme et son cadavre, que l'existence des fantômes. S'il y a dans l'homme vivant quelque chose qui n'existe pas dans l'homme mort, et attendu d'autre part que rien ne saurait se perdre dans la nature, il faut bien que ce quelque chose qui manque au cadavre continue à exister quelque part. Donc, les fantômes existent. On le voit, la croyance en l'existence des fantômes n'est pas, comme on le pense généralement, le fruit de l'imagination, mais bien celui d'une certaine logique.

Sur tout ceci on peut consulter *Lucrèce*, au chapitre III de son livre, principalement consacré à la mort. On y apprend qu'une des tâches les plus dures qui incombent à l'esprit humain consiste dans la pensée de sa propre disparition. Sans doute certains, dit Lucrèce, affectent-ils de penser que la mort, c'est-à-dire la désorganisation du corps, entraîne la disparition totale de ce qui était l'être vivant ; mais ceux-là mêmes ne peuvent se débarrasser entièrement de l'idée d'un « quelque chose » que la mort ne réussit pas à faire disparaître et survit ainsi au trépas, promis à d'incertaines et dangereuses errances. En sorte qu'il existe deux catégories d'hommes : les esprits faibles, qui croient aux fantômes, et les esprits forts, qui croient également aux fantômes. »

Clément Rosset, *Le miroir de la mort*, p. 108 et 109 [1]

*

1. Les pensées humaines, ces projections mystérieuses du noyau créateur chez les êtres vivants, irradient à partir du cerveau qui leur donne naissance. De pareilles émanations, faites de vibrations dans l'éther, flottent sous les formes invisibles qu'elles prennent. Ainsi, à tout œil supra-naturel, doué de perception psychique, l'atmosphère du grand salon de Mrs Legge dut ce soir-là offrir le spectacle d'une scène étrange. Les pensées secrètes des invités s'élevaient et flottaient, erraient, prenaient forme et prenaient d'autres formes sous le scintillement des candélabres, constituant pour ainsi dire une seconde réception, une assemblée de pensées-formes, qui subsisteraient après que tous ces gens auraient quitté la pièce. Tous les fantasmes de pensée n'ont pas la même consistance ni la même forme de résistance. La différence est donnée par la puissance en eux d'énergie vitale – certains, à peine émanés du corps, s'évanouissent. D'autres – et ceci est la cause de bien des phénomènes concernant les fantômes – survivent longtemps après que l'organisme qui les a projetés a été porté en terre.

John Cowper Powys,
Les Enchantements de Glastonbury, p. 236 et 237.

Je trouve impossible de croire que même la substance la plus matérielle d'un mort puisse disparaître complètement. Même dissoute, même dispersée, elle subsistera. Elle sera portée par le vent, elle flottera dans les brumes, frissonnera dans les feuilles, se fera lueur vacillante sur les flots. Ou bien rejetée sur quelque rivage désert, elle se tordra et blanchira dans le crissement des coquillages.
Lafcadio Hearn, *Impressions d'Orient*.

« Où se rencontrent les morts si ce n'est sur les lèvres des vivants ? » demande Samuel Butler en exergue de son livre *Ainsi va toute chair*. Cette remarque relève d'un réalisme pragmatique. En effet, l'art et la nécessité d'évoquer les morts que, sans en avoir clairement conscience, nous pratiquons en permanence, constituent l'une des bases de la vie en société ; celle-ci étant à tel point présente dans notre existence de tous les jours qu'elle en est devenue diffuse.

De même que dans l'astrologie, ainsi que l'indique Paracelse, les planètes et leurs trajectoires n'ont qu'une valeur de représentation symbolique facilitant l'examen des menées secrètes de nos âmes aux prises avec les lois du destin – tels des signes algébriques matérialisant une équation sur un tableau noir (celui du ciel étoilé en l'occurrence) –, nos morts et la façon que nous avons de les évoquer ne seraient qu'une manière allégorique de désigner nos mouvements psychiques inconscients.

La délibération avec les morts serait alors un moyen pratique et plutôt réaliste de tenter de réformer ce qui nous semble désuet ou obsolète dans les traditions qui se perpétuent à travers nous – simples maillons d'une longue chaîne…

« Ce n'est pas moi qui t'engendre, mon fils, ce sont les morts. », dit le poète.

Pourquoi, en effet, refuser de débattre démocratiquement avec cette incontestable et vaste *majorité* que constituent les morts puisque ce sont, de toutes les façons, leurs décrets qui continuent de régler la majeure partie de nos mœurs présentes ? N'y aurait-il pas là quelque chose d'extraordinairement illogique, présomptueux, si ce n'est, de surcroît, immoral ?

*

Comme tout surprend quand un homme est passé
Dans l'aube où ne vient pas l'aurore !
Se peut-il que l'on soit, l'un du côté glacé,
L'autre du côté tiède encore ?...

Anna de Noailles

Lorsque la nouvelle me fut annoncée au téléphone, j'en eus littéralement le souffle coupé et raccrochai sans proférer une parole. F., mon plus vieux camarade d'enfance, celui avec qui, heure par heure, année par année, j'avais perfectionné mon style tennistique dans le petit club de banlieue où nous avions débuté ensemble, puis avec qui j'avais partagé la même ascension dans les hautes sphères de la compétition, formant, en outre, une excellente paire de double – tous deux spécialistes de la volée –, fils, par ailleurs, du meilleur ami de mon père, venait, dans une ultime feinte dont il avait toujours eu le secret, de nous prendre tous à contre-pied. Je crus comprendre qu'il était mort d'un arrêt du cœur à la descente d'un avion qui le ramenait du sud vers le nord du Chili – pays où il avait récemment émigré pour y refaire sa vie en compagnie d'une ravissante autochtone dont il attendait un enfant. Malgré l'ancienne amitié qui nous liait et que nous nous manifestions de temps à autre par nos parents interposés, nous nous étions perdus de vue depuis près de vingt-cinq ans.

Or, exactement cinq jours après cette foudroyante annonce, je reçus une carte postale timbrée du Chili représentant le port de Valparaiso. Lui qui ne m'avait jamais écrit une ligne ni téléphoné durant toutes ces années, m'écrivait dans un style un peu maladroit et d'une calligraphie un peu tremblée :

« J'ai lu Cendrars (si peu) mais je n'ai toujours pas lu Grozdanovitch. À une de ces prochaines années (pour ma part, je préférerais plus tôt). Amitiés. F. »

En examinant la date, je vis que cette carte avait été postée la veille de sa mort !

> Le docteur Johnson parla ensuite d'un phénomène dont je n'avais jamais entendu parler et qui a nom « l'appel » ; c'est le fait d'entendre prononcer son nom par la voix d'une personne dont on sait qu'il est parfaitement impossible qu'elle soit à côté de vous : « Un de mes amis, homme de bon sens et de discernement, me raconta qu'un soir, alors qu'il rentrait à la maison, il s'entendit appeler par la voix d'un de ses frères qui était parti longtemps auparavant pour l'Amérique ; il reçut quelques jours après la nouvelle de la mort de son frère. »
>
> Le Dr Scott nous assura que cet inexplicable « appel » était une chose bien connue et Johnson nous raconta qu'un jour qu'il se trouvait à Oxford et tournait la clef dans la serrure pour entrer dans sa chambre, il entendit distinctement sa mère l'appeler « Sam ». Elle était alors à Lichfield, mais rien ne s'ensuivit. Ce phénomène est, je crois, aussi merveilleux que d'autres faits mystérieux que les gens sont parfois bien lents à croire, et que souvent, même, ils rejettent avec mépris.
>
> James Boswell, *Vie de Samuel Johnson.*

Vint le jour de l'enterrement que je redoutais particulièrement. Nous étions en avril et ce fut un jour de giboulées où de violentes rafales de pluies glaciales alternaient avec des éclaircies de lumière blanche, balayant les murs d'un éclairage impitoyable. Avant de partir, j'hésitai longuement puis, me décidant, je saisis une des balles de tennis dans ma réserve, que j'enfouis dans ma poche de manteau. Je pris un taxi (car j'avais réussi à me mettre en retard) qui longea la Seine sous une pluie battante, couvrant l'eau lourde et noirâtre de grosses bulles dérivantes. Ayant vainement tenté de nouer la conversation, le chauffeur se résigna à ouvrir la radio qui remplit son office : diffuser l'érotisme ambiant à tout ce qui vit encore. Étreignant la balle au fond de ma poche, j'avais la gorge nouée.

En descendant du taxi devant le porche du cimetière Montparnasse, tandis qu'une nouvelle averse s'abattait sur la chaussée et que j'ouvrais mon parapluie, je tombai – mais ne voyons-nous pas des signes partout en ces circonstances ? – sur l'un des garçons qui avait en partie accompagné notre ascension tennistique, venu lui aussi à l'enterrement, et à propos duquel j'avais été très touché d'apprendre que F. s'était violemment insurgé (il y avait trente-cinq ans !) contre certains ragots malfaisants qu'il avait colportés à mon sujet au cours d'une conversation de vestiaire.

Nous remontâmes ensemble les allées, mon ancien calomniateur et moi (nous entretenant à voix basse, je ne sais pourquoi), jusqu'à la procession funéraire qui s'était déjà ébranlée. Je retrouvai mes parents et ma sœur, tous trois éteints, frileux. Une nombreuse société de gens en deuil à la mine compassée piétinait en silence (ou chuchotait) dans les allées adjacentes à ce que je réalisai devoir être le tombeau. Quatre « sbires » en casquettes et uniformes s'y affairaient autour d'un monticule de terre.

Après avoir inconsciemment serré la main de plusieurs connaissances, je pris ma place dans la file protocolaire instituée par les employés des Pompes Funèbres qui, passant devant le trou au fond duquel reposait le cercueil, permettait à chacun de se recueillir quelques instants. Je ne fus pas sans noter que nous étions dans la concession juive du cimetière – judaïté dont la famille de F. avait si longtemps évité de parler ouvertement. En face du tombeau béant, un préposé vous tendait une rose que vous étiez tenu de jeter sur le cercueil, chacun s'acquittant docilement de ce semblant de cérémonie. Hésitant encore à faire le geste dont j'avais eu l'idée, je m'arrangeai pour passer le dernier. Quand ce fut mon tour, je repoussai la rose protocolaire et, saisissant la balle jaune dans ma poche (ce fut à cet instant seulement que je me souvins qu'à l'époque, les nôtres étaient blanches), je la lançai sur le cercueil où elle rebondit *deux fois !* avec un son mat avant de s'immobiliser contre la terre.

M'étant par la suite un peu écarté du gros de la foule, j'eus l'occasion d'observer les parents de F. atterrés et, un peu plus loin, statufiée derrière des lunettes opaques, la veuve – dont je ne fus pas sans remarquer la grande beauté – qui attendait la fin des mondanités d'usage pour revenir, ainsi que je la vis faire, stationner dix bonnes minutes devant le trou grand ouvert, comme fascinée, incrédule et irrésolue tout à la fois, tandis qu'à ses côtés, deux fossoyeurs respectueux, en bleu de travail, attendaient patiemment comme des *gardes du corps*.

Je sentis alors que le moment était venu de m'avancer vers les parents de F. qui, entourés d'un petit cercle chuchotant, restaient muets et inertes, tassés sur eux-mêmes, frappés d'irréalité (comme je m'en fis la réflexion). Quand ils me virent, ils s'avancèrent vers moi d'un commun élan et, s'accrochant à mon manteau qu'ils tirebouchonnèrent absurdement, s'exclamèrent presque ensemble : « Oh ! Denis ! Il t'aimait beaucoup, tu sais. » Et ils s'affaissèrent en pleurant sur mes épaules. Puis sa mère me dit : « Il paraît que tu as lancé une balle de tennis ! Quelle belle idée ! » Je vis qu'elle s'accrochait à ce symbole et mesurai, après mes tergiversations, combien la teneur de certains gestes peut détourner l'assaut de la douleur. Je songeai à la nouvelle de Raymond Carver intitulée : *C'est pas grand-chose mais ça fait du bien !*

Ce fut à cet instant que la voix d'Israël, l'antique voix d'Israël galvanisée par des siècles de malheur, s'éleva discrètement à travers la plaisanterie du clown yiddish réapparu, l'étincelle d'une seconde, en la personne de Samuel, le père de F. Il me lança – la bouche tordue par un sourire qui était le sarcasme même : « Ah ! Bon ! Tu as lancé une balle ? Alors, il faut que j'aille voir le type des Pompes Funèbres, car il me doit une rose ! » Il me sembla voir flotter le sourire mi-enchanté mi-réprobateur avec lequel F. accueillait ce que nous nommions, étant enfants, « les blagues vaseuses de Samuel ».

Sous les tilleuls, nous échangeâmes encore quelques paroles d'usage, comme incapables de nous séparer. Une nouvelle averse, plus drue que les autres, finit par chasser tout le monde. Mes parents, ma sœur et moi décidâmes d'aller prendre une boisson chaude dans le café le plus proche.

À la sortie du cimetière, j'avisai des toilettes presque dissimulées derrière un massif de buis et m'y rendis pour soulager ma vessie comprimée par l'émotion. En entrant, je surpris un quidam à l'allure bizarre, en train de fourailler dans sa braguette devant le pissoir et qui sortit précipitamment. Je vis que les murs étaient constellés d'inscriptions pornographiques et d'invites à des rendez-vous audacieux. L'une d'elle, signée d'un prénom féminin, proposait un parcours compliqué au sein des couloirs d'une administration universitaire, aboutissant à un petit bureau où, à une certaine heure d'un certain soir, attendrait une femme entièrement nue qui raffolait d'énormes membres anonymes fonctionnant parfaitement bien. Dans cet antre un peu sordide du paganisme urbain, la vie continuait de se ruer avec une belle prodigalité désordonnée tandis qu'à quelques centaines de mètres, le cadavre de F. demeurait inerte et seul dans la froide indifférence de la terre humide.

Par jeu, et parce qu'il faut sans cesse lutter, à sa manière, pour maintenir à flot la poésie dans le monde, j'inscrivis à mon tour, sous un phallus assez pauvrement idéalisé – soigneusement, avec ma pointe Rotring –, la belle formule de Malcolm Lowry : *Sombre comme la tombe où gît mon ami.*

*

Nous ne sommes pas inertes dans la tombe !
Le grain de blé dans la terre de Saint-Jean en fait foi
Les petits enfants croissent dans leur sommeil…
Si la croissance de ce qui germe est en rapport
Avec la longueur et la profondeur du sommeil
De quelle ampleur ne doit pas être dotée
La pensée de la tombe ?

Samuel Taylor Coleridge

*

Studieux et bienveillant comme je le suis avec tous les morts…

Jules Michelet

On m'avait autorisé à venir étudier, dans la bibliothèque privée de cette vieille demeure bourgeoise, les manuscrits originaux et les archives (conservés là) concernant Jules de Gaultier, ce philosophe si injustement tombé dans l'oubli et au sujet duquel j'essayais de rédiger une présentation qui fût un peu plus récente que celle – excellente au demeurant – de l'infortuné Georges Palante.

Seul, assis à une table près de la fenêtre qui ouvrait sur le parc, dans la haute salle aux murs tapissés de livres dont les reliures rouges et vertes, à tranches dorées, irradiaient faiblement dans la demi-pénombre, au long des heures qui s'égrenaient au carillon de la grosse horloge au-dessus de la porte d'entrée, je creusais avec une patience d'insecte mon petit tunnel dans l'épaisse couche de passé qui avait enseveli ce mort éloquent.

De temps à autre, pour me distraire, je jetais un œil par le carreau.

J'apercevais la rivière qui coulait sous les grands arbres, les jeunes gens insouciants qui descendaient le courant sur leurs canoës-kayaks et, au centre de la grande pelouse, le tennis de terre battue où quelques joueurs inexpérimentés tentaient – en vain la plupart du temps – de se renvoyer la balle par-dessus le filet. Parmi ces derniers, mon attention était plus particulièrement requise par une svelte silhouette élancée qui ponctuait toutes ses maladresses d'éclats de rire enjoués accompagnés de poses de déception lascive, extraordinairement piquantes pour un admirateur du beau sexe. Aux heures de l'après-midi où elle venait se dépenser avec ses camarades, mon travail était donc souvent interrompu par de longues contemplations songeuses dans cette direction. D'autant plus songeuses et même empoisonnées, si je puis dire, qu'il m'eût été facile de m'accorder une petite pause pour m'approcher du court et proposer mes services pédagogiques qualifiés, lesquels m'auraient peut-être valu – qui sait ? – un regard attentif de la part de la belle apprentie tenniswoman.

Cependant, je demeurais inébranlable dans mes résolutions studieuses de cet été-là : j'avais décidé une fois pour toutes de me consacrer à cette tâche dont – en grand procrastinateur devant l'éternel – je n'avais que trop retardé l'échéance depuis ce jour lointain où, ayant été ébloui par ses écrits, j'avais compris que le devoir m'incombait de ressusciter la pensée décisive du maître – puisque personne, parmi ceux (mieux armés que moi pour ce genre littéraire) à qui j'avais tenté de communiquer mon enthousiasme, n'avait semblé le partager.

Aussi, ne m'accordant que le furtif plaisir un peu amer du voyeur, je m'échinais avec application, sans me laisser trop dissiper, à essayer de comprendre ce qui avait bien pu pousser Jules de Gaultier, lui qui paraissait si humoristiquement prévenu des pièges innombrables où nos illusions vaniteuses nous poussent sans répit et, en l'occurrence, pour une obscure et vétilleuse vexation concernant de dérisoires palmes académiques compromises par un simple article critique, à provoquer son ancien ami et thuriféraire Palante, le podagre impotent, en un méchant duel au sabre (où, soit dit en passant, lui-même excellait). Je lisais les rares comptes rendus relatant l'événement – qui avait alimenté à l'époque la *Gazette de Saint-Brieuc* – et je devais me rendre à l'évidence que les us et coutumes d'une époque prévalaient grandement sur l'éventuelle puissance d'une pensée quelconque, que la sagesse et l'humour dans la vie immédiate n'entretenaient que peu de rapports, au bout du compte, avec la pertinence intellectuelle, que les mœurs en vigueur l'emportaient donc, la plupart du temps, sur les idées, aussi brillantes puissent-elles être.

> On a souvent noté que nos vies et nos vertus, pas moins que nos habits, notre mobilier ou nos beaux arts, sont soumis aux lois de la mode. Les impératifs d'une époque deviennent les crimes de la suivante ; et l'historien

des us pourrait concevoir une instructive série de gravures de mode morale, qui montrerait pour chaque génération, le bien et le mal le plus en vogue. S'il ne se contentait pas d'une simple énumération et la relevait d'un peu d'inspiration et d'une touche artiste, peut-être parviendrait-il à nous familiariser avec ces univers singuliers que sépare de nous le vaste océan du temps. En ouvrant de vieux mémoires, une ancienne correspondance, nous avons trop tendance à nous en détourner avec le même dégoût teinté d'incrédulité que nous éprouvons devant les photographies fanées.

Lytton Strachey, *Lady Mary Wortley Montagu*, p. 61.

C'est, en toute rigueur, ce que je m'évertuais pourtant à ne pas faire et, ne me détournant nullement de ces sentiments d'honneur surannés, j'essayais au contraire de pénétrer les mobiles des protagonistes – Palante, sacrifiant tristement lui aussi, l'individualiste de gauche, à ces usages aristocratiques guindés et, devant l'affront subi de n'avoir pu se battre (ayant été finalement déclaré inapte au combat et trahi, selon lui, par ses propres témoins), sombrant par la suite dans une demi-démence éthylique pour finir par se suicider d'une balle dans la tempe ! Oui, seul à ma table studieuse, je tentais d'évoquer les mânes de ces deux éminents philosophes qui, il y avait maintenant un peu plus d'un demi-siècle, après s'être longtemps accordés, s'étaient – au sujet d'un différend sur un point théorique épineux – platement raccrochés aux rigides codes sociaux en vigueur !

Pendant ce temps-là, quelques dizaines de mètres plus bas, avec une ironie bien à elle, la vie immédiate et vivante propulsait ingénument sous mes yeux le spectre lascif de la belle tenniswoman qui, s'étirant pour tenter de capter la balle dans sa raquette, la manquait une fois de plus avec une grâce irrésistible !

Or, parcourant un résumé de la notion de Bovarysme inventée par Jules de Gaultier, le penseur qui, selon moi, avait le mieux parlé de l'esprit en tant que machine à produire de l'illusion et qui avait écrit : « Ne serait-il pas singulier de demander la vérité à un appareil institué pour engendrer l'illusion ? Ne serait-ce pas faire injure aux lois de l'esprit, les supposer mal faites, défectueuses et pauvrement conçues, que d'imaginer qu'elles vont faillir à leur mandat, et cesser tout à coup d'engendrer des fantômes, qu'elles vont divulguer l'énigme qu'elles ont pour mission de perpétuer ? », je pris conscience, avec un certain soulagement, qu'il n'y avait sans doute pas lieu de s'étonner qu'un philosophe aussi perspicace se laisse lui-même prendre au petit jeu de l'orgueil bafoué, car si l'esprit avait effectivement pour mission de perpétuer des fantômes et des illusions, on voyait mal pourquoi ceux qui prenaient sporadiquement conscience du mécanisme des lois inéluctables, devraient en être exemptés le reste du temps – aux moments où ils redevenaient de simples humains !

Aussi, suivant l'exemple du maître, je décidai, délaissant mes séances de nécromancie littéraire, de m'abandonner moi aussi, en cette belle fin d'après-midi, au jeu irrésistible des illusions et, sortant prendre l'air sur la pelouse, je me dirigeai nonchalamment vers le banc installé près du grillage afin d'examiner de plus près cet affolant mirage qui continuait de se matérialiser obstinément sur le court de tennis…

*

Pendant plusieurs années les idées de Pinsker vécurent de la vie ralentie qu'ont les idées dans les livres : curiosité de bibliothèque, petite flamme qui se ravive un soir dans la chambre d'un étudiant solitaire, éclaire sa fenêtre pendant la nuit et disparaît avec le jour.

Jérôme et Jean Tharaud,
Petite Histoire des Juifs, p. 234, Plon 1927.

*

J'étais venu à la librairie de Rodez dans l'idée d'acheter les œuvres complètes de Lewis Carroll. J'en étais donc à feuilleter attentivement l'édition proposée par la Pléiade – avec les si belles reproductions des gravures de Tenniel – hésitant un peu, à vrai dire, en considération du prix, lorsqu'un quidam – vieux monsieur très digne aux cheveux blancs – se matérialisa sur mon côté gauche à la manière du chat du Cheshire dans *Alice*. L'apparition, qui avait guigné le titre du livre que j'avais entre les mains, s'enquit de savoir si je connaissais bien Carroll Lewis. Je lui fis donc remarquer qu'il s'agissait d'un ordre inverse des propositions. Bredouillant quelques confuses excuses, le bonhomme, loin de prendre congé, se lança tout au contraire dans un exposé exhaustif de la personnalité du dit Carroll Lewis (apparemment rabbin de son état et réformateur de l'hébreu ancien ou quelque chose de similaire…). Pensant avoir affaire à un vieux toqué comme il s'en rencontre tant dans les librairies et les bibliothèques, je ne lui répondis que très évasivement. Il s'éloigna alors un instant pour presque aussitôt revenir à la charge et m'entretenir d'un auteur qui, selon lui, avait parfaitement réussi à résumer l'essence de la pensée taoïste. Je commençai d'être intrigué par cet étrange survenant qui m'entreprenait tout à trac sur l'un de mes sujets de prédilection, mais je demeurai pourtant méfiant et la conversation retomba.

Cependant, ce surgissement inopiné m'avait décidé à acheter le bouquin et je me dirigeai vers la caisse où s'était formée une petite file d'attente. À peine avais-je pris ma place dans la queue, que l'être se matérialisa de nouveau à mes côtés aussi soudainement qu'auparavant et se lança dans une série de considérations alambiquées. Je ne sais trop pourquoi, mais son insistance et cette façon quasi magique qu'il avait de surgir à chaque fois, me le firent considérer soudain sous un autre jour et je me trouvai davantage disposé à lui accorder du temps.

Aussi ressortîmes-nous de concert dans la ruelle qui donne sur la cathédrale. Presque aussitôt, le vieux me déclara que cela allait sans doute me surprendre mais que la vérité était qu'il m'avait repéré dans la librairie en tant que rare personne susceptible d'écouter jusqu'au bout l'histoire qu'il avait à me raconter – laquelle, comme j'allais être en mesure d'en juger, lui tenait légitimement très à cœur :

– Cette histoire, me dit-il, je ne l'ai raconté qu'à deux personnes jusqu'à aujourd'hui : un ami mort il y a dix ans et mon fils. Mon fils ne s'y intéresse pas vraiment, et j'ai senti que vous, vous alliez la comprendre et l'écouter jusqu'au bout sans sourire. Ne vous étonnez pas, cela m'arrive couramment de sentir ce genre de choses ! De plus, j'ai soixante-dix-huit ans, mon cancer vient de métastaser et, selon les médecins, je n'ai plus que quelques mois à vivre. Mais non, ne vous effrayez pas : ça n'a aucune importance et je m'en contrefiche absolument ! C'est d'ailleurs ce que j'ai dit aux médecins qui viennent de m'opérer : « Pas de panique ! Si vous réussissez c'est bien pour vous, si vous échouez, ça n'a pas plus d'importance que ça, car je ne tiens nullement à la vie. »

En fait, poursuivit-il, vous allez mieux comprendre si je vous dis que, depuis cinquante-neuf années pour être précis, ma vie s'est arrêtée et ne me concerne plus qu'à demi.

Voilà : c'est l'histoire d'un petit garçon malingre, pauvre, mal attifé, complexé et zozotant – fils des cafetiers du petit village de Salgans sur le plateau du Lévezou. Ce garçon a huit ans et ce jour-là, venant d'arriver chez sa tante pour les vacances à une cinquantaine de kilomètres de son village, il est immédiatement présenté à un groupe d'autres enfants. Or, croyez-moi si vous voulez, dans ce groupe de gamins se trouve une jolie petite fille bien habillée : la fille de l'ingénieur des Chemins de Fer. Dès l'instant où leurs regards se croisent, ils ne se quittent plus des yeux et restent en arrêt l'un devant l'autre sans rien dire, sous les quolibets des autres qui, de guerre lasse, les abandonnent à leur fascination réciproque. Le coup de foudre intégral ! Oui, Monsieur !

Eh Bien ! Vous me croirez ou non, mais durant huit longues années, ces deux-là vont se retrouver chaque été pendant sept semaines de vacances, sans jamais cesser de se regarder ainsi aussitôt qu'ils sont réunis ! Sans presque se parler, se promenant tout au long du jour en se tenant par la main, et pas même un baiser !

Nos parents nous jetaient dehors à huit heures du matin après le petit déjeuner et toute la bande se retrouvait pour aller dans les champs, les bois ou à la rivière. Nous deux toujours collés ensemble, sans jamais se quitter. À midi et quart, on rentrait déjeuner. On repartait à une heure de l'après-midi jusqu'à sept heures trente, et à huit heures quinze du soir, on était de nouveau ensemble jusqu'à onze. Voyez que ça faisait tout de même pas mal de temps ! Oui, cher ami, pendant sept longues semaines de huit longues années, nous nous sommes retrouvés ainsi, le petit Jean et la petite Janine, toujours aussi éblouis l'un par l'autre, et le reste de l'année, on ne cessait de penser l'un à l'autre.

Je sais que vous aurez du mal à me croire et que vous allez me trouver naïf, mais c'était comme ça !

Un jour qu'avec la bande nous étions allés très loin en forêt, nous nous sommes attardés à l'arrière, Janine et moi, et nous nous sommes perdus, plus heureux encore qu'à l'ordinaire, et nous avons marché pendant trois longues heures, nous deux seulement dans la grande forêt, loin de tout, perdus au monde et aux autres. Ç'a été les trois plus belles heures de ma vie. Un ravissement indescriptible ! À un moment donné (je vous le répète : on ne se parlait presque pas !) Janine m'a dit : « Il faudrait que ça dure toujours ! » Eh bien ! Voyez ! J'ai bientôt quatre-vingts ans et c'est comme si j'y étais encore. Ah ! évidemment, ça ressemble sans doute pas à ce qu'on vit maintenant, mais nous étions comme ça en Aveyron, sur le plateau du Lévezou, en 1934. Un autre monde quoi !

Après ces huit années, la guerre est quand même venue jusqu'à notre bout du monde, et nous avons été séparés. Pendant deux ans, on ne s'est plus vus du tout, on est restés sans nouvelles l'un de l'autre.

Une après-midi sur la route de Rodez, la charrette où j'étais avec mon père croise une automobile luxueuse qui freine et s'arrête, tandis qu'on entend un cri perçant à l'intérieur : « Jean ! C'est Jean ! » Et une tornade bondit hors de la voiture pour se jeter dans mes bras. C'était elle ! Dix-huit ans ! Belle comme le jour ! Et c'était reparti : on a commencé à se regarder sans se parler. Ses parents et mon père ne savaient comment se comporter : dépassés ! C'était tellement fort, vous comprenez ! Incompréhensible à ce point-là pour eux ! Alors ils nous ont laissés ensemble pendant une bonne heure sans nous déranger ; et nous on continuait à rien dire – quelques mots sans suite et, de sa part, un timide baiser sur ma joue gauche : ici. Je le sens encore !

Enfin, il a bien fallu qu'on se quitte ! En fait, nos parents nous ont séparés et c'est la dernière fois qu'on s'est vus !

Mais l'histoire ne s'arrête pas là.

Trois ans plus tard, je finissais mes études à Montauban, juste au milieu de la guerre, et sa cousine est venue me voir pour me dire que Janine, qui était malade, m'envoyait ce message qu'elle allait venir ici se reposer et qu'elle était folle de joie à l'idée de me revoir, qu'elle n'avait jamais cessé de penser à moi.

J'ai répondu : « Je le savais ! C'est la même chose pour moi ! Dis-lui que je l'ai toujours attendue et que je ne pense qu'à l'heure où je la reverrai ! »

Cinq semaines plus tard, elle était morte ! Phtisie galopante ! Elle avait vingt-et-un ans et moi vingt-deux.

Quand sa cousine est venue me l'annoncer dans l'appartement où j'habitais, au moment même où elle est entrée et avant qu'elle ne dise un mot, j'ai su, et mon cœur s'est arrêté ! Définitivement ! Aujourd'hui, voyez, il bat peut-être, comme en rêve… un cœur somnambule disons… mais ce n'est plus le cœur du petit Jean !

Après cette annonce, je suis sorti dehors comme un fantôme, et j'ai marché jusqu'au Tarn pour m'y jeter. Qu'est-ce que je pouvais faire d'autre ? À ce moment, je me suis souvenu de ma mère qui avait besoin de moi, car mon père était mort deux ans plus tôt. Je ne pouvais pas lui faire ça ! Alors, je suis rentré à la maison et je me suis jeté dans le travail, comme un zombie. J'ai très bien réussi, notez. Je travaillais tellement. Tout m'était indifférent, comprenez-vous.

C'est par la suite que j'ai compris que j'avais bien fait de survivre : pour qu'« elle » continue d'exister à travers moi.

Je vous le dis : je me suis marié, j'ai eu un fils, j'ai très bien réussi dans la vie et je me suis intéressé à un tas de choses apparemment, mais c'était une existence de substitution. Cela n'avait plus la moindre importance. C'est d'ailleurs pour ça que je n'ai jamais eu peur de rien. Car peu après, j'ai rejoint la France Libre et quand on a dérouillé les Allemands près de Strasbourg, ça m'a servi. Un vrai démon ! Je faisais n'importe quoi, j'acceptais n'importe quelle mission. Je m'en foutais. Ah ! J'en ai tué un paquet d'Allemands, à la grenade artisanale, à la dynamite, à la baïonnette. On savait pas se battre, mais ça y allait, on fonçait dans le tas sans réfléchir ! Et maintenant, je vais bientôt mourir, mais je n'ai toujours pas peur. De toutes les façons, elle est, et sera toujours, avec moi ! On se tient par la main et on se lâchera pas, même là-bas ou là-haut, je ne sais pas… »

– Vous avez toujours eu un tempérament mystique, comme beaucoup d'Aveyronnais, dis-je.

– Oui, mais je ne crois pas du tout au Dieu chrétien. Mais alors là, pas du tout ! Je crois aux rêves qui nous agitent et nous manipulent comme des pantins ! Au milieu de tout ça, il y a la réalité miraculeuse, insurpassable, de ce coup de foudre. Un fait indestructible ! Ainsi quand je vous ai vu (et je vous le répète, ça m'arrive souvent de repérer ce genre de choses au premier coup d'œil), j'ai su que vous étiez la bonne personne à qui raconter cette histoire. Vous ne seriez pas écrivain, par hasard ?

– C'est-à-dire que je prends effectivement beaucoup de notes, mais…

– Alors, notez cette histoire et conservez-la dans un cahier le plus longtemps possible !

À ce moment-là, nous fûmes interrompus par un client de la librairie qui nous demanda son chemin et, durant cette pause, le narrateur resta un petit moment comme hébété. Puis il me dit :

– Attendez-moi là une minute, je vais vous donner quelque chose qui vous fera encore mieux comprendre !

Il rentra dans la librairie et en ressortit quelques instants plus tard, un livre à la main intitulé : *Les Poésies de François Fabié, poète aveyronnais* :

– Tenez ! Lisez ça, tout est là-dedans, c'est ce que nous avons vécu : c'étaient nos amours à nous, de ce temps-là, dans notre petit paradis du Lévezou.

Il feuilleta le livre quelques instants, puis, ayant trouvé ce qu'il cherchait, me le tendit en me désignant un passage :

– Lisez à partir d'ici jusqu'à la fin.

… on retrouve l'enfant blonde avec qui cent fois
On a jadis couru la forêt et la lande ;
Elle n'a point changé, – sinon qu'elle est plus grande
Que ses yeux sont plus doux et plus douce sa voix.

« Revenons aux genêts – je le veux bien » dit-elle ;
Et l'on va, côte à côte, en causant, tout troublés
Par le souffle inconnu qui passe sur les blés,
Par le chant d'une source ou par le bruit d'une aile.

Les genêts ont grandi, mais pourtant moins que nous ;
Il faut bien nous baisser pour passer sous leurs branches,
Encore accroche-t-elle un peu ses coiffes blanches ;
Quant à moi, je me mets simplement à genoux.

Et nous parlons des temps lointains, des courses folles,
Des nids ravis ensemble, et de ces riens charmants,
Qui paraissent toujours sublimes aux amants,
Parce que leurs regards multiplient leurs paroles.

Puis le silence ; puis la rougeur des aveux,
Et le sein qui palpite, et la main qui tressaille,

Et le bras caressant qui fait ployer la taille…
Comme le serpolet sent bon dans les cheveux !

Et les fleurs des genêts nous font un diadème ;
Et, par l'écartement des branches, haut dans l'air,
Paraît comme un point noir l'alouette au chant clair
Qui, de l'azur, bénit le coin d'ombre où l'on aime !…
Ah ! de ces jours lointains, si lointains et si doux,
De ces jours dont un seul vaut une vie entière,
– et de la blonde enfant qui dort au cimetière, –
Genêts de mon pays, vous en souvenez-vous ?

Une fois que j'eus terminé, il me reprit le livre des mains, chercha un stylo dans son sac, écrivit quelque chose sur la page de garde et me le tendit :

– Tenez, c'est pour vous !

Je remerciai et lus la dédicace, calligraphiée à l'ancienne d'une écriture un peu tremblée de vieillard :

> À Denis, peut-être le seul à comprendre la rencontre de deux enfants qui s'obstinent à rester unis malgré la mort. Amitiés.
>
> Janine et Jean.

L'heure s'étant considérablement avancée, il me dit :

– Je vous accompagne jusqu'à votre voiture !

Nous descendîmes par le labyrinthe des rues moyenâgeuses du centre de Rodez jusqu'au tour de ville. Il me parla alors de sa marotte du moment (l'archéologie), de sa femme et de son fils, puis de Toulouse où il habitait désormais ; tout cela sur le ton détaché de la constatation, comme s'il n'était pas vraiment concerné. Parvenus à la voiture, je le remerciai pour l'histoire et le livre et il m'invita à venir le visiter chez lui, assez vite, ajouta-t-il, avant qu'il n'ait rejoint sa chère Janine.

Tandis que je reculais lentement pour manœuvrer, je le vis qui se tenait sur le trottoir, statufié, égaré. Un instant, tout en lui faisant un signe d'adieu à travers le pare-brise, je conçus le soupçon qu'il eût inventé toute cette histoire à mon usage, la calquant sur le poème, ainsi qu'aiment à le faire certains mythomanes qui accrochent des inconnus pour vivre une aventure par procuration.

À ce moment, mon regard croisa le sien. Paraissant retrouver ses esprits, il me fit signe d'attendre et me dit, se penchant à la vitre ouverte :

– Ah ! Je le savais : vous doutez de mon histoire. Mais ça n'a pas d'importance ! Cette histoire, vous en faites ce que vous voulez ! Tout ce que je vous demande, si vous l'écrivez un jour, c'est de respecter les noms véritables. Les noms des deux enfants qui se sont rencontrés un jour de juillet 1934, à Salgans sur le plateau du Lévezou, et qui s'aimèrent d'un amour fou, indestructible : Janine Moutonnet, la fille de l'ingénieur des Chemins de Fer, et Jean Caussonnade, le fils du cafetier !

Oui, le temps dévore tout : nos amours, nos paysages, et promptement notre vie elle-même. Nos seuls remparts contre la mort sont la culture, c'est-à-dire la mémoire, et l'art qui est la feuille où, tel un entomologiste qui garde aux ailes fugitives des papillons leurs couleurs diaprées, nous fixons nos amours mortes et nos illusions abolies. Créer des personnages, c'est mettre au monde des enfants immortels. L'adolescente d'hier est à présent une jeune femme. Demain elle sera une vieille dame et bientôt elle sera morte. Cependant, le personnage qu'elle a inspiré au romancier quand elle avait quinze ans continue, lui, de témoigner ce qu'elle fut, et demeure vivant – his yet surviving page – pour l'éternité. La fonction de l'écriture est une fonction résurrectionnelle, pascale. Byron est mort, celle qui lui servit de modèle pour la Francesca du « Siège de Corinthe » est morte, elle aussi, et, fors les érudits, personne ne sait plus son nom, mais Francesca, elle, vit toujours d'une vie ineffable, immortelle, et le rythme des mots lui fait un cœur qui jamais ne cessera de battre :

Il regarda, il vit ; il reconnut ce visage
Si beau, cette silhouette si gracieuse ;
C'était Francesca qui se tenait auprès de lui,
La jeune fille qui aurait pu être sa fiancée !

Oui, nos morts, nos pauvres morts, sont pareils à ces cierges qui brûlent dans la nuit de Pâques où les tombeaux s'ouvrent et où la mort est vaincue.

Gabriel Matzneff, *La diététique de Lord Byron.*

*

En avant-propos d'un de ses livres, Chesterton fait une louange de l'oubli, expliquant que celui-ci nous permet non seulement de vivre plus heureux en ne nous remémorant pas sans cesse les désastres et les mauvais aspects de l'existence, mais encore qu'il est une bénédiction pour la littérature puisqu'il nous permet de redécouvrir les plus beaux textes après les avoir oubliés [1]. Or curieusement, cette boutade m'a soudain permis de

1. La réimpression d'une série d'essais aussi frivoles demande quelques mots d'excuse. La meilleure excuse c'est qu'on les aura probablement oubliés et qu'on pourra, en les relisant, éprouver des impressions entièrement nouvelles.

Je ne suis pas sûr, toutefois, que cette explication soit aussi modeste qu'elle en a l'air, et j'imagine que Shakespeare et Balzac n'ont jamais souhaité qu'on se souvienne toujours d'eux, mais plutôt qu'on les oublie de cette manière, car s'ils pouvaient être oubliés ils seraient constamment redécouverts et relus. C'est une mémoire monotone qui, trop souvent, nous empêche de voir l'univers dans sa véritable splendeur, et les anciens n'avaient pas tort de faire du Léthé la frontière d'un monde meilleur.

G.K.Chesterton, *Le défenseur,* Introduction.

mesurer l'ampleur possible de la théorie nietzschéenne de l'éternel retour.

Pourquoi, en effet, n'en serait-il pas ainsi de nous également ?

Pourquoi ne pas imaginer qu'il nous est donné de revivre plusieurs fois, si ce n'est de façon permanente et dans notre intégrité individuelle circonstanciée, du moins dans cette latente partie de nous-mêmes – essentielle ? – où s'exalte la jouissance, le bonheur d'exister et dans laquelle, pour les besoins de la cause (celle précisément du *nécessaire oubli* auquel je faisais allusion), il nous serait interdit de nous reconnaître d'une fois sur l'autre – afin que « Le Même » puisse se représenter sans cesse sous des apparences nouvelles ?

Interdiction métaphysique qui fournirait l'explication de ce vertige d'angoisse qui nous saisit, en revanche, à la simple évocation d'une possible éternité statique – la Vie, l'Existence, la Volonté Schopenhauerienne, l'Énergie Vitale (appelons-la comme on voudra) ayant besoin, pour se perpétuer, d'une métamorphose permanente ; ce qui expliquerait encore le besoin insatiable qui nous taraude de renouveler le quotidien au moyen d'artifices variés, souvent dérisoires.

Il est, en tous cas, réjouissant, ironique et rassurant de nous représenter nos individualités comme des leurres fabriqués pour nous éblouir, nous faire nous élancer sans relâche vers l'objet de nos désirs, d'imaginer que ces « personnes », qui nous sont si chères et qui nous obnubilent tant lors de nos différentes incarnations, ne sont peut-être que des marionnettes brandies par l'Énergie Vitale sur la scène du monde, afin de créer l'indispensable émulation nécessaire à la Péripétie ! [1]

1. « C'est des éléments que provient tout ce qui a été, est et sera ; c'est par eux que croissent les arbres, les hommes et les femmes, les bêtes sauvages et les oiseaux, ainsi que les poissons que l'eau

Ne se pourrait-il pas, en dernier lieu, qu'à certains instants le voile de Maya se déchire, que l'illusion faiblisse et qu'un vague souvenir de notre précédent masque s'échappe de son cercle imparti pour venir nous inquiéter, nous étonner fugitivement ? N'avons-nous pas tous, un jour, été assaillis, au détour d'une pensée confuse, par l'ombre de cette anamnèse et cette faille impromptue dans le système anonyme du monde, ne pourrait-on la nommer : le fantôme de nous-mêmes ?

> John et Mary maintenant se penchaient par-dessus le bas parapet en pierre, absorbés par la vue de l'étang considérable et profond.
>
> – Tout est resté pareil ! Je me souviens ! Je me souviens !
>
> Ils s'étaient récriés en même temps ; et pendant un atome de seconde, ainsi que dans le vent la bougie la plus fragile, une scène revécut, perdue et engloutie depuis plus de cent années.
>
> John Cowper Powys,
> *Les Enchantements de Glastonbury*, p. 53.

*

Dans le récit de son voyage en Chine, *Équipée*, Victor Segalen nous raconte qu'enfin parvenu au terme du périple, sur les premiers contreforts de l'Himalaya, il

---

nourrit et même les dieux à la longue vie, comblés d'honneurs. Ils sont toujours les mêmes, et circulant au travers les uns des autres, ils apparaissent sous des formes différentes, tant leurs échanges produisent de changements. »

Empédocle (cité par Clément Rosset,
dans *Anti-Nature*, p. 133).

va, le soir, se promener aux alentours du campement et y fait une étrange rencontre :

> Nous nous sommes trouvés (doucement) face à face ; l'Autre, comme s'il me barrait silencieusement le chemin prolongé en dehors de moi, malgré moi. Je l'ai reconnu tout de suite ; plus jeune que moi, de quinze ans, il en portait seize ou vingt ; plus maigre et plus blond, il s'habillait naïvement d'un vêtement européen d'un beige effacé par l'usure, le soleil, ou la mode d'autrefois, et qui d'ailleurs lui seyait bien. Il avait peut-être un peu d'aigre dans le maintien ; mais je trouvais une grande affection pour la jeunesse blonde qu'il ramenait de si loin et du profond du temps. Le moindre reflet noisette dans ses yeux était un rayon frémissant, jeune et jaune. Cependant l'étonnement de le rencontrer là m'est venu, tardif, avec ces paroles :
>
> – Comment ! c'est toi qui existes encore ! toi ici !
>
> – Tu ne fais pas partie du paysage. Ton veston détonne, et tes souliers et ta figure blanche sans hâle. Tu n'as pas froid ? Tu n'as pas l'air habitué aux hautes altitudes…
>
> Il se présentait, oblique, sans me regarder ni peut-être me voir. Je questionnais sans attendre de réponse. Une réponse qui m'aurait bien plus étonné que son silence. Et en effet, il ne répondit pas. […] L'Autre devenait fumée, avant de m'avoir répondu. Cependant, avant qu'il ne disparaisse en entier, j'avais eu le temps non mesurable, mieux : j'avais eu le *moment* d'en recueillir toute la présence, et surtout de le reconnaître : l'Autre était moi, de seize à vingt ans.

Le fantôme de sa jeunesse apparaît ainsi à Segalen au terme de son harassant périple comme pour lui permettre d'établir un bilan : mesurer l'évolution, l'éventuelle transformation insidieuse des idéaux de jeunesse en compromis variés. Ne nous arrive-t-il pas bien souvent, nous autres parvenus à l'âge mûr (même si nous ne l'exprimons par écrit), de faire ce demi-rêve diffus et d'en être profondément ébranlés ? Segalen conclut ainsi :

> Je ne suis pas venu ici pour me trouver nez à nez avec un naïf souvenir de jeunesse… et c'est pourtant lui qui se place au tournant et au confin ! C'est une leçon… C'est lui maintenant, c'est l'Autre qui me donne une leçon d'expérience ! Sans doute son air détaché et désintéressé m'apprend la vanité de ce que je suis venu rejoindre ici.

*

> Eh bien, maintenant que nous nous sommes vues une bonne fois l'une l'autre, dit la licorne, si vous croyez en mon existence, je croirai en la vôtre. Marché conclu ?
>
> Lewis Carroll.

Cette après-midi-là, nous étions invités chez la comtesse de Koninck, rue Montrose à Bruxelles, pour une des habituelles séances. Nous arrivâmes un par un (en tout une quinzaine) dans ce vieil et vaste appartement au luxe démodé, encombré d'un amoncellement invraisemblable de guéridons, de canapés, de sofas, de tableaux anciens un peu ternis, de tentures fanées, de bibelots voisinant sur des étagères poussiéreuses avec des kyrielles de photos de lévriers et de chevaux, des miniatures persanes dans des cadres dorés, enfin une collection, à vrai dire un peu inquiétante, de poupées, de mannequins (comme ceux qu'emploient les couturiers mais somptueusement vêtus), de marionnettes de toutes sortes.

La vieille comtesse avait fait servir du thé et des biscuits et nous commençâmes par goûter tout en bavardant. J'avais à ma droite le vieux général de Gronckel, perclus et sourd, qui m'avait entrepris à voix tonitruante sur un point crucial de la stratégie défensive appropriée en cas de charge de cavalerie intempestive, *par le flanc gauche*, sur les champs de bataille napoléoniens. En face de moi, Amélie Van Dryssen, ancienne beauté révérée du monde bruxellois et voyante extra-lucide de son état, minaudait en trempant ses biscuits dans sa tasse et faisait des mamours à un monstrueux carlin. Debout derrière elle, se tenait, une tasse de thé à la main, l'ingénieur Zanzotti, éternel vieux dandy arborant de petites cannes de golf entrecroisées sur sa pochette de blazer, visiblement adulé des nombreuses vieilles dames ici présentes. Un peu plus loin, pour en terminer avec les quelques têtes connues de moi parmi les invités, il y avait Henri-Jacques de la Perrière, le biologiste français qui ne se départait jamais de son sourire sarcastique de vieux cartésien à qui on ne la fait pas. Léon, le maître d'hôtel en livrée – un sourire pincé sur les lèvres –, officiait en toute conscience cérémonieuse de son rôle de pilier institutionnel, d'indispensable garant du maintien aristocratique de l'assemblée.

J'étais de loin le plus jeune et c'était la première fois que j'avais été admis à participer à la séance de spiritisme qui devait commencer à six heures précises. On sentait, à la retenue qui caractérisait les conversations, qu'un événement se préparait. Quand six heures sonnèrent au vieux clocher d'à côté, les invités, comme mus par un ressort et sans même que Léon ait eu à les en prier, se levèrent et se dirigèrent avec un bel ensemble vers une pièce du fond de l'appartement. Je suivis le mouvement et nous commençâmes de nous installer autour d'une table ronde, dans un salon aux volets fermés, faiblement éclairé par des lampes à abat-jour fixées aux murs. D'immenses miroirs légèrement inclinés semblaient répercuter nos images incertaines dans une dimension perdue de la mémoire. Sur la table recouverte d'une nappe rouge se trouvaient deux candélabres où vacillaient des bougies, un vieux livre à fermoir, du papier et des crayons.

Lorsque nous fûmes assis dans un ordre que la comtesse avait prescrit et que, ainsi qu'elle nous l'avait enjoint également, nous eûmes formé de nos mains une chaîne autour de la table, Amélie, la médium, dont les yeux brillaient comme des voyants lumineux, fixa en face d'elle, pendant cinq bonnes minutes, une femme très pâle, à l'allure de vieille fille anglaise invétérée qui, assise bien droite sur sa chaise, hiératique et les yeux fixes, ressemblait à une figure de cire. Une fois que celle-ci eut fermé les yeux, Amélie s'enquit à voix ferme et haute :

– Estelle ! Quelqu'un veut-il nous parler ?

Chacun se tut et retint son souffle. Je sentais les mains de mes voisines – celle de la comtesse et celle d'une dame outrageusement maquillée prénommée Mathilde, se tortiller dans les miennes. Un long silence qui ne semblait pas devoir s'interrompre plana alors ; de la Perrière n'avait pas quitté son expression de dédain ironique et j'essayais pour ma part de rester le plus attentif possible afin de ne rien manquer. Soudain, émanant d'un guéridon situé sous l'un des hauts miroirs, se fit entendre à deux reprises un fort craquement comme celui d'une planche qui se dilate sous l'effet de la chaleur et le carlin qui s'était assoupi aux pieds de sa maîtresse se mit à aboyer furieusement du côté du meuble. Amélie dit :

– Vous êtes le bienvenu ! Pouvez-vous nous dire votre nom ?

Ce fut alors Estelle qui parla, mais avec une voix qui ne lui appartenait pas – une voix masculine mal assurée, une voix de timide :

– Je me nomme Valentin.

– Valentin, dit Amélie, qui êtes-vous ?

Tout le monde se tourna vers Estelle, attendant la réponse, mais rien ne vint. On eût dit que l'hypnotisée s'enfonçait dans un mutisme irrémédiable. Et de la Perrière en profita pour lancer :

– Valentin le désossé !

Amélie commanda alors :

– Continuez de rester concentrés, ne vous relâchez pas !

Nous nous resserrâmes les mains et attendîmes. Soudain, Estelle, tel un mécanisme un instant enrayé, se remit à parler à voix basse, presque contrite :

– Je me nomme Valentin Petit-Renaud.

– Êtes-vous toujours de ce monde, Valentin ?

– J'ai l'impression que non, mais je ne saurais trop vous dire car il me semble n'avoir jamais trop bien su faire la différence…

– Comment ça, Valentin, pouvez-vous nous préciser ce que vous voulez dire ?

– Je suis sans doute passé de vie à trépas à un certain moment, mais à mon insu, voyez-vous, car je ne vivais que dans le passé : sans cesse à étudier la vie des morts à la Bibliothèque Royale.

– Et pourquoi étudiiez-vous la vie des morts, Valentin ?

– J'étais historien de la philosophie.

– Ah ! Mais c'est très intéressant et quelle était votre spécialité ?

– J'étais médiéviste et je déchiffrais de vieux traités de cette époque que je transcrivais en français moderne. Mais où suis-je et qui êtes-vous ?

Estelle paraissait de plus en plus pénétrée du rôle que lui faisait jouer Amélie et en disant cela, il y eut comme un tiraillement de souffrance sur son visage.

– Nous sommes un cercle spirite et c'est vous qui êtes venu spontanément, dit Amélie.

– Peut-être, oui… et que puis-je pour vous ?

– Eh bien ! Auriez-vous un message particulier à nous communiquer depuis cet au-delà d'où vous nous parlez ? Un conseil à nous donner sur la conduite de l'existence ?

– Absolument aucun ! dit Valentin. Comme je vous l'ai expliqué, à part quelques courts moments dans mon enfance, quand j'allais à la campagne chez mes grands-parents, j'ai l'impression de n'avoir jamais vécu par moi-même. J'ai étudié très sérieusement à partir de l'école, j'ai toujours été bon élève, j'ai continué comme ça toute ma vie. Je suis resté célibataire, j'ai vécu longtemps avec ma mère, puis, à sa mort, je suis resté seul dans le même appartement. Pendant un temps, j'ai eu un chat mais quand il a disparu je n'ai pas eu le courage d'en reprendre un autre. Voilà tout. La vie… j'ai un peu regardé les autres la vivre quand j'allais me promener le dimanche au parc.

– Mais Valentin, vous avez bien tiré au moins un enseignement de vos études ?

– Oh ! Non, je m'en suis bien gardé, ce n'était pas mon rôle, je ne faisais que transcrire les propos des autres. J'aurais failli à ma mission scientifique si j'avais eu la moindre présomption d'interpréter les textes qui m'étaient soumis.

– Évidemment… dit Amélie, visiblement déçue.

– Cela dit, reprit Valentin, en y réfléchissant bien : si ! il y a une chose que j'ai remarqué et à propos de laquelle j'aimerais vous mettre en garde.

– Ah bon ! Et laquelle, cher Valentin ?

Toute l'assemblée, et de la Perrière lui-même, parut suspendue aux lèvres d'Estelle qui remuaient automatiquement, comme actionnées par un mécanisme.

– Oui, j'ai constaté qu'il y avait beaucoup d'incompétents dans l'administration universitaire et, tout particulièrement, à la Bibliothèque Royale…

À l'écoute de cette déclaration, il y eut un silence surpris, gêné, qui dura un peu trop longtemps, et Amélie demanda :

– C'est ce que vous aviez à nous signaler, Valentin ?

– Oui, je ne vois pas autre chose, à part peut-être encore, mais cela ne vous intéresse sans doute pas, qu'il y a beaucoup de fautes de latin et de grec dans les vieux manuscrits et que, pour être honnête, je ne saurais dire si elles doivent être imputées à la négligence des clercs ou aux auteurs eux-mêmes. Non ! Je ne saurais m'avancer sur ce point.

– Prudence qui vous honore, dit de la Perrière ; et je ne parvins pas à démêler s'il avait plaisanté ou non.

Le général prit la parole et dit avec hauteur, comme s'il s'adressait à un subalterne :

– Tout de même, tout de même, mon petit vieux, vous avez bien un avis personnel sur l'existence ? Ça n'est pas possible !

– Désolé non ! dit Valentin.

– Comment ça, comment ça ! Petit-Renaud ! Vous plaisantez !

– Je ne crois pas, dit Valentin, je n'ai jamais eu aucun humour, je n'ai jamais plaisanté de ma vie. Il y avait un préposé à la bibliothèque qui, lui, était un humoriste et que j'admirais, mais moi non.

– Ah ? Et vous souvenez-vous d'une de ses blagues ? demanda Zanzotti.

– Oui, il disait toujours : « Il faut bien admettre que les généraux sont toujours très particuliers ! »

– Sac à papier ! dit de Gronckel, mais le gaillard se paie ma tronche !

– Excellent, en tous cas ! remarqua Zanzotti.

– Et avez-vous d'autres blagues désopilantes du même cru ? demanda Amélie.

– Hélas non ! Vous savez, je n'aimais pas trop rire, ça me déconcentrait dans mon travail et, après coup, ça me rendait triste. Et puis… Et puis… Mais je commence à être très fatigué, j'ai envie de dormir.

Nous vîmes alors le visage d'Estelle donner les signes d'un éveil et Amélie dit :

– Au revoir, Valentin, et merci !

– Oui, au revoir à vous aussi et merci. C'était bien la première fois que j'avais l'occasion de m'exprimer devant plusieurs personnes à la fois et il a fallu que j'attende d'être mort pour que ça m'arrive. C'était troublant… mais je n'ai plus la force de continuer… je me sens emmené… Adieu… et bonne chance à vous autres !

L'instant d'après, Estelle rouvrit les yeux et parut étonnée de se trouver là. Amélie lui expliqua avec beaucoup de douceur qu'elle venait de jouer une fois de plus le rôle de médium et que ça avait très bien marché. Elle nous questionna alors sur la teneur de la séance et je pus constater qu'elle ne se souvenait en rien de ce que sa bouche avait proféré sous hypnose.

Nous retournâmes dans le salon et Léon servit des cordiaux dans de minuscules verres. Les commentaires allèrent bon train et chacun y alla de son interprétation des événements. La plupart pensaient que Valentin s'était dérobé et n'avait pas voulu nous répondre parce que nous ne lui avions pas posé les bonnes questions. Seul Zanzotti ne disait rien.

Je pris congé et, après avoir salué les invités et remercié la comtesse, commençai de descendre le monumental escalier en essayant de fixer dans ma mémoire ce qui venait de se passer afin de le noter au plus près à mon retour. J'entendis des pas derrière moi ; c'était Zanzotti qui m'avait suivi.

– Que pensez-vous de ce que vous avez vu et entendu aujourd'hui ? me demanda-t-il, une fois parvenu à ma hauteur.

– À la fois étrange et comique. Un comique « déceptif », si je puis dire !

– C'est toujours plus ou moins comme ça, en fait ! Il ne se passe jamais rien de notable, mais ça fait un peu frémir tous ces gens qui s'ennuient avec leur rente trop confortable.

– Il n'y a jamais de surprise ?

– De temps en temps, quand l'un d'eux a eu maille à partir avec un autre auparavant, et alors, l'ectoplasme devient belliqueux et insulte tout le monde.

– Ah ! Oui ?

– Eh bien oui, je suppose que vous avez compris ce qui se produit : le médium ne fait qu'interpréter les fantasmes inconscients de l'un des participants, il dégage le double fantomatique d'une des personnes présentes (eux, ils appellent ça le « jumeau astral ») et celui-ci peut parfois alors se libérer en direct. C'est parfois comique, parfois pathétique.

– Effectivement, mais je n'avais pas saisi cela du tout. Et qui était-ce aujourd'hui, selon vous ?

– Vous êtes sérieux ? demanda Zanzotti, en s'arrêtant de marcher et en me regardant intensément.

– Tout à fait sérieux !

– Mais c'était vous !

– Sans blague ! ?

– Allons, allons ! Ne me faites pas croire que vous n'avez eu aucun soupçon.

– Valentin, mon jumeau astral dites-vous ? Bigre ! Mais il est complètement différent de moi !

– Vous n'y êtes pas du tout, mon petit vieux ! Ça n'a rien à voir ! Le jumeau ne fait que révéler votre plus intense désir secret ! En l'occurrence, il y a certainement quelqu'un en vous qui désirait n'être rien d'autre qu'un rat de bibliothèque et qui a été frustré parce que, à ce que j'ai cru comprendre, vous êtes devenu un joueur et un sportif.

– Ah oui ! je commence à comprendre. C'est bien possible après tout. Je me suis effectivement toujours beaucoup agité et j'ai souvent eu l'impression de perdre mon temps, il va falloir que j'y réfléchisse.

– C'est tout réfléchi ! dit Zanzotti, car ça n'a aucune importance ! Les reflets dans les miroirs, comme la forme des nuages, les trajectoires des balles au-dessus d'un filet entre deux raquettes ainsi que celles des planètes, les champs de bataille ou l'agencement des plus beaux jardins, nos amours les plus intenses ou nos grandes déceptions, tout cela n'est que trompe-l'œil et ce n'est pas plus important qu'une partie de marelle jouée par deux fillettes dans une impasse des Marolles ou bien qu'une course entre escargots organisée par des bookmakers chinois dans un bouge de Shanghaï ! C'est une vaste fantasmagorie à laquelle nos personnes participent, mais qui ne nous concerne pas essentiellement, nous ne sommes que des figurants, les pions d'une partie dont l'enjeu nous dépasse…

Vous savez, j'ai pas mal lu quand j'étais jeune et il y a un passage des Bhagavad-gitâ qui m'a frappé. Krishna dit de lui-même en tant que dieu : je suis le jeu du joueur. Moi, je l'interprète ainsi : s'en remettre au hasard dans les décisions, c'est être à la hauteur des vicissitudes de l'existence, car l'habileté suprême consiste à se maintenir en équilibre au milieu du changement des événements. Le fait que, par ailleurs, la plupart des joueurs, par une contradiction avec eux-mêmes, cherchent des systèmes fait partie du contrepoint humoristique de l'existence : nous faisons toujours, simultanément, ce qui ôte son sens à notre volonté intime. Pour vous, ça a été le sport, si je comprends bien… Mais vous raconterai-je un jour comment je suis devenu ingénieur alors que je ne m'intéressais qu'à la littérature ?

– Oui, vous avez raison, j'ai sans doute passé des heures et des heures sur un court de tennis pour ne pas m'affronter à ce qui m'importait vraiment. Cela dit, je ne regrette rien car, ce faisant, je me suis tout de même bien amusé, peut-être plus, après tout, que si j'avais réellement fait ce que je voulais faire.

– Sans doute ! voilà qui est bien philosophé. Et puis, de toutes les façons, il en est ainsi pour tout le monde : ces diversions sont inévitables ! Mais assez parlé ! Mettons-nous maintenant dans la peau de deux nouveaux amis, enchantés de s'être rencontrés et qui vont faire diversion en allant prendre deux bonnes bières belges, proposa Zanzotti qui, me passant un bras sur l'épaule, m'entraîna vers le bar le plus proche.

*

L'ironie infinie des herbes folles entoure les tombes…

Giorgio Manganelli, *Itinéraire Indien*, p. 115.

Selon Littré, le mot allemand *Vergissmeinnicht*, passé dans la langue française, désigne au départ la fleur magique qui, dans la tradition mythique germanique, ouvre les rochers recélant des trésors et prononce elle-même cette formule pour avertir celui qui en use qu'en l'oubliant, il court le risque de voir les rochers se refermer sur lui.

Mais s'il faut « lutter passionnément contre l'oubli », c'est en outre d'un même mouvement parce que « les morts dépendent entièrement de notre fidélité ». Nous en sommes responsables parce que « le passé ne se défend pas tout seul comme se défendent le présent et l'avenir » : « le passé comme les morts a besoin de nous ; il n'existe que dans la mesure où nous le commémorons. Si nous commencions à oublier les combattants du ghetto, ils seraient anéantis une deuxième fois. Nous parlerons donc de ces morts, poursuit Jankélévitch, afin qu'ils ne soient pas anéantis ; nous penserons à ces morts, de peur qu'ils ne retombent, comme disent les chrétiens, dans le lac obscur, de peur qu'ils ne soient à jamais engloutis dans les ténèbres ».

Le devoir de mémoire, dont « l'Imprescriptible » fait partie et sans lequel elle ne serait qu'une affaire privée relevant de bons sentiments, nous le devons aux morts afin de leur rendre justice. Pour qu'ils restent présents parmi nous dans toute leur humanité restituée, et qu'ils soient à jamais réinscrits au lieu du genre humain qu'ils n'ont jamais cessé d'habiter malgré leurs bourreaux. Il y va du lien ontologique qui les relie à nous et nous à eux et dont nous devons témoigner.

Alain Le Guyader (article du *Magazine Littéraire* sur Vladimir Jankélévitch, juin 95).

J'ai soigneusement noté ce passage dans mon carnet car il est l'occasion pour moi d'une grande perplexité. Ayant toujours été très attentif à ce qui pourrait ressembler aux éventuels vœux ou désirs posthumes des défunts et fort soucieux de leur souvenir, je demeure pourtant hanté par cette question : « Et si eux, les morts, préféraient l'oubli ? Si eux, *là où ils en sont*, optaient pour l'insouciance, la légèreté, l'inconséquence à leur endroit, bref, pour la grande dissolution complète dans le lac obscur, précisément ? »

Il y a là une dimension ontologique et même métaphysique qu'un penseur de nature presque exclusivement morale comme Jankélévitch ne semble pas pouvoir embrasser. En réalité, il semblerait que son souci soit d'ordre avant tout préventif. Il s'agit non point tant, pour lui, me semble-t-il, de rendre justice aux morts que de chercher à empêcher la réapparition de semblables calamités.

En effet, cette réflexion et cet impératif du devoir de mémoire ont-ils vraiment souci des morts en eux-mêmes dont il est si difficile, après tout, de connaître les vœux ? Tout ceci demeure peut-être, au bout du compte, une sorte de paradoxe, une contradiction insoluble qu'il faut accepter dans toute son ambiguïté. Pour cela – être capable de soutenir en permanence cette aporie – sans doute nous faut-il nous transformer en Janus *bifrons*, ce dieu double et peut-être schizophrénique dont il n'a pas été assez remarqué qu'il est censé, dans l'Olympe, être assis pour l'éternité sur « la chaise de l'oubli » ! En effet, ne nous faudrait-il pas, pour rester pleinement en accord avec nous-mêmes, à la fois commémorer et oublier ? Et la chose s'avérerait après tout possible si nous parvenions à envisager ce double mouvement : commémorer sur le plan politique et social, tout en oubliant sur le plan personnel. En sorte que ce devoir, partagé collectivement, pèserait moins lourd sur nos épaules de frêles vivants pour qui, trop souvent hélas, le courage vient à manquer.

> … j'ai vu le petit ruisseau lui-même courir, courir avec son clapotis sur une grosse pierre plate – et j'ai pensé : « Voilà les deux choses opposées et paradoxales que nous avons à faire – embaumer tous les souvenirs, toutes les reliques des morts pour les placer dans les Monuments Égyptiens pour l'éternité – c'est un des aspects de notre foi – et l'autre, c'est de, oui, plonger aussi loin qu'on le peut tout souvenir, respect, amour, éternité et relique des morts, oui ! ainsi que notre propre lutte chérie pour survivre, de les plonger dans le Néant vers lequel toute chose coule, coule, coule, comme ce

petit ruisseau près du mur nouvellement bâti par le Fantôme près de la tombe du Vieux »…[1]

John Cowper Powys, *Journal*, 1939, p. 472.

*

Le grand poète corfiote fut sans conteste Lorenzo Mabili et bien que le reste de la Grèce l'ait ignoré, il est mort au combat contre les Turcs pour défendre sa chère Hellade – heureux de mourir sur le champ de bataille à l'âge de soixante ans, en prononçant des mots d'amour pour sa patrie. Il a laissé l'un des plus beaux poèmes qui soit sur l'oubli :

Heureux les morts qui oublient l'amertume de la vie
Quand le soleil se couche et que l'ombre envahit la terre,
Quelle que soit ta douleur, ne pleure pas les morts.
C'est l'heure où ils ont soif et vont boire
À la source cristalline de l'oubli.
Mais si une seule larme coule en leur mémoire
Des yeux de ceux qui sont vivants, l'eau se trouble ;
Et si les morts boivent de cette eau troublée,
Eux aussi, transitant par les champs d'asphodèles,
Se rappellent l'ancienne douleur.
Si tu ne peux t'empêcher de pleurer,
Que tes larmes ne coulent pas sur les morts, mais sur les vivants :
Ceux-ci voudraient oublier mais ne le peuvent.

*

Ce soir-là, nous réunissions une bande d'amis et mon vieux copain S. avait promis de venir.

1. Dans son journal, Powys appelle son jardinier le Fantôme et son chien adoré, disparu peu auparavant, le Vieux.

S., après avoir été mon camarade admiré et jalousement aimé du temps du lycée, avait ensuite constitué le compagnon idéal des frasques estudiantines au Quartier Latin, l'indéfectible ami de jeunesse en somme, avec qui, dans ces années d'utopie et d'insouciance, j'avais partagé l'essentiel.

Par la suite, après quelques atermoiements dans ses choix, il s'était abîmé dans des études scientifiques ardues et s'était progressivement absenté de ma vie pour ne plus donner de ses nouvelles que de loin en loin. Un beau jour enfin, ç'avait été, en dépit de mes relances, la disparition complète.

Il était entre-temps devenu professeur d'université et savant patenté. Cela faisait donc vingt-cinq ans que nous ne nous étions revus.

La question que je m'étais souvent posée à son propos – sous forme de plaisanterie – était la suivante : *quelle différence y a-t-il entre un ami mort et un ami qui ne donne plus signe de vie ?* La conviction, étayée par quelques témoignages, que la personne – devenue invisible – continuait bel et bien d'exister, pouvait-elle constituer, en effet, une suffisante consolation ?

En sorte que c'était avec une certaine dose d'amertume au cœur que je m'apprêtais ce soir-là à le voir ressurgir d'entre les morts-vivants. Lorsque j'aperçus l'homme qui entrait et qui, selon tout vraisemblance, ne pouvait être que lui, je dus réprimer maladroitement une expression de surprise ; il s'en avisa d'ailleurs car il lança une plaisanterie de circonstance dont la teneur resta, de toute la soirée, le seul élément qui eût pu rappeler notre ancienne complicité.

Nous bûmes et mangeâmes tous ensemble dans la salle à manger et le hasard des conversations voulut que nous ne soyons pas rapprochés à ce moment-là. Un peu plus tard cependant, un mouvement d'ensemble fit que nous nous retrouvâmes seuls en présence l'un de l'autre, dans mon bureau. Après une tentative pour entamer un dialogue enjoué susceptible de ressusciter notre camaraderie d'antan, lequel, parmi d'éprouvantes banalités, retomba sinistrement à plat, d'un commun accord tacite nous rejoignîmes le gros de la compagnie. Tandis qu'il me précédait dans le couloir et que j'observais son dos voûté, sa démarche précautionneuse de savant, son crâne presque chauve, bref, son allure générale racornie, lui jadis si gaillard et si vif, je songeai qu'il était sans doute judicieux de nommer cette réapparition un « fantôme du présent ».

Un homme silencieux était près
de moi. Je voyais
l'ombre de son profil parfois
se pencher distraitement sur le bord de la tasse,
avec la même lassitude
qu'un mort sorti de sa tombe
pour une fête mondaine.

Luis Cernuda, *Impressions d'exil*, p. 83.

*

Souviens-toi du futur !

Le Talmud

Il existe une expression espagnole employée par les Sud-Américains qui m'a toujours fasciné : « un recuerdo del porvenir », un souvenir du futur !

Proust, dans un passage célèbre de la *Recherche*, évoque cette fois où il eut une première communication téléphonique avec sa mère. Il nous décrit l'impression que lui procure cet échange de voix transmises électriquement et il compare l'expérience à un dialogue avec un interlocuteur déjà mort, qui s'adresserait à vous d'outre-tombe.

Une semaine après que je lui eus envoyé ma première lettre, C.R., le poète que j'admirais, me fit la surprise, avant même de m'avoir répondu par voie épistolaire, de me joindre au téléphone. (« Savez-vous comment j'ai fait pour trouver votre numéro ? Tout simplement en demandant aux renseignements téléphoniques ! », me dit-il en riant.) Sa voix, altérée par une opération du cancer du poumon dont il sortait à peine, ressemblait à celle d'un coureur de fond à bout de souffle. Elle me fit l'impression d'émaner de quelque arrière-monde.

Pendant les trois années qui lui restaient à vivre et durant lesquelles nous correspondîmes également, C. R. prit l'habitude de m'appeler souvent, toujours à des moments imprévus et sans jamais, toutefois, me communiquer son propre numéro. Il m'appelait pour bavarder et, au cours de l'entretien, sa voix s'essoufflait progressivement, un peu plus à chaque fois… Cependant, nous ne nous rencontrâmes jamais en chair et en os. Je compris, entre les mots, deux choses : qu'il lui était devenu pratiquement impossible de se déplacer et qu'il m'appelait en cachette de ceux qui prenaient soin de lui. Il y avait, en outre, de longues périodes où il n'appelait plus, évoquant, lorsqu'il le faisait de nouveau, cette « habitude » qu'il faudrait bientôt prendre qu'il n'appelle plus. C'était donc cette voix spectrale et merveilleusement flûtée, dans ce qui lui restait de timbre vivant qui, de temps à autre, à des moments inattendus, me réveillait de ma « pleine vie » pour me rappeler à l'essence platonique du commerce poétique.

Chose étrange, lors des nombreuses fois où il appela, C. R. tomba toujours directement sur moi et toujours à des moments d'entière disponibilité de ma part. Comme s'il *m'avait guetté*. La toute dernière fois pourtant, il eut affaire à ma fille à qui non seulement il donna un numéro de téléphone où éventuellement rappeler, mais auprès de qui il insista pour dire qu'il fallait absolument que je le rappelle au plus tôt car il pensait être en mesure de sortir cette après-midi-là pour que nous nous rencontrions enfin. Rentré chez moi, je rappelai. Le numéro ne répondit pas. Quelques jours plus tard, j'appris sa mort par les journaux.

Lorsque je songe à lui désormais, que je relis ses merveilleux poèmes, son journal, j'entends sa voix, dont j'avais presque tout de suite compris qu'elle s'adressait à moi déjà en provenance du futur !…

> … Lao Tseu et Ruysbroek suggèrent
> qu'il ne faut pas trop s'attacher
> parce que les attachements sont des liens
> c'est sûr
> Mais le peuplier-tremble enfonce ses racines
> Et au mouillage, le navire raisonnable
> Jette un moment l'ancre
> Continuez votre route
> Soleil Planètes Astres Galaxies Millénaires
> Je m'arrête Juste un petit instant
> Ne m'attendez pas Je vous rejoins…

(Keroulep, 2 septembre 90).

*

Dans le roman de John Cowper Powys intitulé *Givre et Sang* apparaît le plus émouvant spécimen, si je puis dire, de fantôme du futur (mais c'est aussi un fantôme littéraire).

Le très jeune protagoniste, alter ego de l'auteur, ayant appris que sa fiancée attendait un enfant et ne se sentant pas du tout armé pour assumer cette paternité, arpente la campagne en proie à des tourments indicibles. Il voit alors arriver en sens inverse un cavalier dont il ne parvient nullement – dans cette bourgade de province où tout le monde se connaît – à identifier la silhouette. Lorsque celui-ci est suffisamment près, il doit se rendre à l'évidence qu'il n'a jamais vu ce jeune homme, du même âge que lui. Ce dernier, ralentissant sa monture, s'approche de lui et, parvenu à sa hauteur, lui lance : « Il ne faut pas souffrir, Père ! » Puis il repart au galop et disparaît.

*

Pendant presque toute mon enfance, mes parents louèrent, en Bourgogne, pour les trois mois des vacances d'été, la moitié d'une grande ferme qui appartenait à un dénommé Petit-Louis.

Petit-Louis, issu d'une famille de paysans riches, était le canard noir de la portée. Du temps de sa jeunesse, il avait voulu aller au séminaire pour acquérir davantage d'instruction et sa famille l'en avait empêché ; il avait tenté de se cultiver par lui-même et là encore on lui avait mis des bâtons dans les roues. Aussi, à la longue, était-il devenu non seulement l'original de la famille mais encore l'excentrique du village. Ayant toujours refusé de travailler aux champs avec ses frères, il vivotait de petits services rendus aux uns et aux autres : à la commune en tant que fossoyeur et annonceur public (avec son tambour), occasionnellement facteur et, presque en permanence, livreur de tout ce qu'on pouvait avoir besoin de se faire apporter à moindre frais ; enfin, chaque été, il se contentait de ce que lui rapportait la location de la ferme où ses frères et sœurs, après la mort des parents, l'avaient laissé en tant que gardien, lui-même n'occupant qu'une minuscule chambre qui, du temps de l'exploitation, devait avoir servi aux journaliers de passage. Cette chambre de célibataire endurci était devenue, au fil des ans, une antre au désordre indescriptible où il passait ses soirées à lire des livres d'histoire et à écrire des vers à acrostiches, de sa belle écriture à l'ancienne, avec sa plume sergent-major, à la lueur de la lampe à pétrole (pour économiser l'électricité).

Le dimanche matin, par tous les temps, il parcourait seize kilomètres sur sa vieille mobylette pour aller écouter la messe dans la seule église du voisinage où elle fut encore dite en latin. Je le voyais chaque matin se laver torse nu au puits de la cour. Un jour par semaine, il partait pêcher dans l'Yonne et rapportait une friture dont il nous donnait régulièrement la moitié.

Il m'avait pris en affection et je l'accompagnais à la pêche, aux escargots ou aux champignons, l'aidant notamment aussi à préparer les fosses dans le cimetière avant les enterrements (ce qui fait que je me demande si la rédaction de cette chronique ne tire pas sa lointaine origine de ce commerce avec les morts, initié aux côtés de Petit-Louis dans le cimetière de Villiers-sur-Yonne).

En dehors de l'enfant que j'étais, Petit-Louis n'avait qu'une seule fréquentation : un ancien camarade d'école communale, resté célibataire lui aussi, et qui l'invitait à peu près une fois par mois à déjeuner le dimanche midi à la ferme. Il leur arrivait aussi d'aller à la pêche ou aux champignons ensemble. Durant le temps des vacances, j'accompagnais Petit-Louis à ce déjeuner et c'est là que je devins un familier de son copain Anselme qui, à cette époque, faisait office de forgeron pour le village.

Bien des années après, devenu adulte, c'était lui que j'allais visiter quand l'envie me prenait d'avoir des nouvelles du pays, vu qu'un beau jour, sur le coup de ses soixante-dix-huit ans, et ce fut la grande affaire du pays à l'époque, Petit-Louis avait brusquement disparu de la circulation et que, en dépit des recherches des gendarmes, on ne sut jamais ce qu'il était advenu de lui.

Ce soir-là, nous étions en automne et les châtaignes grillaient sur le feu dans la grande poêle trouée. Nous buvions l'excellent petit blanc de Tannay et devisions de choses et d'autres, Anselme et moi. Cependant, je sentais que depuis un bon moment, depuis que nous avions dépassé le troisième verre, Anselme avait quelque chose à me dire. Ainsi qu'il est d'usage dans les campagnes, je laissai les choses mûrir, sachant que, de toutes les façons, le moment viendrait. Et effectivement, au quatrième verre, Anselme lança :

– Bon et ben, si tu sais garder ta langue, j'm'en va t'dire une chose et de toutes manières, une fois qu'tu sauras, je sais qu't'en diras rien.

– Ah ?

– Ouais ! reprends un verre et j'm'en vais t'raconter ça !

Il y eut un petit silence, le temps que je finisse mon verre, et Anselme reprit :

– Le P'tit-Louis, moi, j'sais où il est !

– Tu veux dire qu'il est toujours vivant ?

– Non ! ça vivant ! Il l'est plus du tout ! Mais j'sais où il est.

– Tu sais où il est enterré ?

– Oui et non, parce qu'il est pas vraiment enterré, en tous cas, pas comme lui il le faisait avec les autres, d'son temps. Mais écoute plutôt dans l'ordre. Tu connais l'Mont Beuvron, tu sais, là où c'est qu'on a r'trouvé, depuis, le cimetière de Gaulois, comment qu'tu les appelles don ?

– Les Mérovingiens.

– Oui, c'est ça, les Mérovingiens. Ben figure-toi qu'à c't'endroit, y a pas qu'des Mérovingiens, y a plus vieux encore ; mais ça, personne le savait sauf P'tit-Louis à l'époque, et moi maintenant ! Toi, tu vas bientôt l'savoir si t'arrêtes de gigoter comme ça sur ta chaise, qu'tu m'écoutes, et qu'tu m'jures de garder ta langue. Ce qui fait qu'on sera trois et qu'ça ira pas plus loin, comme lui il le voulait.

– Tu sais, si c'est si secret que ça, il vaut peut-être mieux ne rien me raconter.

– Non, non, parc'que c'est lui qui m'a demandé d'te l'dire un jour.

Alors écoute :

Un peu après qu'vous avez arrêté de venir l'été, tes parents, ta sœur et toi, j'ai r'marqué que le P'tit-Louis il allait beaucoup fourrager du côté du Beuvron, là où i gardait un petit carré qui lui v'nait de ses parents. I ramenait d'l'herbe pour ses lapins. À un certain moment, non seulement i passait d'plus en plus de temps là-haut, mais même, il y passait la nuit, des fois deux, sans qu'personne sache où qu'i'pouvait bien dormir. Ç'avait beau être un rustique le Louis, de là à coucher dehors, même en hiver !... Et pis quant au reste, n'y pense pas ! À l'âge qu'il avait déjà à l'époque... sans parler de sa dégaine ! Bref, y'avait au moins une nuit par semaine où i'disparaissait comme ça et, à moi, l'dimanche, jamais un mot !

Sur ce, un soir que j'm'en rev'nais de Dornecy par la p'tite route du haut, c'était le crépuscule bien avancé, v'là-t-y pas que j't'aperçois le Louis un sac sur l'épaule qui prend l'chemin de la Jonchaie vers le Beuvron. M'avait pas vu sur ma bécane et i'filait comme un voleur. C'était curieux à c't'heure-ci, pouvait pas aller à son champ ! Alors, ni une ni deux, j'ai posé ma bécane et j'l'ai suivi en me cachant. Et ben, tu m'croiras si tu veux, mais arrivé près du bois, le Louis i s'est enfourné dans un fourré où qu'c'est qu'y a rien derrière que d'la misère et des taillis, pis j'ai eu beau attend'e plus d'une heure, l'est jamais r'ssorti !

Anselme marqua un silence et je crus que l'histoire s'arrêtait là.

– C'est comme ça qu'il a disparu ?

– Attends don ! Bougre de Parisien : toujours à courir ! Non, c'est pas fini ! Parc'que moi, quand j'suis piqué au vif, j'suis piqué au vif ! Donc, le lendemain matin su' l'coup d'six heures, je m'suis posté à mon carreau de derrière, ici, d'où qu'j'apercois le haut d'la rue qui descend d'la Jonchaie et v'là pas qu'sur les sept heures, sept heures dix, j'vois no't Louis qui s'en r'tourne pas rasé, son sac vide sur l'épaule ! Mystère et boule de gomme ! Pouvait pas s'en r'tourner qu'du bois où qu'y a rien !

Alors vers midi – j'savais qu'y risquait pas d'y aller à c't'heure, j'suis allé faire un tour moi aussi au bois d'la Jonchaie et j'ai eu beau fouiller partout dans l'fourré, rien du tout ! Sacré nom d'un chien ! Des bois et des rochers !

Voilà, j'ai continué de l'guetter et j'ai compris qu'tous les vendredis, le Louis disparaissait à la Jonchaie et ne r'venait que l'lend'main matin, des fois que l'dimanche seulement, mais après, à not'déjeuner, jamais un mot ! Le Louis, j'ai compris qu'c'était son secret et qu'i voulait l'garder pour lui.

Ça a duré trois ans comme ça ! et pis un vendredi soir, v'là que le Louis vient m'visiter et qu'après qu'on ait bu un coup de ma prune, i'm'dit d'un seul coup :

– Anselme, j'sais qu'tu m'épies et que tu te demandes pour la Jonchaie ! De toutes façons, j't'en aurais parlé un jour, et c'jour est arrivé. Alors voilà, trouve-toi d'main matin au calvaire su'l'coup d'cinq heures.

Et évidemment, j'y étais le lend'main, à l'heure dite, plus curieux qu'jamais…

Mais maintenant j'arrête mon histoire, tu vas t'coucher et nous aussi on y va d'main matin à cinq heures pour que j'te montre c'qu'i m'a d'mandé d'te montrer. Allez ouste, finis ton fromage, ton verre et au lit !

J'eus bien un peu de mal à m'endormir immédiatement, mais après ça je tombai dans un épais sommeil de campagne.

Après ce qui me sembla être très peu de temps, Anselme me secoua par l'épaule et me dit qu'il était l'heure. Je m'habillai en hâte, nous avalâmes un café brûlant qu'Anselme avait préparé et nous partîmes dans la nuit et la brume qui montait de l'Yonne à quelques pas. Nous passâmes les deux ponts, celui du canal et celui de la rivière et, remontant par Sur-Yonne, nous nous engageâmes sur le chemin de la Jonchaie. Anselme, qui portait un gros sac sur le dos, éclairait le chemin au moyen d'une lampe projecteur de grande puissance. Parvenus à la Jonchaie, il s'enfourna dans les taillis où je le suivis. Nous avançâmes ainsi, péniblement, nous accrochant aux ronces et aux branches pendant deux bons kilomètres, contournant le mont Beuvron par l'ouest. Ensuite, nous continuâmes sous le couvert d'une pineraie pendant environ huit cents mètres pour déboucher sur une clairière où se montraient d'énormes rochers saillant à flanc de coteau parmi l'entrelacs de la végétation très dense. Anselme commença de grimper, me faisant signe de le suivre. Au bout d'un bon quart d'heure, nous arrivâmes sur une étroite plate-forme entourée de chênes rabougris où Anselme, posant son sac et reprenant son souffle, m'annonça :

– On y est !

Puis il tira du sac des gants de travail dont il me tendit une paire ainsi qu'une longue et solide corde qu'il commença d'arrimer très soigneusement à un tronc. Après quoi, il dirigea le faisceau de sa lampe vers une anfractuosité de la roche où je pus apercevoir, légèrement dissimulée derrière un gros bloc, l'entrée d'une sorte de cave. Anselme y lança le paquet de corde qui disparut dans le trou. Il enroula la sangle de la torche autour de son cou, puis me recommanda :

– Tu restes juste derrière moi, tu mets tes pas dans les miens et tu fais exactement comme moi.

S'accrochant à la corde, il commença de s'engouffrer dans la sombre cavité en piétinant sur la roche qui descendait en pente assez raide vers les profondeurs. Je l'imitai et nous descendîmes ainsi une quinzaine de mètres, très prudemment ; je perçus soudain sous mes pieds que le terrain redevenait plat. Anselme me demanda :

– Ça va ?

– Oui.

– Bon, maintenant, c'est l'plus dur, t'as pas trop peur ?

– Euh ! Enfin… c'est encore loin ?

– Non c'est juste là-derrière, me dit-il, désignant du projecteur un pan de roche humide, mais l'plus dur, c'est l'tunnel. Il est pas long, mais on peut pas s'retourner.

– D'accord, dis-je courageusement, allons-y !

– Bon, j'passe devant, tu restes la tête cont'mon cul et tu m'lâches pas.

Il se mit à quatre pattes et commença d'avancer dans le boyau où nous n'aurions pu nous tenir debout ; serré contre lui, je ne le lâchai pas d'un cheveu. Nous progressâmes ainsi sur une quinzaine de mètres, puis je sentis qu'Anselme se redressait. Il me dit :

– Tu peux t'rel'ver, on est arrivé !

Je me rétablis et je perçus qu'un espace plus vaste nous entourait. À ce moment, Anselme décrivit un large cercle avec sa torche et il m'apparut que nous nous trouvions dans une assez grande caverne. Mais surtout, dans le rapide tour circulaire du faisceau lumineux, j'avais pu apercevoir des couleurs et des formes sur les parois…

Anselme déclara :

– Voilà, c'est l'secret d'Louis !

– Une caverne !

– Ma foi oui ! C'est ça qu'il avait découvert ! Mais attends, t'es pas au bout d'tes surprises, et j'm'en vais t'faire visiter.

Il se dirigea vers une table de bois rustique qui se trouvait là avec deux petits pliants métalliques et sur laquelle étaient posés deux assiettes retournées, deux bols, un paquet de bougies et un couteau. Il y déposa son sac et sa torche. Puis, se baissant, il tira de sa poche une boîte d'allumettes et enflamma un fagot tout préparé dans un cercle de grosses pierres. Aussitôt que le feu eut pris, il éteignit la torche et, aux lueurs dansantes des flammes, je pus voir que la caverne où nous étions était à peu près de la taille d'une vaste grange. Il alluma ensuite trois grandes bougies et déballa du saucisson et un morceau de pain qu'il plaça sur la table.

– Mange un morceau, m'enjoignit-il.

Tandis que j'obtempérais, mes yeux s'accoutumèrent à la pénombre et je commençai de distinguer des peintures aux couleurs vives qui couvraient entièrement l'une des parois de la grotte, mais, davantage intrigué par le reste pour le moment, je baissai les yeux pour apercevoir, non loin de nous, une réserve de bois bien rangée, une autre table où reposaient toutes sortes d'ustensiles de cuisine : couteaux, fourchettes, tire-bouchons, casseroles, mais aussi, un peu à part, des pots de couleurs, des pinceaux, des brosses, une large palette. À quelques mètres de là, se trouvait un lit de camp poussiéreux sur lequel était empilé un tas de couvertures moisies. Je vis aussi une grosse bonbonne d'eau que je reconnus comme étant celle que Petit-Louis remplissait le matin au puits, dans mon enfance. À côté reposait une caisse remplie de paquets de bougies.

Lorsque Anselme vit que j'avais terminé cette première inspection, il me dit :

– Maintenant, regarde bien !

Et reprenant la torche, il projeta un pinceau de lumière sur la grande paroi. Aussitôt, comme dans une sorte de dessin animé – plutôt tremblé que réellement mouvant –, très lentement, se mirent à sortir de l'ombre et comme du mur lui-même, des représentations de chevaux, de bisons, de chiens, de sangliers et d'êtres se tenant sur leurs deux pieds : des silhouettes schématisées en forme de bâtons… tout à fait semblables à celles que j'avais vues sur les photos des grottes préhistoriques.

– Petit-Louis avait trouvé une grotte préhistorique ! ?

– Faut croire, répondit Anselme.

Balayant le reste du mur, Anselme éclaira, un peu plus loin, un emplacement où étaient figurées des barques sur l'eau, des maisons sur pilotis à côté desquelles on distinguait encore plusieurs autres de ces formes humaines schématisées, mais bras et jambes à l'horizontale : visiblement en train de nager…

– Les Palafittes, dis-je pour moi-même.

– Ceux-là, dit Anselme désignant les nageurs, ils m'ont fait rêver !

Puis, se retournant, il éclaira une autre partie de la grotte vers laquelle nous nous avançâmes. Je découvris alors, sur cette nouvelle paroi, d'autres peintures, plus fraîches celles-ci et exécutées dans le style des peintres naïfs d'aujourd'hui. On voyait des champs avec un tracteur, une moissonneuse-batteuse, des pêcheurs au bord d'une rivière, un cycliste longeant le bord du canal, et toutes sortes de scènes de la vie rurale de ces dernières décennies. Le tout sur une énorme surface.

– Ça, c'est l'œuvre de Louis, dit Anselme, c'est ça qu'i'venait faire ici tous les vendredis !

– Avec le matériel là-bas sur la table ?

– Oui. Et comme tu peux voir, i'y a passé du temps. Des années ! Mais c'est pas tout, maintenant i'faut que j'te montre Louis.

– Louis ? Il est ici ?

– Suis-moi !

Anselme se dirigea alors vers le coin le plus reculé où, sous un entablement creusé dans la roche, reposait une dizaine de squelettes à moitié rongés, à moitié éparpillés, mais tous néanmoins disposés dans le même sens. Certains d'entre eux portaient encore aux doigts et autour du cou des vestiges de bijoux plus ou moins minéralisés. À côté de l'un d'eux, on pouvait voir le squelette d'un animal de la taille d'un chien, lui aussi couché la tête vers la paroi. Deux autres avaient à leurs côtés ce qui ressemblait à une hache grossière. À leurs pieds demeuraient des morceaux de poteries effrités.

Anselme me laissa contempler ce spectacle quelques minutes puis dirigea sa torche en direction d'une autre niche. Nous nous approchâmes et je vis alors une momie semblable à celles qu'on voit dans les catacombes de Palerme, vêtue d'un costume desséché, friable comme une mince pellicule de sel, la peau du visage ratatinée et froissée comme du carton bouilli, sur des orbites creuses. Aux restes des vêtements, je reconnus que c'était Petit-Louis. Il était disposé comme les autres, à plat dos et la tête du côté de la paroi. À côté de lui reposaient sa canne à pêche, son porte-plume – dans un plumier en bois – et son missel.

– Voilà, dit Anselme, c'était son idée, au Louis ! I'voulait finir ici, avec ceux qu'il appelait ses « grands amis ». Aussi, i'm'avait prévenu : le premier dimanche qu'i'viendrait pas, faudrait qu'moi j'vienne ici pour y fermer les yeux et bien voir que tout s'était passé comme i'voulait. Ensuite, quand l'moment s'rait venu, un jour que j'le sentirais, fallait que j't'amène ici pour qu'tu voies ses peintures, qu'tu saches où il était et surtout qu'tu décides pour l'avenir. Il avait tout préparé, et quand il a su que c'était la fin pour lui, il est venu s'allonger ici, avec les autres. I'disait qu'il les comprenait beaucoup mieux qu'nous tous, qu'il était d'leur famille ; il a dit aussi une chose bizarre : qu'il était pas fâché avec le Dieu d'son enfance, mais qu'tout ça c'était plus ancien qu'Dieu ! C'est pour ça qu'il a quand même mis son missel à côté d'lui.

– Et ça faisait des années qu'il venait séjourner ici en secret…

– Oui ! Et à la fin, i'venait d'plus en plus souvent. I'm'a dit qu'en v'nant ici à réfléchir, il avait l'impression d'comprendre beaucoup d'choses : pourquoi il était comme il était, et qu'la mort ne lui f'sait plus peur. Mais surtout, i'voulait qu'personne sache, surtout pas ceux qui viennent d'ordinaire dans ces endroits pour tout m'surer et faire des photos. Mais pour ça, viens don'voir, il a laissé une lettre pour toi. Il a dit qu'c'est toi qu'avais d'l'instruction qui déciderais.

Nous revînmes vers le feu, à côté de la table aux instruments de peinture ; Anselme dégagea une petite caisse dans laquelle, une fois qu'il l'eut ouverte, je vis ce que j'identifiai (souvenir des bandes dessinées de mon enfance) comme un cordon Bickford relié à un détonateur et, roulée dans un plastique transparent, une enveloppe avec mon nom inscrit dessus de la belle écriture un peu ampoulée de Petit-Louis.

– Ça, me dit Anselme, c'est d'la dynamite qu'il a laissée. Maintenant, tu liras la lettre tranquillement et tu m'diras c'que t'as décidé, parce que le Louis et moi, on est qu'des paysans et p'têt qu'y a des choses à quoi on a pas pensé. Bon, maintenant, prends ton temps pour tout r'garder avec la torche pendant que j'casse la croûte et pis après, on r'monte.

Le soir même, dans la chambre de chez Anselme, je lus la lettre de Petit-Louis. L'ayant notée sur mon carnet, je la retranscris ici :

Cher Denis,

Quand tu liras ma lettre, il y aura longtemps que je serai parti. J'ai trouvé cette grotte il y a trente ans, en allant aux champignons. Au début je ne m'y rendais pas trop, puis je me suis intéressé aux peintures et j'ai commencé à me dire que j'allais continuer, dans l'idée que quelqu'un d'autre les trouve aussi, un jour, dans l'avenir, et que ça lui fasse le même effet qu'à moi. Mon avis est que les gens d'aujourd'hui, surtout tous ceux-là, les savants, que j'ai vu faire avec les Mérovingiens du Mont Beuvron, ne comprennent rien à tout ça et qu'ils ne respectent pas la volonté des Anciens. As-tu vu les nageurs sur le mur ? J'ai jamais vu un de ces messieurs qui sont venus ici pour les fouilles aller nager au déversoir. Donc, j'ai réfléchi que le mieux serait de tout laisser comme c'est et de nous laisser dormir tous ensemble dans notre rêve jusqu'à des jours propices. Mais ça, c'est mon avis à moi et je n'ai que mon certificat d'études. Pareil pour Anselme avec qui j'en ai parlé. Aussi, c'est toi qui as beaucoup d'instruction qui décideras à notre place.

Si quelquefois tu décidais contre mon avis, faudrait que tu me fasses emmener au cimetière de Villiers, pas dans le caveau familial, dans la fosse commune, c'est mon goût.

Si tu es d'accord avec nous, Anselme saura comment faire pour bloquer l'entrée avec la dynamite et tout sera reparti pour quelques siècles en attendant des temps meilleurs pour les rêveurs et les nageurs.

J'espère que tu vis bien, que tu continues d'aller à la pêche dans notre coin, de te baigner quand ça mord pas et de prendre tes aises sans te faire de bile, je te bénis et m'en remets à toi.

Louis.

Le lendemain matin, je repris la route de Paris après avoir fait part de ma décision à Anselme – qui ne fit aucun commentaire mais ne put réprimer un sourire.

Je pense qu'il est inutile que vous essayiez de dénicher l'endroit. Tel que je connais Anselme, vous ne trouverez rien ! [1]

*

Dans l'un des faubourgs de la ville de Corfou, surplombant la mer depuis une falaise, enfoui au sein d'une végétation luxuriante, quasi tropicale, se tient l'étonnant et secret cimetière de l'ancienne colonie anglaise de l'île qui, apparemment, était florissante au XIXe siècle. Y sont érigées de sévères stèles – que le temps a souvent mises de guingois – gravées d'inscriptions laconiques (pudeur britannique oblige !).

Dans l'un de mes inséparables petits carnets noirs, j'ai noté à la date du vendredi 6 juin 1988 :

1. La dernière fois que, peu avant sa mort, je me suis entretenu avec Anselme, il m'a permis de raconter cette histoire dans la mesure où je changerais les noms des protagonistes et celle des lieux. Ce que j'ai fait. Quant à la grotte, celui que j'appelle Petit-Louis y repose toujours aussi paisiblement, parmi ses « très anciens amis » et en attendant ceux de l'avenir…

« Au cimetière anglais de Corfou, énorme stèle avec chapiteau. L'inscription funéraire est la suivante :

In memory
of

ALEXANDER MENNIE
Who died on the 5 march
1836
Aged 2 years and 5 months

Sur le chapiteau poussent des herbes folles et, de chaque côté, se dressent de magnifiques agaves. Quelqu'un, il y a visiblement très peu de temps, a glissé dans l'un des interstices de la stèle fendillée, une des orchidées du jardin. Je suis intrigué et ému par le geste de cet inconnu, plus que par ce mince vertige métaphysique d'identité que représente le dit Alexander Mennie, disparu à l'âge de deux ans – symbole abstrait, un peu pompeux, de ce qui fut à peine un être humain –, car il y a là une pensée pour tous les enfants morts prématurément. Les agaves eux-mêmes semblent d'ailleurs, ce matin, encadrer avec une tendresse toute particulière la stèle usée par les intempéries. »

Dans une maison de Sydney, en Australie, Maggy et Puck sont seuls dans la salle de jeux. Leurs petits frères et leurs petites sœurs sont allés à la garden-party de Mrs Egerton, mais Maggy et Puck ont dû rester à la maison à cause d'une légère pharyngite. Ils ont joué sans grande envie, puis ils ont cessé et les jouets gisent par terre, tristes et inanimés. Un rideau noir voile soudain le ciel. Maggy et Puck se regardent, se prennent par la main en tremblant un peu. Alors, dans le silence qui couvre le ciel et la terre, s'égrènent les petites notes d'une boîte à musique.

– Tu as entendu, Maggy ? demande Puck, qui est le plus jeune.

– Oui, lui répond sa sœur, quelque part dans le monde, un enfant est mort.

Alberto Savinio, *Isadora Duncan*, p. 265.

*

Nous deux, Judith et moi, chaque nuit d'ici à La Combe del Lys où nous dormons ensemble – moi toujours aussi enivré par sa chaude présence alanguie à quelques centimètres de moi... tandis que la profonde nuit de la campagne silencieuse (en fait, pleine des bruits de la vie sauvage : grattements des lérots, hululements des chouettes, glapissements des renards, ritournelle répétitive, monotonale, des crapauds alytes) nous enveloppe dans une sorte de plasma régénérateur où nos rêves (plus intenses qu'à la ville) se déploient avec une force inaccoutumée et même quelque « obsessivité » un peu fastidieuse – il m'apparaît souvent, alors que je suis pris d'une brève période d'insomnie durant laquelle je médite et soliloque dans l'ombre, les yeux ouverts (apercevant les pâles clartés tournantes de la lune sur les murs et les boiseries, qui viennent rehausser de magie métaphysique mes pensées nocturnes), que nous sommes deux petites âmes sœurs perdues au fin fond du temps et se tenant par la main, comme les enfants des contes dans la terrifiante forêt fabuleuse. Deux enfants apeurés qui s'étreignent l'un l'autre à chaque fois que le vent puissant, les loups maraudeurs, les chuintements des arbres sépulcraux ou les fantasmes de leurs imaginations font entendre leurs voix effrayantes.

Quel mystère insondable à vrai dire que celui qui lie ainsi deux êtres dans le provisoire si bref du temps infini ! Tous les amants enfouis dans les lointains du passé dont les tendres liens se sont volatilisés, dissous à jamais dans les marées éternelles du devenir ! Tous ces squelettes vides reposant dans la terre humide de cet automne présent, abandonnés à l'incommensurable oubli et dans l'exacte position où, cette nuit même, dans ce lit douillet, Judith et Denis – allongés côte à côte, tels les gisants des nefs des vieilles églises – glissent dans leur embarcation légère à la surface obscure du Léthé !…

*

> La nuit d'août confondait la mer et le ciel noirs en une même immensité d'où se détachait, tel le début d'un monde incréé, la ligne grisâtre de la plage. Nu sous mon vêtement blanc, j'y marchais solitaire, malgré l'appel de mes amis nageant au large et m'invitant à les suivre. Et parmi toutes leurs voix, j'en distinguais une, fraîche et pure.
>
> La mer gardait encore la chaleur du jour et l'exhalait en une haleine chaude et amère qui allait se perdre dans l'air nocturne. Dans l'ombre de la plage, je marchais longtemps, plein de bonheur, d'ivresse, de vie. Mais jamais je ne dirai pourquoi. Il est fou de vouloir exprimer l'inexprimable. Peut-on dire avec des mots ce qu'est la flamme et son ardeur divine à qui ne la voit ni ne la sent ?
>
> Enfin, je me jetai à l'eau qui, à peine agitée par la houle, d'un mouvement tranquille m'emmena peu à peu au large. Je vis au loin la ligne grisâtre de la plage, et sur elle la tache blanche de mes vêtements abandonnés. Quand mes amis revinrent, criant mon nom dans la nuit, à ma recherche près de la dépouille, inerte comme un corps vide, je les contemplais, invisible dans l'obscurité,

de même que d'un autre monde et d'une autre vie nous pourrions contempler, en notre absence, le lieu et les corps que nous avons aimés.

Luis Cernuda

*

L'Égypte qui sait garder les yeux ouverts dans la mort comme les plongeurs sous la mer.

Jean Cocteau

Au British Museum de Londres, après m'être longuement étonné, en observant les bas-reliefs assyriens, de l'extrême précision du regard de l'artiste qui avait saisi dans la pierre les différentes formes d'agonie de ces innombrables lions et tigres tués par des personnages seigneuriaux à grandes barbes carrées, coiffés de tiares, sur leurs chars – énormes bêtes lardées de flèches et pelotonnées dans la mort dans des postures semblables à celles d'animaux en peluche sur un lit d'enfant, soudain tendres, innocents, privés à jamais de leur terrible et merveilleux devoir de cruauté (si cher à Borges) –, je passai aux salles où les « belles emmaillotées », les antiques momies égyptiennes, semblaient, derrière leurs vitrines poussiéreuses, attendre avec une patience infinie le jour improbable de leur résurrection...

J'étais intrigué par les momies « subsidiaires », celles de favoris, de musiciens, d'éphèbes, de chiens, de chats, d'agneaux, celles, parfois minuscules, de souris, de serpents, d'oiseaux... et plus loin encore, par celles d'enfants morts en bas âge et qui paraissaient avoir été tout simplement momifiés dans leurs propres langes.

Par cette après-midi ensoleillée où la claire et exaltante lumière printanière, filtrant à travers les hautes verrières du British Museum, venait illuminer les corps recroquevillés, ratatinés et *confits* dans la mort, s'insinuait en moi l'étrange pensée que le motif qui avait poussé ces Égyptiens si lointains (si lointains qu'ils en paraissaient imaginaires et ils l'étaient d'ailleurs en quelque sorte...) à nous préparer ces étonnements d'aujourd'hui, n'était pas uniquement celui, couramment allégué, du désir d'immortalité des grands de ce monde, mais, plus subtilement peut-être, une sorte *d'aristocratisme intemporel*, une tentative de collaboration à l'œuvre collective de l'humanité (s'il en est une), une manière de nous proposer à nous autres, très incertains rejetons de l'avenir, des modèles d'êtres accomplis. Ils auraient alors emmailloté et conservé ce qu'ils avaient estimé être des exemplaires parfaitement réussis du genre humain et animal de leur époque – et pour eux, bien sûr, les rois et leur progéniture (mais aussi leurs favoris, humains ou non humains, les belles courtisanes enfin, dont les formes pétrifiées demeuraient presque tentantes sous les langes millénaires !) ne pouvaient manquer d'être la quintessence de l'accomplissement. Dans mon ivresse londonienne printanière, je croyais donc voir d'un seul coup dans cette volonté de préservation, non point, comme on nous l'avait assuré au cours de nos chères humanités, un défi orgueilleux et hiératique face à la décomposition universelle, mais plutôt un vœu adressé à la vie bien vivante, une offrande concrète du plus lointain passé à l'avenir le plus éloigné.

« Voici ce que notre temps a produit de mieux, semblaient dire ces reliques : des structures, des caricatures – inanimées et abstraites sans doute – de ce que fut la splendide réalité de notre civilisation, mais peut-être, à travers les apparences de ces vestiges d'absolu, pourrez-vous deviner, vous autres *survenants* de l'avenir, le principe qui a présidé à leur épanouissement, tirer un enseignement de certaines qualités intrinsèques encore perceptibles dans les silhouettes idéales de ces formes desséchées ? »

Et là, rêvant derrière les vitrines sur ces concrétions pétrifiées d'antiques « essences », je crus voir soudain l'une d'entre elles s'extirper de son tombeau et s'animer sous mes yeux éberlués, mais ce n'était qu'une belle visiteuse passant derrière moi et dont le reflet venait d'interférer dans la vitre.

Or ma visite à Londres avait été placée sous l'égide des tombeaux puisque j'étais venu pour assister aux funérailles de mon oncle John dont, trois jours auparavant, le petit voilier qu'il barrait en compagnie d'une jeune et jolie équipière avait, à son insu, commencé de remonter le courant non point de cette Tamise qui l'avait consacré champion d'Hammersmith de dériveur, mais des eaux définitives du Styx. Et on m'avait raconté que l'embarcation avait continué de fendre les flots un certain temps encore, avant que celle qu'on me désigna pendant la cérémonie comme l'ange blond des derniers instants, n'ait pris conscience du flottement dans la maîtrise du gouvernail, puis de l'ultime affaissement de John dont la main inerte continuait de serrer la barre du bateau qui, s'étant mis à tanguer, divisait maintenant les eaux funèbres…

Cependant, tandis que le cercueil de bois blanc descendait lentement, suspendu par ses sangles, jusqu'au léger et ultime choc au fond de la fosse, dans la grasse terre d'Hammersmith, mes deux cousins – ses fils – hilares et un peu éméchés, ne cessaient d'adresser aux quatre croque-morts, assez pompeux à vrai dire, d'innombrables quolibets sarcastiques que ces derniers semblaient accepter sans sourciller. Interloqué d'abord, puis ravi, on m'informa par la suite qu'il s'agissait d'une coutume funéraire anglaise à laquelle John lui-même n'aurait jamais failli de son vivant.

Mort, le front baigné par le vent frais du fleuve, glissant légèrement sur les eaux de cette Tamise mythique dont il était l'un des champions, en compagnie d'une svelte divinité blonde, avec pour oraison funèbre les plaisanteries sardoniques *shakespeariennes* de ses deux fils fidèles, je me pris à admirer l'ultime révérence tirée par mon cher oncle à ce monde transitoire et je songeais que les Égyptiens, en leur temps, n'auraient sans doute pas manqué de momifier l'élu d'une mort aussi élégante !

*

Enfouis à quelques mètres sous terre de longues après-midi durant, dans ce « bunker du rêve » qu'est la cinémathèque de Chaillot, face à ce grand mur sur lequel s'animaient et papillotaient les lumineux ectoplasmes des gloires du cinéma d'avant-guerre, parangons de beauté, d'élégance et de charme qui, en leur temps, s'étaient élancés vers la gloire, l'aventure et l'amour avec une fougue dont nous étions bien incapables, nous autres simples spectateurs un peu désenchantés de ce second millénaire ; en réalité, transformés, mes amis cinéphiles – *mes compagnons de coma merveilleux* – et moi-même, en dormeurs cataleptiques, nous n'avions sans doute alors rien à envier aux pensionnaires d'une fumerie d'opium, aux sociétaires hagards, envoûtés, d'un cercle spirite, car nous nous livrions corps et âmes à l'une des nombreuses formes de la nécromancie !

Lorsque le mot « Fin » tremblait sur l'écran, que l'heure était venue, quittant notre refuge souterrain, de nous déprendre de la « vision » et de ressortir à l'air libre tels des hiboux ahuris, c'était souvent le crépuscule et, sans prononcer une parole de peur de rompre le fil de l'enthousiasme mimétique qui, pour de longues minutes encore, allait conférer une dimension esthétique au monde trivial du dehors – accentuant non seulement la netteté du contour des objets, la brillance des couleurs, mais aussi la sensation délicieuse d'une temporalité insérée dans une trame romanesque –, nous commencions, à mesure que la magie se délitait, d'errer comme des âmes en peine parmi les bassins japonais, les essences rares, sous les hauts arbres sépulcraux des jardins du Trocadéro, relégués nous-mêmes à la condition de spectres, moins réels à cet instant que les fascinantes « stars » défuntes qu'au sein des transes de notre vision nous venions d'admirer au firmament du cosmos cinématographique !

La languissante beauté de ces jardins décadents – surplombés par les hautes statures assombries du palais de Chaillot, ébauches d'une improbable Métropolis, devenues vestiges et dotées par cela même du pouvoir romantique des ruines – fournissait un décor idéal à la persistance onirique des images qui nous hantaient : Marcello Mastroianni et Anita Ekberg dans le bassin, la nuit, à Rome, Cary Grant dans la petite voiture sous la pluie de San Francisco, cherchant à échapper au charme irrésistible de Katharine Hepburn, Orson Welles souriant gentiment à son ami, dans la lueur des phares, sous le porche, à Vienne, Gérard Philipe, l'éternel éphèbe, dans son costume d'officier, ironisant face à la bouleversante Simone Signoret, l'impayable « Père Jules » (Michel Simon) faisant bouger les tatouages de ses biceps dans la cabine de L'Atalante sur la Seine, le satanique Jules Berry sur le point de rendre l'âme dans la petite chambre de la banlieue de Paris, une balle – du revolver que Gabin tient encore à la main – dans le ventre, et répliquant à son meurtrier-justicier qui vient de lui lancer :

– Comme ça t'es bien avancé !

– Ben et toi alors ? !

Rêvassant ainsi, nous nous traînions jusqu'aux abords de la grande esplanade où se dressait soudain, se dégageant des frondaisons du parc dans toute sa gloire bien kitsch, la Tour Eiffel illuminée, laquelle nous rappelait au lieu précis et à la minute exacte de ce qui nous paraissait être nos existences désespérément banales. Oui, nous étions bien en l'an de grâce dix neuf cent soixante-douze et, tout autour de nous, les rues de la cité vrombissaient du vacarme des mécanismes inventés par nos contemporains pour s'élancer vers leurs nouvelles chimères ! De nouveaux et magnifiques jeunes gens fougueux, très semblables – à quelques détails près – à ceux que nous venions d'admirer sur l'écran, se ruaient, sans plus d'arrière-pensée qu'auparavant, vers la fortune, la gloire, l'amour et le jeu ; mais aussi, avec la même ardeur insouciante, vers les drames, les déceptions, la ruine, la frustration et l'éventuelle mort prématurée. La force qui menait le monde continuait de jouer son rôle classique…

Invariablement, lorsque nous étions parvenus à ce stade de nos élucubrations, quelques-uns des nombreux chats qui squattaient les décombres de l'aquarium du Trocadéro – eux-mêmes sans doute hantés par l'odeur persistante des anciens poissons exotiques et pressentant chez nous une mélancolie comparable à la leur – venaient se frotter à nos jambes en ronronnant, nous offrant leur caressant compagnonnage nostalgique. Nous descendions alors les jardins en terrasses pour aller nous asseoir sur les bancs des quais de Seine où, tout en écoutant clapoter les flots sombres, nous tentions de dessoûler de nos intempérances fantasmatiques. Nous poursuivions (nous étions si jeunes !) de pédantes conversations existentialistes, déplorant le Taedium Vitae d'une *Dolce Vita* parisienne à laquelle nous n'avions pourtant – pauvres satellites transis des astres morts – pas la moindre chance (ailleurs que dans nos hallucinations cinématographiques) de jamais participer !

*

Dans le prologue de son livre *Le jardin des Finzi-Contini*, Giorgio Bassani nous raconte l'anecdote qui fut pour lui, et selon son expression, « l'impulsion, l'incitation » à rédiger cette histoire, laquelle n'est autre qu'une longue méditation sur les vœux des morts et leur incidence sur nos vies.

Plusieurs personnes se dirigent en voiture vers une nécropole étrusque des environs de Rome qu'ils viennent d'avoir l'inspiration d'aller visiter. Parmi les passagers se trouve une petite fille de neuf ans, assise à l'arrière à côté du narrateur. À un moment, la fillette entame ce dialogue avec son père qui conduit l'automobile :

> – Papa, demanda encore Giannina, pourquoi les tombes anciennes vous rendent-elles moins tristes que les tombes plus récentes ?
>
> Une bande [des paysans locaux plus ou moins en goguette] plus nombreuse que les autres, qui occupait une bonne partie de la chaussée et chantait en chœur sans se soucier de nous céder le pas, avait contraint notre auto presque à s'arrêter. L'interpellé mit en seconde.
>
> – C'est facile à comprendre, répondit-il. Ceux qui sont morts depuis peu sont plus proches de nous, et justement à cause de cela, nous les aimons plus. Tandis que, vois-tu, les Étrusques, il y a si longtemps qu'ils

sont morts – et de nouveau, c'était une belle histoire qu'il racontait – que c'est comme s'ils n'avaient jamais vécu, comme s'ils avaient *toujours* été morts.

Nouveau silence, plus long. Au bout duquel (nous étions déjà tout près de l'esplanade située devant l'entrée de la nécropole et qui était pleine d'autos et de cars) ce fut au tour de Giannina de donner sa leçon.

– Mais non, déclara-t-elle avec douceur, en disant cela, tu me fais penser au contraire que les Étrusques ont vécu eux aussi, et je les aime aussi, comme tous les autres.

La visite de la nécropole se déroula ensuite, je me le rappelle, sous le signe de l'extraordinaire tendresse de cette phrase. C'est Giannina qui nous avait mis en état de réceptivité. C'était elle, la plus petite, qui, en certain sens, nous tenait par la main.

Le jardin des Finzi-Contini, p. 16.

Depuis la lecture de ce passage, il ne peut se faire que je visite un cimetière ou un quelconque lieu de culte à eux dédié, que j'écrive le moindre texte à leur propos, sans que je sente la main de Giannina se glisser dans la mienne, sans que je vienne tout naturellement me placer, moi aussi, « sous le signe de l'extraordinaire tendresse » de cette fillette pour *l'intégralité des morts*.

*

Pour une raison dont il m'est impossible de me souvenir (Ah ! les raisons que nous avons au cours du temps de notre vie d'aller ici ou là !), j'avais eu à me rendre dans le port de Sète. Quelques heures de désœuvrement avant mon train de retour m'avaient permis de visiter le petit musée Paul Valéry, puis, aux alentours de midi, m'avaient conduit, comme en rêve, dans le fameux cimetière, devant la tombe de l'illustre poète où je tentais d'avoir des pensées « adaptées ». En l'occurrence et par bonheur, un soleil méditerranéen tout à fait digne de cette visite, illuminait le jardin surplombant *la mer riant de ses mille tuiles*.

Je venais de remarquer, dans une vitrine où était exposé le premier jet du *Cimetière Marin*, que Valéry avait d'abord écrit non pas *midi le juste* mais *midi le haut, midi sans mouvement*, ce qui, j'en avais sous les yeux la preuve éclatante, était nettement mieux approprié (mais peut-être moins *grand style* [1] ?) que la version définitive.

Et maintenant, je me tenais debout devant la sépulture, cherchant absurdement à imaginer avec précision les ossements du poète sous la terre…

Cependant, à quelques centaines de mètres en contrebas, sur le fameux *toit tranquille* – heureux hasard des coïncidences poétiques – un voilier, miniaturisé par la distance et attestant de la justesse de l'œil du maître, commença de *marcher* telle l'une des immortelles colombes. Que pouvais-je donc faire d'autre que de déployer mon petit Minox et de tenter de capter l'image du voilier providentiel, poussé par le zéphyr en arrière-plan de cette tombe illustre ?

Pourtant, tandis que je m'immobilisais ainsi, l'œil dans le viseur, je fus d'un seul coup gagné par la dérision à la fois de mon geste et de ces imposantes sépultures, par l'aspect hors-jeu, décalé, aussi bien de nos commémorations mortuaires que de mon besoin névrotique d'embaumer les instants privilégiés.

Mes futurs clichés, tout comme ces pompeux caveaux, m'apparurent soudain privés de contenu, telles les cosses vides d'un néant artificiel patiemment

1. Borges dit quelque part, un peu méchamment, que la poésie de Paul Valéry « sent l'enterrement de première classe. »

édifié par notre collective névrose mortifère. Car tant *ce calme des dieux,* miroitant entre les cyprès, que les vols rapides et entrelacés des martinets, leurs cris éperdus répondant à ceux des enfants sur le front de mer, qui se renvoyaient en hurlant de plaisir un gros ballon bleu, que la chaleur du soleil et les délices du vent léger venant caresser les herbes entre les pierres, semblaient témoigner d'une réalité inverse : tout était plein ! Bourré à craquer !

Et le vide, le néant, ne creusait son amertume que dans la tête des vivants pusillanimes !

*

La mort fait peur quand on la voit en face
Par derrière
Elle est toute beauté, innocence, soudain.
Masque de carnaval dans lequel
Quand minuit est passé tu recueilles de l'eau
Pour boire ou te laver de toutes tes sueurs.

Milan Rufus [1]

*

Jacques Van Gheim vécut, nous dit-on, de 1565 à 1629 à côté d'Amsterdam et a peint la « Vanitas » la plus ancienne que nous connaissions. Laquelle désormais nous dispense son enseignement au Metropolitan Museum de New York, dans une petite salle sombre où personne ne vient.

Sur ce tableau, on peut admirer les édifiants accessoires habituels du rappel aux vanités dernières, mais ce qui est ici remarquable c'est qu'au-dessus

1. Cité par Claudio Magris dans « Danube », p. 287.

de l'inéluctable crâne qui semble ricaner du fond même de sa sinistre vacuité, flotte une splendide bulle irisée (fort bien peinte) dont la surface en miroir reflète – inévitablement arrondie – une pièce de l'époque au plus obscur, de laquelle s'ouvre une fenêtre d'où l'on aperçoit, dans le lointain, un paysage illuminé par l'éclat momentané que lui dispense le soleil d'une matinée radieuse du XVIe siècle (peut-être imaginée par le peintre ?).

Cette bulle est fascinante car elle n'est rien de plus qu'une parcelle d'écume brillante menacée d'être dispersée à tout moment et à la fois elle est – à l'instar de notre conscience – la monade fragile de Leibniz qui soutient la possibilité de tout reflet. On croit pressentir, par la grâce de ce tableautin, qu'une bulle si précaire – et si précieuse – n'est projetée dans l'espace que par le caprice des désirs enfantins qui la créent ou la détruisent au gré de leur fantaisie. On se rappelle alors la phrase du Talmud :

Le monde repose sur le souffle des petits enfants dans les écoles.

Il existe une autre « Vanitas », sans doute moins ancienne mais tout aussi remarquable (aperçue il y a une trentaine d'années au musée de Rotterdam et dont je conserve le souvenir) : on y voit, posé sur une table à côté de divers autres objets conventionnels du genre fruits, fleurs, bouteilles, pipes, etc. (rappels, bien entendu, des biens terrestres « superfétatoires »), le crâne traditionnel mais avec cette originalité étonnante que la paroi supérieure en est défoncée et que l'intérieur a été transformé en jardinière où fleurissent, avec une grâce insolite, trois superbes fleurs de pavot !

*

Je venais de lire un court essai sur la création poétique écrit par Denise Levertov [1]. Il y était recommandé de laisser la forme poétique s'imposer à nous de façon toute organique, c'est-à-dire insensible, fluide, comme allant de soi ; celle-ci ne pouvant s'imposer ainsi, avec bonheur et facilité, que dans la mesure où nous l'aurions sollicitée, au long des heures et des jours, par la pratique d'une certaine ascèse. Ascèse non douloureuse ni pénible, seulement une belle et opiniâtre constance, une longue et douce habitude : celle de se mettre en état de réceptivité. Habitude qui, presque sûrement, s'apparentait à la pratique ancienne de la prière et de la méditation.

Cette pratique spirituelle pour l'obtention de la forme naturelle me semblait analogue – les deux s'entrelaçant et se combinant – à celle qui permet de capter les vœux errants, les souhaits lyriques (épars dans le monde et véhiculés, tel un pollen psychique, sur le dos ailé des éidola migrateurs) émanés de nos morts nourriciers, de nos chères ombres protectrices et régénératrices qui continuaient de veiller et de promouvoir *à travers nous* – frères électifs du futur qu'ils sentaient vibrionner déjà dans leur propre chair… – la joie ontologique dont ils avaient eux-mêmes hérité.

> Et le souvenir, – je n'emploie évidemment pas ce mot dans son sens quotidien –, vivant dans le sang, nous liant mystérieusement avec des dizaines et des centaines de générations de nos pères qui ont vécu, et non pas seulement existé, ce souvenir qui résonne religieusement dans tout notre être, c'est cela la poésie,

1. *La forme organique*, éditions l'Atelier des Brisants, 2002.

notre héritage plus que saint, et c'est lui qui fait les poètes, les visionnaires, les serviteurs sacrés du mot, nous unissant à la grande Église des vivants et des morts.

Ivan Bounine

*

L'autre matin, tandis que les inlassables Zombies – ces morts revenus sur la terre pour y travailler sans relâche au service d'un maître insatisfait – perpétuaient leur ronde infernale sur les boulevards, m'étant arrangé une fois de plus pour me dégager de tout devoir et de toute tâche (pas vu, pas pris !), je flânais dans les jardins du Luxembourg en humant l'air de l'automne. L'atmosphère capiteuse, la vision des roux et des jaunes du feuillage, l'élasticité sous mes pieds du moelleux tapis des feuilles décomposées, me montaient à la tête comme un alcool.

Parvenu à la Fontaine Médicis qui offre au flâneur auparavant brutalisé par le boulevard son calme suranné et décadent, je me penchai à la balustrade de fer forgé et contemplai l'eau verdâtre où frémissait le reflet des hauts platanes. Or, tandis que, l'esprit heureusement vide et distrait, j'observais le frêle esquif d'une feuille posée à la surface, dérivant de-ci de-là au gré des minuscules courants du bassin, mon œil fut attiré par l'ondoiement des carpes grises qui – telles de nonchalantes ombres méditatives s'aventurant jusqu'à la frontière de leur domaine – affleuraient de loin en loin à la surface. Saisi soudain d'une puissante empathie, j'éprouvais en moi-même et jusque sur mon épiderme, le délice voluptueux d'être un lascif fantôme aquatique, bien enveloppé dans ma peau amphibie et libéré des soucieux impératifs de ce monde-ci.

*

Que faire pour honorer les morts, sinon bien vivre ?

Jean Prévost

Au sortir de l'église, le corbillard était là à attendre – gris et noir – et la petite foule venue aux obsèques se disposait sur les marches pour le cortège mortuaire. Pour une raison quelconque, l'attente se prolongea et les gens – presque tous en grande tenue de deuil – commencèrent de chuchoter entre eux. Soudain, les quelques nuages qui masquaient le soleil se dispersèrent, une brise se leva et les oiseaux, dans les arbres qui entouraient la place, ébauchèrent un concert. Un silence s'établit. Il me sembla que la centaine de personnes présentes était gagnée par le charme impromptu de cet instant. Le ciel bleu, le soleil déjà chaud, les oiseaux, la gravité de l'heure et l'émotion de cette disparition subite constituaient les ingrédients de cette solennité légère, tellement plus gracieuse et vraie que la précédente, compassée et pompeuse, qui avait eu lieu dans l'église (mais ne pouvant peut-être, non plus, se révéler sans le contraste de la première !).

En vérité, ce moment fut pour moi la réelle oraison funèbre de L. Une aérienne, discrète cérémonie païenne en l'honneur de la belle, ardente et drôle jeune fille dont nous étions présentement un certain nombre à avoir été épris il y a trente ans.

Quelques heures plus tard – après avoir dû laisser L. dans son cercueil au fond de cette fosse humide où les fleurs lancées venaient s'entasser, tandis que ses amis hébétés, stupides et maladroits, s'essayaient à philosopher sous un soleil chauffé à blanc –, un verre à la main, un peu éméché en fait, et répondant évasivement aux propos de circonstance, il me vint à l'esprit que cette conception de l'immortalité de l'âme avec laquelle j'avais tenté de m'étourdir quelques années auparavant, n'était peut-être pas, après tout, aussi antinomique que j'avais eu tendance à le considérer depuis lors.

Cette personne individuelle, unique estimions-nous, qui nous en imposait tant, dont l'évanouissement (une fois échu avec l'un de nos proches comme aujourd'hui) nous effrayait et nous navrait tant, n'était peut-être qu'un superbe leurre, un hochet scintillant offert à nous par le dieu de notre inconscient collectif – qui, lui seul, *permanait* bel et bien dans la longue durée –, un beau jouet transitoire, en bref (et L. avait été d'une beauté foudroyante), destiné à nous rendre l'existence plus précieuse et désirable ? Notre civilisation hédoniste n'avait-elle point perfectionné ce beau mirage dérisoire de la « personne » afin de transformer l'existence en une sorte de spectacle permanent, de grand-guignol tragi-comique où précisément les « Punch et les Judy » se cherchaient, s'associaient, et après s'être tant désirés, se querellaient, se désolaient, puis disparaissaient abruptement... et qu'il ne tenait qu'à nous d'applaudir ou non ?

(...Tels des petits enfants, nous sommes assis sur les chaises pliantes sous les marronniers du parc et nous observons, dans une jubilation extatique, les marionnettes peinturlurées sur la scène du Guignol – laquelle n'est autre que le petit théâtre de notre vie : bureaux, magasins, marchés, clubs, salons où nous recevons et sommes reçus... Là se déploient sous nos yeux, sans que nous en ayons toujours conscience, les ridicules comédies burlesques et rocambolesques dont nous sommes tour à tour les acteurs et les spectateurs, et que nous nous jouons ingénument les uns aux autres.

Parfois pourtant, cette idée nous effleure à l'occasion d'une scène particulièrement heureuse ou pathétique et dans notre for intérieur nous applaudissons en riant ou en frémissant : nous voudrions alors bisser cette scène mais la loi du théâtre de l'existence ne permet aucune répétition et, la scène aussitôt finie, les ombres fugitives qui, pour notre émerveillement ou notre frayeur, l'animèrent, s'évanouissent à jamais, réintégrant l'anonymat du vaste réservoir des formes universelles. Nous restons là, pantelants, tandis que derrière le rideau se laissent encore apercevoir quelques remuements et entendre quelques voix, jusqu'à ce qu'apparaissent le débonnaire montreur et son aide se dirigeant vers la sortie du parc, puis qu'on nous passe notre paletot sur les épaules en nous parlant doucement, maternellement – car cette même déception, celui ou celle qui nous accompagne l'ont ressentie à leur heure. Aussi, marchant mécaniquement, éternels enfants tenus par la main, nous contemplons se détachant sur le ciel blanc du crépuscule d'automne les dentelures innombrables des feuillages jaunissant du parc...)

Or précisément, L. avait été une comédienne accomplie et l'engrenage de mes idées allant se démultipliant avec le whisky, j'entrevoyais soudain qu'il en allait peut-être des disparitions dans la vie comme d'une permutation des rôles au théâtre. Nous nous devions d'être tristes lorsqu'un acteur que nous appréciions tout particulièrement en venait, pour quelque raison, à faire défaut, mais sa disparition du devant de la scène n'était pas beaucoup plus dommageable, à vrai dire, que le temps requis afin de pourvoir à son remplacement (par un collègue peut-être un peu moins bon, peut-être un peu meilleur, mais qui, fatalement, finirait par faire oublier le précédent.) Le fait que cette théorie de l'interchangeabilité des êtres nous apparaisse au premier abord comme cynique et scandaleuse n'était peut-être que l'heureux effet de notre intérêt pour le spectacle ?

Affalé désormais sur un divan derrière le piano, mon verre toujours à portée de main et devenu presque inconscient des mouvements autour de moi, il m'était loisible de poursuivre tout à mon aise mon oraison funèbre alambiquée.

La fatalité qui nous poussait à participer du mieux que nous le pouvions à ce théâtre burlesque et cruel, sous les yeux ravis du démiurge sadique qui avait fomenté le spectacle, nous commandait encore de poursuivre passionnément les hochets scintillants, *toutes ces belles formes interchangeables*, qui nous étaient tendus à point nommé – à l'instar des livrées des plus superbes insectes dispersées par un pied malencontreux ou englouties par milliers, en toute insouciance, par les gueules voraces des prédateurs – afin que le mouvement du monde se perpétuât au sein de la grâce et du chaos…

À ce stade de mes élucubrations et tandis que quelqu'un s'était mis à pianoter doucement comme pour bercer mon ivresse, je ne poursuivais plus ma « brillante » péroraison intérieure qu'au plus extatique d'une sorte de langoureux vol plané éthylique où le sourire *irremplaçable* de L., tel un soleil déjà périmé, illuminait le paysage survolé… À cet instant, au plus haut de mon éther, une voix sans timbre, comme il en survient dans les songes, souffla à mon oreille ce texte d'épitaphe qu'un jour j'avais lu quelque part [1] :

> J'ai vécu et avant moi ont vécu d'autres jeunes filles.
> Mais c'est assez. Que celui qui a lu cette inscription

1. Épitaphe d'une jeune fille romaine relevée par Marguerite Yourcenar, dans *La Couronne et la Lyre*, p. 59.

dise en s'en allant : Crocine que la terre te soit légère. Et vous qui vivez sur terre, soyez heureux !

*

Notre séjour touchait à sa fin après ces deux mois passés ensemble dans la résidence pour écrivains de Santa Maddalena, lorsqu'Hans Maarten et moi partîmes pour une dernière promenade dans la campagne toscane environnante. Descendant le chemin pavé de gros cailloux inégaux, où il fallait prendre garde à ne pas se tordre les chevilles, nous dépassâmes la maison sombre où le chien blanc, ponctuel au rendez-vous comme chaque jour, remuait frénétiquement la queue et agitait la tête en tous sens pour manifester sa joie de nous revoir (depuis la veille !). Nous poursuivîmes donc notre chemin en sa compagnie. Il gambadait devant nous, s'arrêtant de temps à autre pour vérifier que nous n'avions pas (versatiles humains inconséquents !) modifié nos intentions. Parvenus au premier croisement, nous prîmes à gauche pour suivre l'étroite vallée où bruissait un torrent venu des montagnes. Le ciel était bas et stationnaire. De longues strates de nuages blancs et gris délayés – semblables aux coulées de nos très anciennes billes de verre – stagnaient au-dessus de l'horizon, conférant au paysage l'atmosphère des tableaux flamands mélancoliques du XVIIe siècle. On eût dit qu'au détour du sentier quelque sortilège nous avait transformés en ces petits personnages solitaires qui cheminent sous les vastes frondaisons et les gigantesques nuages des tableaux de Ruisdael ou d'Hobbema. Et tandis que le torrent poursuivait sa discrète et classique antienne du renouvellement dans le même, régnait un calme intemporel, seulement troublé, parfois, par des cris d'oiseaux tristes dissimulés dans les buissons. Hans Maarten, sans doute hanté par de plus profondes réminiscences remontées de son enfance néerlandaise, restait étrangement taciturne.

Nous franchîmes le torrent en empruntant le mince pont de ciment, frissonnant tous deux au passage car, à partir de là, nous le savions, il leur était désormais licite de « venir à notre rencontre »… puis nous remontâmes le chemin jusqu'à la ruine qu'on apercevait depuis l'autre rive et que nous nous étions promis de visiter depuis si longtemps.

Parvenus là, nous tournâmes en silence autour de cette haute et sombre bâtisse étrange. Le chien se montra soudain circonspect, interdit, prenant sans cesse la position « d'arrêt ». Je demeurai au centre de la cour à observer le lierre (qui avait entièrement recouvert un étroit escalier de briques grimpant le long d'une façade, jusqu'à ce qui avait dû être une vaste terrasse), le toit crevé de la maison principale, les gravats dans les anciennes chambres, les murs troués où la végétation se réappropriait l'espace. Hans Maarten circulait sans mot dire, inspectant les bâtiments écroulés, perplexe, presque inquiet. Un corbeau passa en claquant des ailes au-dessus de la cour et le chien leva la tête, effrayé. Le ciel, toujours aussi statique, semblait s'être plombé de quelques degrés supplémentaires et, vers l'est, des nuées sombres, bleues et noires, paraissaient sourdre des frondaisons comme une substance vénéneuse…

De Murnau nous avions dérivé soudainement vers l'atmosphère, plus chargée encore, des films muets de Victor Sjöstrom. Comme si, dans l'éclairage nordique de cette fin d'après-midi et la suspension onirique du temps – telle une silencieuse séquence au ralenti où le cliquetis du projecteur s'allie aux images qui papillotent sur l'écran… – était sur le point de se libérer quelque spectre diaphane emprisonné au cœur de ces vieilles pierres.

Mais bien entendu, hormis ce léger flottement cinétique, rien de surnaturel ne se produisit et, après nous être ressaisis, nous prîmes le chemin du retour en compagnie du chien qui paraissait fort soulagé de vider les lieux. Hans Maarten insista pour que nous traversions le torrent à gué et, crottant nos chaussures, le chien exultant, en bon Labrador, de pouvoir patauger, nous franchîmes l'eau chantonnante dont la ritournelle parut à cet instant être la formule magique nous libérant d'un sortilège.

Cependant, sur le chemin du retour, nous n'échangeâmes pas un mot, tous deux préoccupés comme si, en ce dernier jour de résidence à Santa Maddalena et au cours de cette ultime randonnée, l'ancienne demeure opulente, où des êtres morts depuis longtemps avaient vécu d'une vie à jamais mystérieuse, s'était dressée devant nous – dans une apesanteur spectrale – pour nous signifier un secret arcane de l'existence… que nous avions été sur le point de saisir mais qui s'était dérobé !

Le soir même, revenant du village de Regello, suivant la petite route en lacets sur les pentes du massif de Vallombrosa, après avoir dîné d'une excellente friture dans un restaurant local, nous prîmes dans les phares un gros porc-épic qui se dandina maladroitement devant nous avant d'obliquer dans un fourré. Ni Hans Maarten ni moi n'avions jamais aperçu cet animal auparavant et nous nous fîmes mutuellement part de notre étonnement à en rencontrer un en pleine montagne toscane ! Et, comme une surprise en précède souvent une autre, soudainement intrigués par des faisceaux lumineux débordant par-dessus un grand mur, nous ralentîmes puis nous nous arrêtâmes, pour découvrir que ce sabbat nocturne provenait d'un enclos isolé, irradiant ces lueurs insolites dans l'ombre épaisse du versant de montagne désert. Poussant la grille rouillée, qui grinça, nous découvrîmes un cimetière où chaque tombe était surmontée d'une minuscule lampe en forme de porte-flamme, certaines d'entre elles fixées sur des stèles verticales figurant les candélabres d'une salle mortuaire.

Durant plusieurs minutes, nous demeurâmes en silence à contempler cette multitude de flammèches électriques brillant dans la nuit de la montagne solitaire et qui, en cette période de Pâques, semblaient propices à susciter des apparitions aussi insolites que celle d'un porc-épic égaré sur une route de montagne !

Hans Maarten me suggéra alors, puisque je m'en étais ouvert à lui peu auparavant, d'ajouter cet épisode à mon texte sur la présence des morts.

Je songeai qu'il avait raison car c'était tout à fait ainsi, dans le silence et la solitude d'un coin de montagne perdu, éloigné de l'agitation des vivants, à Vallombrosa *précisément*, que j'avais toujours imaginé que les âmes tutélaires des défunts veillaient secrètement sur nous – à l'instar de ces frêles lumignons que les mères laissent brûler la nuit entière au chevet des enfants inquiets…

Un bref périple aux Indes occidentales

> Qu'une civilisation se forge d'après la trace (fragile, ténue, si facilement effaçable) que nous laissons de nos errements individuels et collectifs ; qu'il faille même, pour cette raison, ne jamais renoncer à errer et à nous enivrer de l'alcool de nos rêves – preuve en est qu'il faut toujours s'embarquer pour les Indes occidentales inexistantes pour découvrir l'Amérique.
>
> Romain Gary

Mes camarades et moi, à l'époque, fréquentions assidûment la pâtisserie viennoise, rue de l'École-de-Médecine. À une table voisine, ce jour-là, il eût été difficile de ne pas remarquer l'original à belle tête de pianiste russe déjanté qui, un foulard blanc sortant en jabot du col d'une veste à brandebourgs de style soldat d'opérette, trempant périodiquement sa plume sergent-major dans un haut encrier, s'évertuait à calligraphier, avec des pleins et des déliés, une longue lettre étalée devant lui.

Notre ami Jean, appelé sans doute par un rendez-vous galant, se leva pour prendre congé et, après avoir décroché son manteau de la patère qui se situait un peu au-dessus de la tête de l'écrivain, voulut, dans cet établissement exigu où il y a toujours une bonne demi-douzaine de jolies filles qui vous observent du coin de l'œil, faire tourner son manteau autour de ses épaules dans un mouvement enlevé et élégant. Ce faisant, l'un des pans du vêtement qui effectuait ce gracieux envol vint malencontreusement frapper le bord supérieur de l'encrier qui se répandit sur la page.

Jean commença de se confondre en excuses tandis que j'allais chercher une éponge et des serviettes en papier pour réparer le petit désastre. Or le personnage, nous gratifiant d'un large sourire, déclara avec un léger accent américain mais dans un français impeccable :

– Non ! Mais pas du tout ! Pas du tout ! Ne vous excusez pas ! C'est un événement tout à fait bienvenu, je n'avais aucune envie d'écrire cette lettre à ma mère, je m'ennuyais un peu et cela va me fournir l'occasion de bavarder avec des Français dont il est toujours si difficile de pénétrer l'intimité, si toutefois vous acceptez de m'offrir un nouveau café en dédommagement de ma page maculée.

Nous acceptâmes avec empressement et, Jean différant son départ, le personnage vint s'asseoir à notre table.

Il se présenta :

– Simon Karpinsky, de Baltimore, étudiant en droit, flûtiste amateur, épistolier suranné et rat de bibliothèque, grand rongeur d'anciens grimoires ! Je demeure à Paris pour un séjour d'un an où je suis censé finir ma thèse concernant quelques points obscurs (et que je ne chercherai nullement à éclaircir) du droit international, mais en vérité, je passe mes journées à flâner sur les boulevards parisiens et lorsque je suis fatigué, je vais me reposer à la bibliothèque Sainte-Geneviève où l'érudition, que je pratique par atavisme familial – mon grand-père était grand rabbin de Los Angeles –, est heureusement compensée par la présence rafraîchissante d'une foule de jolies étudiantes qu'il est si facile de distraire de leurs devoirs.

Simon s'exprimait avec une recherche inusitée pour un Américain et lorsque nous lui demandâmes où il avait appris le Français, il répondit :

– Dans Montaigne et Balzac, que je crois avoir lus en entier, dans le texte. Et puis j'ai fait beaucoup de Latin et de Grec dans ma jeunesse et lorsque j'hésite sur un mot, j'en invente un à partir de mes souvenirs. Cela dit, Messieurs, je dois vous confesser tout de suite la raison principale de ma présence ici. Je suis affecté d'une terrible tare parfaitement circonscrite par le grand Michel quand il dit, et il récita de mémoire avec une diction de théâtre : « Il me semble, je ne sais comment, qu'en toutes façons la maîtrise n'est aucunement due aux femmes sur les hommes, sauf la maternelle et naturelle, si ce n'est pour le châtiment de ceux qui, par quelque humeur fiévreuse, se sont volontairement soumis à elles. » Chers amis – permettez-moi, dès lors que j'en suis aux confidences, de vous appeler « mes amis » –, je dois admettre qu'à l'instar du maire de Bordeaux qui savait de quoi il parlait (lisez donc le petit livre de monsieur André Lamendé, *La vie gaillarde et sage de Montaigne*), je suis moi-même affecté de cette humeur fiévreuse qui ne me laisse aucun repos et sans la compensation en revanche, hélas, d'aucune sorte de sagesse.

Après ce long préambule fleuri, Simon commença de nous questionner attentivement sur nos propres activités et nous restâmes ainsi – Jean ayant oublié son rendez-vous – deux bonnes heures à bavarder avec l'excentrique et sympathique personnage.

Cette rencontre s'avéra être le début d'une grande amitié entre lui et moi et après que je l'eus accompagné à Roissy, à l'automne, pour son vol de retour vers sa Baltimore natale, nous correspondîmes régulièrement et j'eus le plaisir de recevoir ses longues lettres calligraphiées rédigées dans un français farci d'approximations et d'expressions désuètes (mais au style étonnamment savoureux), postées outre-atlantique.

Un certain jour, après qu'entre-temps l'une de mes amies lui ait rendu visite et que l'une des siennes – la belle et inoubliable Perla Josephson – m'eût visité à mon tour à Paris, je reçus la lettre suivante, (que je reproduis telle quelle) :

Simon Karpinsky 524 Fifth Avenue
Attorney at law Suite 1112
New York, N.Y. 10036

October 1, 1995

Mon ancien des jours :

Comme tu le sais à travers nos petites pigeonnes voyageuses transatlantiques, je suis toujours au Sodom-Gomorrah-Babylone-Atlantis de New York. Les 3 ans que j'ai passés ici ont été des plus heureux de ma vie. Le séjour ici marque le commencement d'une poursuite consciente.

Des tas de choses étonnantes sont arrivés ici. Je me trouve en « success » dans le monde des affairs *(sic)*, événement des plus curieux pour celui qui veut continuer à vivre dans la loisiveté. Je ne travaille toujours pas pour un patron. J'ai mes propres clients et je les sers selon mes propres idées. Je travaille un peu trop mais j'ai des projets pour changer cela. En tout cas c'est un changement agréable de ne pas être obligé à penser trop d'où viendra le prochain sou. C'est marrant de me plonger dans la lutte avec de vrais hommes d'actions et de leur battre sur leur propre terrain. Un simple homme d'action n'aura jamais assez de perversité de m'avoir.

Ma mère s'est remariée avec un des plus riches hommes du monde. C'est le Baron des Matelas (malheureusement pas des matelots !) Il jette l'argent partout avec une furie admirable. Il darde l'argent comme s'il allait arrêter le vol du temps. Tout l'ironie est que le mec est beaucoup plus simple et sympathique que Maman et que c'est à travers lui qu'elle risque de se souvenir un peu de son humilité. Ça serait certainement une modestie du caviar, mais il vaut mieux ça que rien. Encore plus étrange est que ce très riche garçon cherche mon approbation et tient beaucoup à moi. Au fond, lui et moi, on fait une petite minorité de deux cœurs chaleureux dans une famille de cœurs de pierre.

Ancien fils de la vigne, tu ne sais plus grand chose de moi, mais tu sais tout et tu le sauras toujours. J'ai beaucoup de boucains pour toi qui t'émerveilleraient. Et beaucoup de contes plus forts que ce que j'ai pu raconter aux demoiselles.

Depuis deux ans, j'ai une remarquable Indienne de l'Amazonie à côté de moi, et récemment une noble polonaise s'est entrée en scène aussi ; des femmes de condition, mon vieux, pas socialement mais sur le plan céleste. Comme avant, je pense trop aux femmes et elles à moi. C'est une persistante conspiration.

Je me sens paresseux sous le soleil toujours chaleureux d'octobre. L'air s'est déchargé de son lourd poids de vie estivale, la Dévolution procède et le monde de la matière s'éclaircit.

Je pars bientôt pour la campagne où je rejoindrai ma maîtresse polonaise qui m'attend avec sa petite fille de 4 ans. Elle est un peu gitane et manque de maison à elle, alors elle s'installe dans cette belle maison de campagne pendant que les propriétaires voyagent. Elle joue de l'orgue et donne des massages bien miraculeux. C'est parfait pour moi, mais je dois dormir sur le hamac comme il y a mon Némésis, un infernal chat, en résidence. Le train de ses pensées est étonnamment semblable au mien. C'est une Madeleine de nos jours.

Comme tu sais j'ai gardé mon petit appartement dans l'East Side et j'ai pensé que ça serait épatant si tu venais me joindre ici pour un temps. Qu'on discute tout ce qui est essentiel pour nous, comme à Paris : la littérature et les femmes, la paresse et le boulot, la Chine et la Mort, la patience millénaire des escargots, l'enfer et le paradis, enfin tout sauf l'économie internationale qui est la superstition des malheureux… Aussi, c'est dit ! Je t'attends le plus tôt possible avec tes carnets, ta pensée qui parcourt le primum-mobile et ta brosse à dents !

*

Près d'un des hublots du gigantesque 747, je contemplais – rompue seulement parfois par le minuscule point plus sombre de ce qui ne pouvait être qu'un cargo solitaire – l'infinie monotonie des flots gris contre laquelle, à vrai dire, la cataclysmique puissance des énormes réacteurs semblait ne pas être en mesure de lutter. L'impression, en dépit des mille kilomètres à l'heure affichés sur l'écran de la petite télévision encastrée dans le dos du siège devant moi, demeurait celle d'être pris au piège d'un sortilège paralysant.

Après les longues et soupçonneuses formalités de douane, je traversai la ville dans une imposante limousine noire conduite par un chauffeur taciturne mâchant du chewing-gum. Les essuie-glaces battaient désespérément de toute leur force pour refouler les trombes d'eau océaniques qui assaillaient le pare-brise. Rencogné à l'arrière, observant les néons multicolores de Broadway derrière les vitres dégoulinantes, je me faisais l'effet d'un moderne personnage de Jules Verne : j'étais passé d'une fusée dans un sous-marin et, conduit par un des sbires du capitaine Nemo, j'abordais une cité sous la mer…

*

Dans le petit appartement encombré de livres et de disques du sol au plafond, après avoir dîné aux chandelles d'un excellent repas indien préparé par lui et arrosé d'un fameux bordeaux californien, Simon me raconta par le menu, ce qui nous fit rire comme des adolescents, les circonstances burlesques de ses dernières conquêtes amoureuses. Puis nous nous lûmes à tour de rôle des passages extraits de nos lectures que, durant les trois années où nous avions été sans nous voir, nous avions soigneusement notés dans nos carnets respectifs « d'éternels scholars ».

Alors que je venais de lui lire la phrase que j'ai mis en exergue de ce texte, Simon me dit que, pour le coup et vu l'évolution des choses, je venais pour ma part d'effectuer l'opération quasiment inverse puisque, s'il avait bien compris mes intentions, j'étais venu en Amérique à la fois pour y redécouvrir la peinture française et européenne qui y avait été entreposée massivement à coups de dollars et à la fois pour me tremper dans ce qui subsistait de l'atmosphère littéraire et cinématographique américaine des cinquante dernières années, qui avait tant compté pour moi ! Cela dit, ajouta-t-il, ainsi qu'il en allait habituellement, je pouvais m'attendre à découvrir tout autre chose que ce que j'étais venu chercher. Je répliquai que, de toutes les façons, c'était toujours *tout autre chose* que, par essence, nous recherchions ! Simon me pria alors de lui épargner ma casuistique catholique si je ne voulais pas qu'il m'anéantisse avec ses propres commentaires talmudiques…

Je reprenais ainsi joyeusement contact avec le meilleur de ce que New York – selon la loi des compensations – réserve aux excentriques d'aujourd'hui : cette sensation de participer à une conspiration d'ordre poétique dans l'œil même du cyclone… En outre, dans ce petit appartement du quartier juif de l'East Side, pratiquement situé au pied même du pont de Brooklyn, l'ombre tutélaire du *grand camarade* Walt Whitman semblait planer sur notre conciliabule, telle une aile protectrice.

*

J'avais décidé de rejoindre le Metropolitan Museum en remontant Fifth Avenue à pied depuis la 14ème rue, immédiatement plongé au sein d'un monde fantastique : des danseurs survoltés pirouettaient en exécutant de multiples entrechats sur la chaussée, entre les voitures et les cyclistes lancés à toute allure – qui les évitaient avec une aisance déconcertante ; des barbus hirsutes et chevelus hurlaient et vociféraient des poèmes à tue-tête dans des postures de prophètes emphatiques ; des géants athlétiques, en shorts et tee-shirts bariolés (dont les couleurs étaient difficiles à soutenir pour le regard), couraient dans le caniveau comme des robots télécommandés ; des femmes sculpturales aux visages de stars fatales, moulées dans des tenues luisantes et fluorescentes, « planaient » en silence sur leurs rollers ; d'autres, dans la même tenue, couraient en poussant devant elles des voitures d'enfants spécialement conçues pour le jogging et où des bébés dormaient à poings fermés ; des moines tibétains en grande tenue d'apparat, assis en plein milieu du trottoir et frôlés par des milliers de jambes, méditaient sans bouger ni sourciller – comme s'ils s'étaient tenus, immergés jusqu'à la ceinture, au beau milieu du courant d'une rivière ; de grands noirs dégingandés, couverts d'amulettes, réunis à une dizaine dans des recoins, faisaient ronfler comme un moteur leur concert de percussions endiablées ; des gentlemen déglingués en costumes blancs élimés de bonne coupe, allongés sous des porches et appuyés nonchalamment sur un coude, un sac en papier dont émergeait le goulot d'une bouteille posée à côté d'eux, semblaient se réveiller d'un doux songe ineffable et souriaient candidement à la vie ; de grands diables, entièrement vêtus de coton grège et arborant d'énormes croix celtiques, marchaient très lentement les yeux rivés au trottoir, comptant méthodiquement leurs pas ; certains autres, en costume de moines médiévaux, des messages de paix et de fraternité leur barrant la poitrine, brandissaient des pancartes annonçant l'imminence de l'apocalypse et exhortant tout un chacun à s'en remettre à l'amour de Jésus ; des businessmen fort chics en costume Armani à pochette rose et longue écharpe blanche flottante – retenant d'une main les laisses d'énormes chiens monstrueux – tâchaient, de l'autre, d'en ramasser les déjections à l'aide d'une petite pelle et d'une balayette, pour les enfouir dans des sacs en plastique qu'ils transportaient ensuite comme des reliques ; les plus nombreux enfin, strictement sanglés dans des costumes trois pièces à rayures et chaussés de tennis blanches à bandes, slalomaient avec détermination parmi la forêt d'obstacles que formaient les autres, sans jamais ralentir leur allure, l'air suprêmement affairés.

Je m'avançais au sein de cette ébullition humaine baroque avec l'impression très nette de m'être fourvoyé dans les allées d'un vaste hospice psychiatrique, et ce qui me frappait le plus était l'absence totale de regards rendus. On eut dit que tout un chacun, marchant à grands pas, progressait résolument vers son but personnel dans son propre couloir imparti, sans se soucier des autres – impression renforcée par le fait que la majorité d'entre eux semblait uniquement concentrée sur ce qui émanait des écouteurs de walkman qui leur couvraient les oreilles. Cependant, s'il arrivait, par miracle, que l'un d'eux surprenne mon regard, il me gratifiait d'un large sourire automatique et impersonnel qui me renvoyait instantanément à ma condition d'Européen décalé.

*

Au coin de la soixantième rue où, au milieu d'un groupe de piétons disciplinés, j'attendais la prochaine apparition du fatidique « Walk ! » qui nous autoriserait à traverser l'avenue (jusque sur l'autre rive du « fleuve motorisé »), j'entrevis, en un éclair, une flèche noire rayer l'espace devant nous : un individu moulé de la tête aux pieds dans un justaucorps anthracite, coiffé d'une casquette de cuir noir, des lunettes de soleil opaques sur le nez, un sifflet à roulette à la bouche, les oreilles couvertes par d'énormes écouteurs de walkman et juché sur une bicyclette de course, avait – sifflant avec stridence pour dégager la voie devant lui – jailli du trafic encombré avec la virtuosité d'un sprinter se dégageant du peloton pour la ligne droite finale ! Je le vis, d'un geste hautement acrobatique, attraper au vol la poignée de portière arrière d'un taxi qui démarrait en trombe pour ensuite – au risque de se rompre les os – se laisser tirer à grande vitesse sur toute la largeur de Central Park, rebondissant comme une balle sur la chaussée chaotique. Au coin de Broadway, il décrocha et dans un virage effectué à ras de terre disparut sous mes yeux éberlués.

Comme je constatai que j'avais été le seul à le suivre du regard et à m'en étonner, je décidai qu'il ne pouvait s'être agi que de Batman en personne !

*

M'avançant dans l'une des allées de Central Park qui longe Fifth Avenue, je passai devant un sans-abri, ses sacs en plastique éparpillés autour de lui, d'où émergeaient quelques effets personnels mêlés à des restes de victuailles plus ou moins bien enveloppés. Il était assis sur un banc et avait la tête et le haut du corps enfournés dans une grosse boîte confectionnée de cartons d'emballage encastrés les uns dans les autres et au sommet de laquelle avait été ménagée une manière de lucarne constituée d'un papier calque. La boîte était peinte d'un bleu indigo raffiné et on pouvait y lire en gros caractères, joliment calligraphiés au feutre noir, l'inscription suivante : « Writing and Drawing ! »

Ayant progressé de quelques dizaines de mètres dans l'allée et m'étant retourné pour suivre des yeux l'autre quidam d'allure très chic que je venais juste de croiser – en train de grimacer vers le ciel des mimiques sardoniques, tout en poussant de temps à autre des petits rires hystériques – je vis ce dernier s'arrêter, comme subjugué par l'artiste en boîte, frapper quelques coups secs sur le sommet de l'assemblage, puis attendre que s'en extraie la figure pâle d'un pierrot lunaire – indescriptiblement triste – qui, commençant par refuser d'une mine désabusée le billet de dix dollars que l'autre lui tendait, finit par l'accepter pour aussitôt, sans qu'aucune parole ne fût échangée de part et d'autre, se replonger dans son atelier précaire tandis que le donateur reprenait son chemin, continuant de marmonner vers le ciel ses imprécations mystérieuses.

Un très jeune noir dégingandé qui arrivait du fond de l'allée, filant avec élégance sur ses rollers et qui de loin avait assisté à la scène, me lança en passant à ma hauteur : « That's New York, man ! »

*

La vie n'est rien d'autre que ce qu'un homme pense tout le jour.

Ralph Waldo Emerson

Qu'émanait-il de si prodigieux des tableaux du Greco ? Bien que je fusse seul ce matin-là dans la salle dévolue à ce peintre au Metropolitan, je devinai que je m'agrégeais avec une telle question à une longue suite d'admirateurs troublés par sa magie.

Sans pouvoir en analyser la nature, il me semblait que dans ces compositions au lyrisme intense, les choses *flambaient* leur apparition, qu'elles s'enflammaient au contact de notre regard comme du phosphore au contact de l'air. Cependant, dès lors que nous cherchions à approfondir notre examen, elles s'apaisaient pour redevenir de simples formes figurées sur une toile. Et bien qu'il parût évident qu'on eût pu dire la même chose de bien des peintures dignes d'être contemplées, ici avec le Greco, c'était un phénomène d'une puissance inusitée ; l'intensité incandescente des visages et des corps paraissait danser dans une harmonie aussi parfaite, légère et passagère que celle qui nous fascine et nous émerveille dans les formes virevoltantes d'un feu.

*

Nous n'avions plus que Rodin à la bouche, mais Rodin, dans cette salle à la lumière blanche implacable, me semblait soudain affecté d'une insupportable emphase tout à fait comparable à celle qu'avait manifestée, presque à la même époque, un Delacroix dans ses gigantesques compositions tout en mouvements héroïques, en convulsions, en transports « sardanapalesques »... Bien entendu, l'un comme l'autre restaient préservés du ridicule par la maîtrise technique de leur art, par la fermeté et le caractère de leur facture. Il n'en restait pas moins que, confronté dès mon plus jeune âge à l'art bourgeois décoratif omniprésent dans les écoles et les bâtiments publics, cette sorte de pompe et de pose romantique XIXe siècle, cette démonstration un peu trop grand style – qu'on aurait peut-être pu qualifier de « panache gaulois » – conservait, à mes yeux, quelque chose de définitivement boursouflé.

Les lourdes femmes polies de Maillol, présentées ici dans la même salle, m'apparaissaient en revanche – dans leur perfection imposante et légèrement hermétique – comme des symboles profonds, de fascinantes allégories érotiques de la fécondité, de la sollicitude bienveillante d'une terre où, loin des envolées grandiloquentes, on laissait le temps aux plus beaux fruits de mûrir en toute quiétude.

Il me parut évident que dans un avenir indéterminé mais relativement proche, ce serait l'art de Maillol qui nous réconcilierait avec Eros Pantocrator, tandis que Rodin n'apparaîtrait plus que comme un grand artiste fourvoyé dans une des impasses de la sensiblerie esthétisante. D'ailleurs, dans un petit texte didactique comme il y en avait tant apposés un peu partout dans les musées américains pour guider les autodidactes, j'appris qu'à la fin de sa vie, c'était Rodin qui avait commencé d'être influencé par Maillol et non l'inverse.

*

Alors que je revenais de la cafétéria après une petite collation roborative et que je me dirigeais vers les salles réservées à l'art anglais classique, je pus apercevoir, au détour d'un couloir, un athlétique yankee coiffé d'un Stetson et chaussé de grosses bottes mexicaines, d'imposantes lunettes de soleil sur le nez, qu'il n'ôtait pas pour observer les tableaux, et qui était tombé en arrêt devant un portrait de Van Dyck représentant l'un des jeunes princes à l'allure efféminée de cette époque, somptueusement vêtu et accompagné d'un gracieux lévrier couché à ses pieds. Dans l'attitude générale de ce jeune gandin, sans doute parangon des élégances de son temps, se lisait, renforcé par un sourire distant, toute la morgue aristocratique britannique accumulée au cours des siècles pour le commun des mortels.

Or le yankee costaud, qui contemplait l'œuvre dans une pose de relâchement physique un tantinet insolente, typiquement américaine et digne des westerns classiques, et qui n'avait cessé de mâcher consciencieusement son chewing-gum, laissa soudain échapper d'entre ses lèvres une énorme bulle verte qui s'enfla jusqu'aux proportions de la grenouille de la fable et qui, comme elle, finit par exploser au nez du personnage princier – impassible et dédaigneux sur sa toile peinte !

*

Chez Gainsborough, des vagues d'ondes floues, à la beauté diffuse, se propulsaient dans l'espace indistinct des apparences pour soudain se cristalliser, avec précision et clarté, dans le visage enchanteur d'une belle ingénue. Celui-ci semblait alors condenser à lui seul les potentialités flottantes, les splendeurs tremblantes, en gestations légères et indécises, du paysage tout alentour…

*

Théodore Rousseau, c'était la religion de l'inextricable mystère naturel, c'était le respect plein d'humilité de ce qui ne peut s'expliquer mais se manifeste à l'évidence dans le fouillis chaotique de la végétation ; c'était le simple témoin – mieux qu'artiste –, fidèle à ce qu'il appréhendait de ce jaillissement « spontanément aventureux » (selon l'expression du maître zen) des formes du monde naturel ; c'était le mystique païen, adorateur du dieu Pan, ébloui par la sombre splendeur de la vitalité végétale. La noblesse panthéiste lui revenait de droit. Le caractère à la fois ferme et sinueux de son dessin s'était affiné au contact permanent (il allait tous les jours en forêt de Fontainebleau) du filigrane tourmenté et labyrinthique des ramures qui – poussant leurs réseaux enchevêtrés contre la face du ciel avec une patiente et silencieuse passion – avaient inspiré sa propre minutie.

> Rousseau wished to create an imposing vision of the life of graving things, indestructible in their chaotic vitality and majestically dwarfing humanity. [1]

Tandis que je contemplais attentivement ses toiles et, plus loin, les merveilleux lacis de ses dessins à la plume, me vint l'intuition de sa parenté avec Jacob Van Ruisdael. Me penchant de nouveau sur l'énoncé didactique, je ne fus pas peu fier (dois-je l'avouer ?) de constater que mon œil ne m'avait pas trompé car il y était indiqué que Rousseau avait toujours considéré le grand Flamand comme son maître.

*

Dans l'une des salles où étaient exposées de vastes compositions de l'art français du milieu du XIXe, un vieux gardien débonnaire paraissait guetter les jeunes gens qui s'aventuraient jusque-là et, les abordant habilement, les invitait à une visite guidée à sa

1. « Rousseau désire nous donner une imposante vision du règne végétal, indestructible dans sa chaotique vitalité, et dont la majesté rapetisse la place dévolue à l'humanité. »

manière. Dans mon coin, feignant de me plonger dans le *Bain turc* de Léon Gérôme, j'observais le manège du bonhomme qui, choisissant de préférence les groupes où se distinguait une jolie frimousse féminine, se lançait sur-le-champ – les « obligeant » avec autorité – dans d'intarissables commentaires très personnels. En général, il commençait par donner son avis sur les raisons que l'artiste avait eues de choisir tel ou tel sujet, pour passer ensuite à son morceau de prédilection : l'éventuelle ressemblance de la chose représentée avec l'original. Commentant un tableau de Meissonnier représentant une charge de cavalerie, il assurait que les cuirasses des dragons n'étaient pas aussi brillantes dans la réalité, que leur manière de se tenir en selle n'était pas exacte, etc. Je m'amusais grandement à l'observer, jusqu'au moment où une interruption dans le flot des visiteurs fit que force lui fut de se rabattre sur moi. Se glissant à mon côté devant le *Bain turc*, il entreprit de m'expliquer par le menu le fonctionnement de ces établissements dans l'ancien Beyrouth, au Caire et à Alexandrie, pointant ce qui lui apparaissait comme des imprécisions manifestes de Gérôme, ainsi la forme de la serrure de la porte du balcon ! Intrigué, je restais (en bon Français) un peu sceptique devant l'érudition du personnage et m'apprêtais à le questionner habilement, lorsqu'un groupe de jeunes Américaines se présenta à l'entrée de la salle. Bredouillant un vague salut précipité, il se coula discrètement le long du mur pour arriver de la façon la plus naturelle à leur hauteur…

*

L'encadré, à côté du tableau de Claude Monet représentant un superbe chêne au milieu d'une clairière, nous informait que cet arbre majestueux était devenu, dans la forêt de Fontainebleau, le sujet favori, quasi « cultuel », d'un des peintres de l'école de Barbizon nommé Karl Bodmer – lequel l'avait peint et dessiné des centaines de fois. Si l'on devait en juger par cette peinture, l'arbre possédait une magnificence digne d'une telle ferveur, mais ce qui était touchant et significatif des relations amicales entre les artistes de cette époque, c'était que Monet n'avait pas manqué d'intituler son tableau : *Le chêne* de *Karl Bodmer*.

*

J'étais tombé en arrêt devant un tableau de Pissarro montrant deux paysannes aux larges hanches, aussi pleines et belles, dans leurs fermes rotondités, que des Maillol déposés en pleine campagne et qui, agenouillées, se livraient à un quelconque travail de sarclage devant l'étendue à la fois rêveuse et bien ordonnancée des champs, montant en pente douce vers des talus fleuris par le printemps ; de lourds nuages, lents et majestueux, déployaient leur lyrisme architectural dans le ciel et, secret dessein de cette peinture, on ressentait avec évidence – par la grâce de l'artiste – le profond accord nécessaire reliant ces femmes plantureuses et sagement obstinées, à la campagne du Vexin, patiemment aménagée par l'homme au cours des siècles. L'encadré résumait parfaitement le tout :

> Their simple monumental forms and reserved expressions gived them a heroic quality which is in part the painting message ; Pissarro, a confirmed anarchist who opposed the spread of capitalism and the urbanisation and industrialization of French society, used his art

to champion the disappearing agrarian values of peasant life.[1]

Restant à méditer sur cette agonie désormais presque échue et pressentie un siècle auparavant par un artiste visionnaire, lequel n'aurait, en revanche, sans doute jamais pu anticiper – même dans ses pires cauchemars – l'amplitude présente du processus, j'en vins à me repasser le film de ma brève incursion, quelques jours auparavant, en compagnie de Simon, dans l'actuel ghetto noir de Baltimore – que j'avais d'ailleurs déjà visité treize ans auparavant.

J'avais vu, au plus profond de rues encaissées entre de hauts immeubles sombres, des centaines et des centaines d'hommes et de femmes apparemment désœuvrés, errant nonchalamment, la plupart bouffis et amorphes, quasiment incapables de marcher, vêtus d'habits en nylon aux couleurs criardes, des sigles publicitaires leur barrant la poitrine et le dos, coiffés de casquettes de base-ball, chaussés de baskets brillantes, beaucoup portant sur l'épaule d'énormes postes de radio-stéréo qu'ils faisaient hurler sur le trottoir dans une infernale cacophonie, d'autres avachis sur les marches des perrons d'immeubles et fixant l'espace devant eux dans une sorte de morne hébétude, sans la moindre lueur espiègle, défiante ou révoltée dans le regard. Je pouvais les voir – eux que j'avais vus une dizaine d'années auparavant si dignes, si beaux la plupart du temps, si jaloux de leur culture de pauvres, orgueilleux et joyeux en dépit des conditions précaires

1. « Les formes simples et monumentales ainsi que la réserve des expressions leur confère une dimension héroïque qui représente en partie le message du peintre ; anarchiste déclaré qui prit position contre le développement du capitalisme, l'urbanisation et l'industrialisation de la société française, Pissarro sublima à travers son art les valeurs finissantes du monde paysan. »

de leur existence – se goinfrer à présent de hot-dogs et de pop-corn, le tout arrosé de coca-cola qu'ils buvaient dans des verres en carton d'où dépassait une paille plongeant dans la glace pilée, beaucoup d'entre eux visiblement abrutis par les différents stupéfiants qui circulaient au grand jour de mains en mains ; adipeux, gavés de drogues, de nourriture, de musique à bon marché – anéantis, au vrai, dans leur âme et leur ancienne intégrité. J'avais compris alors la tactique pragmatique employée par les gens d'ici pour résoudre le problème des classes populaires noires : créer des ghettos doucereux où l'on acculturait insidieusement ceux qui avaient pu avoir la présomption, en un temps, de conserver leur différence – jugée trop indécente !

Me revint alors en mémoire un texte de Pasolini, que j'avais noté bien des années auparavant dans ses *Écrits Corsaires* :

> La fièvre de consommation est une fièvre d'obéissance à un ordre non énoncé. Chacun ressent l'anxiété dégradante d'être comme les autres dans l'acte de consommer, d'être heureux, d'être « libre », parce que tel est l'ordre que chacun a inconsciemment reçu et auquel il « doit » obéir s'il se sent différent. Jamais la différence n'a été une faute aussi effrayante qu'en cette période de tolérance. L'égalité n'a, en effet, pas été conquise, mais est, au contraire, une « fausse égalité reçue en cadeau ».

Je songeais à tout cela devant le tableau de Pissarro ; à ce que j'aurais peut-être pu dire, aussi, à ce gentil étudiant californien « radical chic » avec qui j'avais noué conversation à la cafétéria et qui m'avait taxé de pessimisme rétrograde. Oui, à ce que j'aurais pu lui dire si j'avais jamais été convaincu qu'il veuille m'entendre et si je n'avais été, au bout du compte, le plus désabusé d'entre ces dilettantes décadents de la vieille Europe dont l'Amérique triomphante se défiait peut-être plus encore que des terroristes fanatiques, parce qu'elle redoutait sans doute – dans la partie d'elle-même qui commençait à se « lézarder » – de trop bien les comprendre.

*

Y repensant un peu plus tard, dans l'une des allées de Central Park, je me persuadai que si les Américains avaient ménagé une si bonne place à tous les tableaux représentant la campagne française – cette savante alliance, cette très ancienne imbrication entre demi-sauvagerie et culture – c'était sans doute précisément parce que, de par les excès de leur pragmatisme mécanique et sécuritaire, ils n'avaient pu que fort imparfaitement préserver cet équilibre chez eux (dans le Maine et le Vermont à la rigueur, peut-être...). Équilibre dont les plus raffinés d'entre eux, ceux qui appréciaient ces tableaux, éprouvaient la profonde nostalgie ; laquelle, pour finir, avait occasionné la splendeur des musées, des universités, des bibliothèques et de tout ce qui touchait à la culture ici aux États-Unis. Oui, ce soin et ce luxe déployés à grands frais compensatoires témoignaient, à mes yeux, de la menace qui pesait sur elle, et il se dégageait de ces fascinantes apparences un arrière-goût de décadence encore plus définitif que celui offert, dans les rues des grandes villes, par le spectacle des acculturés des ghettos, des innombrables laissés pour compte de l'empoignade financière.

Il y avait un peintre français (et il fallait justement venir ici, dans les musées américains où il était si présent, pour le découvrir – puisque en France on n'avait réussi à ne conserver de lui que ses grandes compositions d'apparat) qui avait montré une prédilection délibérément panthéiste pour les coins perdus au plus secret des forêts et des landes. En effet, dans nombre de tableaux de Gustave Courbet, nous étions invités à nous approcher en silence, écartant mentalement quelques branches basses, de l'endroit même où – parmi les taillis les plus impénétrables et la mousse spongieuse, sous les fougères géantes et sous le dôme plus vaste des hautes frondaisons serrées qui ne laissaient filtrer qu'une lumière pâle – bouillonnait doucement, en pleine solitude, une source d'eau pure. Parfois étaient venus s'y désaltérer les faons graciles en compagnie de leur mère, qui, relevant un peu la tête, semblait, pour sa part, vaguement consciente et inquiète – inspiration divine du peintre ! – de notre regard posé sur eux. Oui, Courbet avait peint un grand nombre de ces lieux solitaires et sombres dans les bois, où gîtait, protégée par les taillis touffus et les ronces, l'essence d'une sauvagerie devenue désormais presque entièrement mythique dans nos pays « surdéveloppés » – sauf à considérer qu'elle s'était transmuée sur un plan symbolique dans le foisonnement baroque du monde social, dans l'anarchie de l'implacable « Struggle for life » !

*

Comme je déambulais, au sortir de chez Simon et de nouveau en route pour mes flâneries quotidiennes au Metropolitan, au pied des canyons urbains monumentaux de la pointe de Manhattan – « ces hautes falaises de pierre ponce forées d'insectes lumineux [1] » – me souvenant qu'un humoriste avait dit que « la fourmi était sans doute un exemple pour nous tous, mais certes

1. Saint-John Perse.

pas un bon[1] », je me demandais en l'occurrence si l'espèce de bien-être qu'on ressentait à circuler au sein de cette gigantesque fourmilière humaine n'était pas, après tout, celui d'un fantasme collectif de « régression » ?

Circuler au fond de ces vertigineux précipices architecturaux en empruntant l'une ou l'autre des étroites ruelles qui séparent d'à peine quelques mètres deux immenses parois et apercevoir tout en haut, très haut, une parcelle de ciel bleu, parfois même un léger nuage qui passe comme une gaze poussée par le vent de mer, ne participait-il pas d'une sensation délicieusement névrotique ? La liberté, la légèreté suprême d'exister qui flottait avec insouciance tout là-haut, au bout de ce tunnel vertical, ne nous réjouissions-nous pas, en secret, de ne pouvoir l'atteindre jamais ? puisque ici, tout en bas, à la fois protégés par les murs et mécanisés par les impératifs du labeur automatique et fléché, nous pouvions jouir, mieux que nulle part ailleurs, du bonheur de la fourmilière, débarrassés de la tentation d'exister trop pleinement – laquelle, au fond, nous terrorisait plus qu'autre chose avec ses risques, ses choix embarrassants, ses dangers potentiels !

Ici, bien au chaud au cœur de la citadelle sécuritaire, nous pouvions nous abandonner à la tranquillité ritualisée et sans pensée des prisonniers de longue date, dont on nous répétait si souvent qu'ils étaient effrayés à l'idée même de devoir un jour être libérés…

*

1. « The ant sets an example for us all but it is not a good one. » Max Beerbohm.

Salle des Van Gogh.

Le plus ironique avec lui était cette célébrité insensée qui semblait comme l'expiation, à titre posthume, de la société vis-à-vis de celui qu'elle avait complètement rejeté à son époque. Il y avait dans le destin de Van Gogh, dans sa vie telle qu'on pouvait la lire, une sorte de passion christique : lui, l'austère fils de pasteur, qui n'avait jamais vendu une toile de son vivant, devenu le peintre le plus coté de notre époque ! Lui qui se suicida parce qu'il était vraisemblablement parvenu au bout du découragement et du mépris de soi-même, lui qui pourtant, à lire ses lettres, avait toujours tenté de préserver chez les autres l'enthousiasme et la joie de vivre ! [1]

La difficulté désormais était que ses œuvres avaient été scandaleusement galvaudées, assaisonnées à toutes les sauces, utilisées, pillées (n'en voyait-on pas des reproductions à tous les coins de rue, sur les affiches publicitaires, les boîtes d'allumettes, les sachets de sucre en poudre, dans tous les magazines et les salons petit-bourgeois – trônant en chromo au-dessus de la cheminée d'apparat ?) ; la difficulté, oui, pour moi du moins, si je voulais apprécier une toile de Van Gogh aujourd'hui, tandis que j'étais au coude à coude avec une foule de pèlerins mâchant leur incontournable chewing-gum et venus tout spécialement dans cette salle pour jeter un œil avide sur la « star » de la cote

1. Sur les murs de la salle où le corps était exposé, toutes ses toiles dernières étaient clouées lui faisant comme une auréole et rendant par l'éclat du génie qui s'en dégageait cette mort plus pénible encore aux artistes. Sur la bière un simple drap blanc puis des fleurs en quantité, des soleils qu'il aimait tant, des dahlias jaunes, des fleurs jaunes partout. C'était sa couleur favorite s'il vous en souvient, symbole de la lumière qu'il rêvait dans les cœurs comme dans les œuvres.

Émile Bernard, relatant la mort de Vincent
dans une lettre à G. Albert Aurier.

internationale, c'était de parvenir à retrouver la fraîcheur de la vision, la spontanéité de l'émotion.

Aussi me fallait-il me réfugier farouchement en moi-même pour puiser l'énergie nécessaire à la contemplation naïve, non polluée, d'une image déjà entrevue de trop multiples fois et que je devais « transcender » parmi une foule indifférente. Or la pratique que j'avais mise au point de rester planté un bon quart d'heure en face de chaque toile, aussi concentré qu'un moine zen en plein satori et en dépit des allées et venues des touristes culturels autour de moi, me valut assez rapidement la présence *supplémentaire* à mes côtés de deux vigiles surveillant mes faits et gestes.

Désespérant de tenter de leur faire comprendre ma méthode de « distraction dirigée » pour parvenir à pénétrer malgré tout dans les tableaux (à la façon du voyage « à rebours » prôné par Des Esseintes), je décidai de rompre la tension en allant boire un thé à la cafétéria.

Cependant entre-temps, mon petit procédé m'avait tout de même permis, pendant trois bons quarts d'heure, de me retremper dans cette vision cosmique du monde terrestre si merveilleusement stylisée par la ligne de trait extrême-orientale : la violence de l'interrogation métaphysique occidentale tempérée par l'esthétique raffinée, délibérément *superficielle,* de l'Asie. Et il me venait à l'esprit, tout en buvant mon thé non loin des sbires qui m'avaient suivi et me tenaient toujours à l'œil, que pour Van Gogh, oscillant sans cesse entre exaltation et folie, grevé de l'intérieur comme il l'était par les démons de la passion chrétienne, cet effort vers la sérénité, vers le détachement asiatique, l'avait aidé, en le pacifiant intimement, à trouver sa « manière ». Pourtant à la fin des fins, le souci judéo-chrétien avait eu raison de la désinvolture bouddhique. Le fils du pasteur, miné par ses démons d'enfance, avait fini par « perdre la face » des choses. Je ne savais s'il était apparu à beaucoup de commentateurs que Van Gogh avait été le théâtre d'un intense conflit de sensibilités. Car il fallait faire un peu plus que de simplement examiner sa correspondance et méditer sur le récit de son existence : il fallait, me semblait-il, examiner son expression artistique en morphologiste (ainsi que Goethe l'avait préconisé).

Il m'apparaissait avec force – plus encore dans ses dessins que dans ses peintures – que l'influence majeure qui avait déterminé le style de Van Gogh était la découverte – via les « japonaiseries » de l'époque – de la grande peinture chinoise. C'était d'ailleurs, autant qu'il m'en souvenait, son ami Gauguin qui avait ouvert la voie dans ce sens.

Or, cette stylistique et cette esthétique d'obédience chinoise, étaient l'expression d'une philosophie longuement mûrie au cours des siècles, le résultat perceptible d'une très ancienne méditation, et quand bien même tous ces peintres – gens de culture raffinés, issus pour la plupart des meilleurs moments de l'hédonisme bourgeois du début du siècle – n'eussent pas été en mesure de prendre une nette conscience de l'inhérente induction subconsciente que n'avait pu manquer d'opérer chez eux l'adoption de ce mode de représentation, il n'en restait pas moins qu'en sus de leur expression artistique, leur comportement et leur style de vie en avaient été modifiés.

Ce n'était donc sans doute pas un hasard si les plus réceptifs et les plus doués d'entre eux (Gauguin en Polynésie, Van Gogh à Auvers) en étaient finalement venus à vivre des vies semblables à celles que les anciens taoïstes désignaient sous le terme de vies des « moyens ermites » – qui, tout en optant pour la solitude, conservaient un lien permanent avec « le monde de poussière ».

C'était ainsi que j'en concluais que le pauvre Vincent, gagné insidieusement par le style même de sa facture extrême-orientale, avait été le théâtre d'un conflit intérieur larvé opposant la vieille sagesse taoïste à l'angoissc chrétienne ; que durant les années de sa production artistique la plus réussie, la ligne de trait chinoise avait réussi à juguler les remous chaotiques de l'interrogation ontologique – équilibrant le tout dans une harmonie esthétique suprême. Pendant ce laps de temps, Vincent avait peut-être trouvé la paix, puis, une certaine après-midi, sans doute parce que Théo n'avait aucune bonne nouvelle, parce que ce champ de blé, aussi, était d'un jaune trop poignant, trop *inatteignable*, Vincent s'était découragé, le vertige occidental avait repris le dessus, et aucun de nos émois ni de notre admiration d'aujourd'hui ne pouvait nous empêcher d'entendre cette sinistre détonation finale se répercuter à travers les toiles… [1]

*

J'étais venu prendre des notes dans la grande bibliothèque publique de la 42ème rue. Dans cet endroit mythique où tant d'écrivains que j'admirais s'étaient assis, il m'était difficile de ne pas sentir planer au-dessus de ma tête les mânes du dieu de mon adolescence qui y composa, dit-on, ses fameuses *Pâques à New York*.

J'étais donc là, rêvant vaguement au désespoir new-yorkais de Blaise, lorsque je m'avisai que mon voisin

1. Auvers sur Oise – Dimanche 27 juillet, un nommé Van Gogh, agé de 37 ans, sujet hollandais, artiste peintre de passage à Auvers, s'est tiré un coup de revolver dans les champs et, n'étant que blessé, il est rentré à sa chambre où il est mort le surlendemain.
Journal de L'Oise.

de droite – vieux noir américain aux cheveux blancs, portant nœud papillon sur un costume démodé et élimé – parcourait à travers ses petites lunettes cerclées la page d'un livre qui m'était particulièrement cher : *The Spoon River Anthology* d'Edgar Lee Masters. Je ne pus donc m'empêcher de lui adresser la parole. S'engagea alors un dialogue animé au cours duquel il se révéla que mon interlocuteur faisait partie de la corporation anonyme de ces érudits autodidactes qui peuplent les bibliothèques du monde entier et qui passent leur temps libre (de retraité des postes, en l'occurrence) à étudier et à noter ce qui les intéresse dans des carnets tout à fait semblables aux miens.

Il m'avoua qu'il ne regardait pratiquement plus la télévision et qu'il passait la plupart de ses soirées à lire dans sa petite maison du Bronx où, depuis que sa femme était morte et ses deux enfants partis, il vivait en compagnie de son chat. Il se nommait Leonard Robinson mais dans son entourage on l'appelait « Lampshade » – surnom que lui avaient valu ses manies littéraires nocturnes. L'heure de midi étant venue, nous allâmes manger ensemble un de ces confortables sandwichs américains dans un minuscule établissement à côté de la gare. Nous nous lançâmes alors dans une revue d'ensemble de ce qui nous avait captivé dans la littérature américaine. Je l'entretins de ce qui m'agitait pour l'heure, à savoir l'amitié entre Ralph Waldo Emerson et Henry David Thoreau, ainsi que de leurs probables rencontres avec Walt Whitman et Hermann Melville, tandis que lui évoqua avec lyrisme Thomas Wolfe, Eudora Welty et Bernard Malamud. Nous restâmes ainsi près de trois heures, parlant à voix basse comme des conspirateurs complotant un coup d'état (d'âme) littéraire. Puis, quand fut venue l'heure de nous séparer, il m'invita à venir lui rendre visite chez lui le lendemain soir afin que nous continuions nos commentaires autour d'un verre et d'une collation qu'il aurait préparée, et aussi pour me présenter Thelonious, son chat (ainsi nommé, me précisa-t-il, à cause de sa manifeste passion féline pour les improvisations de Monk !).

Le lendemain donc, sur le coup de sept heures du soir, après avoir un peu erré dans les rues parallèles d'un quartier de maisons de bois toutes semblables, à l'aspect un peu déglingué significatif d'un quartier de stricte économie, je sonnai à la porte du 126 Wilkinson Street. Lampshade vint m'ouvrir, toujours aussi élégant, et me fit pénétrer dans un petit salon encombré d'un bric-à-brac d'objets hétéroclites et vieillots. Il me dit d'ailleurs qu'un autre de ses hobbies était *la brocante pour pas cher*. Puis, débarrassant un vieux fauteuil de cuir crevé des revues qui y étaient entassées, il m'invita à m'asseoir et me proposa un verre d'un punch de sa composition. Tandis que nous trinquions, un imposant matou fauve fit son entrée en marchant précautionneusement et en me fixant de ses immenses yeux verts.

Lampshade déclara, s'adressant à lui :

– C'est mon nouvel ami français, qui aime les livres autant que nous.

Puis, se tournant vers moi, il ajouta :

– Je dis ça parce que je suis sûr qu'il aime l'ambiance de la lecture, car aussi longtemps que je reste à bouquiner, il me tient compagnie, sauf si j'essaie de lire un livre de James Ellroy !

– Le mien se couchait en travers de la page, comme s'il voulait éprouver le magnétisme du texte.

– Oui, ils font ça souvent. La musique aussi leur plaît, dit Lampshade, et Thelonious adore le jazz, enfin pas le tout nouveau, car nous sommes vieux tous les deux.

Lorsque nous eûmes fini nos verres, Lampshade m'invita à venir dans sa cuisine où nous nous assîmes à une table recouverte d'un napperon brodé sur lequel étaient disposés deux couverts ; il sortit du four un poisson au riz préparé selon une recette qu'il me dit tenir de sa grand-mère d'Atlanta et nous commençâmes de manger en buvant le vin français, un peu éventé toutefois, que j'avais réussi à dénicher au Village. Thelonious, lui, s'était juché sur un coin du buffet et nous surveillait attentivement tandis que, tels deux maniaques impénitents, nous nous étions de nouveau replongés dans les interminables comparaisons des mérites littéraires de nos auteurs favoris.

De là où je me trouvais, je pouvais apercevoir, sous un crucifix de bois et posée sur une commode qui trônait au milieu du fatras de la pièce voisine, une série de photos de famille. Sur l'une d'elles apparaissait un couple noir endimanché qui, devant une église, posait les mains sur les épaules d'une petite fille dans sa robe apprêtée des grandes occasions, avec ses couettes serrées sur chaque côté du crâne, et enfin d'un jeune garçon au regard intense, au visage fermé et presque douloureux. Comme il voyait que je regardais dans cette direction, il me dit :

– Ma femme et mes enfants il y a quarante-cinq ans ! Ma fille est maintenant secrétaire dans une entreprise de plomberie ; elle est mariée, a deux enfants et vient me voir de temps à autre avec eux. Mon fils, lui, je préfère ne pas en parler car il a plutôt mal tourné : il est actuellement en prison où je vais le voir quelquefois, mais c'est à peine s'il me parle. En tous les cas, aucun des deux ne partage ma passion pour les livres, un peu pour la musique mais pas la même. Ce qui fait qu'on n'a pas grand-chose à se dire. D'autant plus que le reste de la famille vit à Atlanta et qu'on s'est perdus de vue. Alors, je reste là avec Thelonious. Le jeudi à la répétition et le dimanche à la messe je chante du gospel et j'ai parfois un ancien camarade de la Poste qui vient écouter du jazz ici, avec Thelonious et moi. Croyez-vous en Dieu ou bien êtes-vous mécréant, comme mon fils ?

– J'ai eu une éducation catholique, dis-je, et maintenant je crois pouvoir dire que je prie à ma manière. Je prends chaque jour des notes pour faire mon rapport à Dieu, le jour où il me le demandera.

Lampshade sourit et dit :

– Ah ! Oui ! Sans doute avez-vous raison, je me suis toujours demandé pour quelle raison, moi aussi, je prenais des notes sans arrêt. Mais croyez-vous qu'il nous les réclamera ?

– Ça, c'est véritablement la question, et même si elles nous sont réclamées par l'ange archiviste, il y a de fortes chances pour qu'elles soient ensuite classées et oubliées dans l'énorme fouillis mal rangé que doit être l'administration céleste.

– Oui ! Sans doute un sacré bordel ! conclut Lampshade en riant.

Je passai donc ainsi une partie de la soirée chez mon nouvel ami et nous discutâmes ferme littérature et jazz ; puis je lui décrivis un peu ma vie en France. Enfin, lorsque l'heure fut venue pour moi de repartir dans ce quartier du Bronx où je redoutais de m'aventurer trop tard, je remerciai Lampshade et, après lui avoir donné mon adresse en France, m'apprêtais à sortir lorsqu'il me pria d'attendre une seconde ; tirant une volumineuse chemise d'un casier, il en sortit une feuille qu'il me tendit en disant :

– Je m'amuse à écrire des poèmes. J'aimerais vous donner celui-ci en guise de souvenir. C'est sans prétention, c'est surtout pour que vous vous souveniez de moi en France : le vieux bonhomme noir du Bronx qui bouquine et écrit des poèmes maladroits.

Je pris soigneusement la feuille que je pliai en quatre et la glissai dans ma poche de veste, puis je m'en retournai jusqu'à la station de métro, le long des trottoirs défoncés qui bordaient les maisons délabrées de la rue.

J'ai conservé ce poème et j'en ai tenté une traduction aussi fidèle que possible :

Aux uns la vie de luxe dans les hauteurs, derrière les vitres teintées
au sommet de leurs tours orgueilleuses,
douces prisons soporifiques de leur fanatisme névrotique.
Dans leurs téléphones, à longueur de journée,
Ils sussurent : « Money… Money… Money… »
Et au cœur du central téléphonique
Où il se cache, à l'écoute de chacun,
Secrètement, silencieusement,
Satan jubile.
Aux autres, l'errance, la folie, le vice, la prison et la mort.
Aux fins fonds des salles d'attente des « Emergencies » surchargées
les petits enfant meurent
sans même savoir ce qui leur a été épargné…
Ô, Dieu de miséricorde
peuvent-ils jamais entendre ta plainte,
au sein de cette Babylone trépidante
livrés au vacarme de leurs machines
parmi le brouillard de leur confusion mentale ?
Oui, je sais, le malheur se rue à travers le monde
comme un torrent déchaîné !
Mais toi Jésus, comme toujours et partout
tu te tiens ici sous la défroque du plus misérable
du plus anéanti des « sous-hommes » perdus,
pantin mécanique du désespoir
mendiant quelques cents à chaque coin de rue, sans conviction…

Et tous, comme il se doit,
te crachent de nouveau au visage
se rient de ta pauvre mine.
Car ils t'attendent
sous la forme d'un archange doré
descendant, cigare au bec, d'une luxueuse limousine.
Alors oui, si tu venais ainsi
ils se jetteraient à tes pieds
se prosterneraient devant ta gloire auréolée
de lumière et de beauté
comme sur les peintures médiévales peintes pour les rois.

Mais toi, tu préfères revenir parmi nous
à travers le cœur meurtri, à peine encore humain
du plus crasseux, du plus puant et du plus fou
de ces pauvres hères plus démunis que les bêtes du premier jour
qui dorment par dizaines au coin des rues.
Et sans doute est-ce toi encore
à travers la voix du pauvre noir
emmitouflé dans ses cartons
dans le terrain vague en hiver
au pied d'un vertigineux gratte-ciel
qui marmonne, comme pour soi-même :
« New York devrait se baisser pour regarder un chien… »

*

Chaïm Soutine.

Le turbulent génie judaïque de Chaïm Soutine ! L'incroyable tableau intitulé *La petite fille à la poupée* !

On y pouvait distinguer – dans le style caractéristique de ce peintre, à savoir des lignes et des coulées de pâtes colorées grossièrement appliquées au couteau, tordues, contournées dans tous les sens, à la limite de l'insoutenable, du n'importe quoi, de la maladresse rédhibitoire – une petite fille tenant une poupée dans ses bras. Disons plutôt qu'on devinait, à travers un galimatias de couleurs crûment assemblées et une confusion tremblée, désaccordée, de l'image, la frimousse d'une fillette et celle de la poupée qu'elle était censée tenir dans ses bras.

Tout cela était diffus. Mais le prodige était qu'à travers le fatras chaotique d'une perception malaisée, perçait, dans le regard de l'enfant et dans la fixité figée de la poupée – qui soudain se matérialisaient au milieu des fumerolles colorées de la toile, un peu à la manière, je pouvais l'imaginer, des ectoplasmes dans les séances spirites –, un poignant sentiment de solitude ontologique. Ce n'était plus seulement cette incertaine petite fille à peine esquissée parmi tout l'embrouillamini, sens dessus dessous, démentiel, d'un monde tournoyant et vague, que nous contemplions, mais nous-mêmes, dans notre pathétique condition humaine pleine d'incertitudes et d'approximations, où nous ne faisions pas beaucoup plus – *à bien y regarder* – au sein d'une solitude individuelle éternellement infantile et souvent voilée par les larmes, que de nous consoler avec nos jouets favoris, nos chères poupées fantasmatiques…

On pouvait lire comment Soutine – jeune sauvage inculte et grossier qui s'était quasiment échappé d'un village juif russe où il était élève talmudiste – avait, après de multiples tribulations, atterri à Paris pour, comme dans un conte yiddish, y être recueilli, éduqué et guidé par Modigliani, fils de famille déchu de la grande bourgeoisie juive italienne, cultivée et raffinée. Le grand bourgeois réfractaire, déjà peintre accompli, avait pris sous son aile ce frère mal dégrossi et tenté de l'initier – devinant sans doute chez lui d'insignes dispositions – au maniement des pinceaux et à l'assemblage des couleurs. Or, le résultat inattendu avait été qu'au lieu de se ranger aux canons esthétiques en vigueur dans le Paris en pleine effervescence artistique de l'époque, le rustaud avait laissé éclater sur la toile, sans le moindre apprêt, la violence explosive de son tempérament hypersensible, farouche et supérieurement intuitif. La civilisation sophistiquée dans laquelle il venait d'atterrir n'avait pas réussi à étouffer en lui la violence spontanée des sentiments purs.

Je croyais percevoir que l'expression de Soutine se situait déjà dans la lignée de ce que, bien des années plus tard, Dubuffet appellerait l'Art Brut – cet art réellement naïf, primordial, ignorant toute référence culturelle et pratiqué par des originaux ou des aliénés pris de passion pour l'expression artistique et qui, sans le moindre souci de réussite sociale ni de reconnaissance publique, sacrifiaient pratiquement tout à son exercice.

Mais je percevais davantage chez Soutine. J'y voyais l'indomptable, inclassable et turbulente âme juive – cette âme juive élohiste [1] et diasporique qui s'efforce de préserver, dans un monde hostile, sa liberté nomade, son scepticisme intégral et sa diversité changeante. Il n'était évidemment pas indifférent que Soutine ait été à l'école rabbinique, car dans son art (pouvait-on réellement appeler cela « art » ? son expression, disons…) se manifestait avec force ce besoin, d'obédience talmudique, de contester aux moindres apparitions formelles, aux moindres épiphanies, leur légitimité à s'être finalement réalisées en une quelconque apparence donnée, c'est-à-dire figée et fixe. Car j'avais cru comprendre [2]

1. Cf. Olivier Revault d'Allones, *Musiques, variations sur l'âme juive,* C. Bourgois, 1979.

2. Et il était important de souligner qu'avec quelque interprétation que ce soit, concernant le Talmud, on ne faisait qu'avoir *cru comprendre*, puisque, fatalement et par essence, celle-ci serait contestée par un nouveau commentaire plus judicieux – émané d'un inévitable besser-vaïsser… Et ne fallait-il pas sans cesse, d'ailleurs, en ce sens, s'efforcer aussi d'être le besser-vaïsser de soi-même ?

qu'on pouvait, à pas mal d'égards, considérer le Talmud comme un subtil et fort retors traité de conservation de l'énergie *éventuellement*[1] divine – à savoir à la fois : contradictoire et paradoxale, souvent incompréhensible, non canalisée et suprêmement indépendante, comme l'était lui-même le Dieu d'Israël YHWH dont le nom était imprononçable, la présence insituable, invisible, et néanmoins permanente. La pensée juive élohiste était la dénonciation perpétuelle, ultravigilante et précise, des faux semblants empruntés par les formes – qui étaient diaboliques puisqu'elles tentaient d'anéantir le dieu invisible en lui conférant une apparence précise !

Chez les grands artistes juifs tels Chagall et Soutine – tous deux russes et donc imprégnés d'hassidisme –, cette tendance antinomique à sans cesse contester les apparences de leur propre expression se manifestait avec la puissance sous-jacente des mythes inconscients qui gouvernent nos existences.

Soutine ou l'expression violente de l'âme juive diasporique !

Un autre tableau de Soutine m'avait déjà fasciné treize ans auparavant ici en Amérique, dans la petite Philips Gallery de Washington où je me souvenais encore de ma station prolongée devant la toile. C'était un petit garçon (encore un enfant !) qui rentrait de l'école par un chemin de terre à travers champs et bois et qu'un vent violent ébouriffait – de même d'ailleurs que toute la végétation alentour. Il y avait dans cette toile (difficile à déchiffrer, encore une fois, tant tout y était déformé, incertain et entortillé) quelque chose qui se dégageait avec un pathétique poignant.

1. Cela non plus n'était pas entièrement défini, avais-je encore cru comprendre…

C'était la tombée de la nuit, le chemin de terre était boueux et le garçon, son cartable à la main, s'arcboutait contre le vent. On sentait dans son attitude la fragilité non seulement de l'enfance mais encore de l'humaine condition. À travers cette image banale s'exprimait tout le courage qu'il fallait aux écoliers pour affronter le monde – figuré par l'environnement hostile : les arbres en folie, la pluie insistante et froide, la boue opiniâtre, le vent démoniaque, la tristesse du paysage et de la routine. Oui, tout le courage qu'il fallait à un jeune garçon pour résister à l'infinie morosité des jours d'hiver qui paraissaient aussi bouchés que certains avenirs ; aussi dépourvus d'espoir et de perspectives, sans doute, que certains soirs de la vie de Chaïm Soutine lorsqu'il était un enfant pauvre et reclus de l'école talmudique d'un shtetl perdu au beau milieu de l'immense Russie antisémite.

Cette évocation poignante, Soutine l'avait sans doute réussie parce qu'il n'avait fait qu'esquisser l'image, comme dans le halo ondoyant d'un rêve – au point qu'on pouvait se demander si c'était bien cela qui était représenté, car il semblait par moments qu'on aurait pu y lire tout autre chose – et c'était justement cette ambiguïté permanente de l'interprétation qui nous touchait tant et nous enseignait que chaque chose, en ce monde, était toujours si proche d'être ou de n'être pas ce qu'elle paraissait être, ou ce que nous aurions voulu qu'elle soit !... Dans les représentations indécises de Soutine, il semblait que le choix nous soit constamment laissé de ne pas concrétiser notre perception. Soutine réussissait – à travers son art tremblé d'une sincérité volontairement maladroite – à tant nous émouvoir parce qu'il évoquait *tout ce que nous croyions percevoir* comme au travers d'une vitre embuée par le rêve.

Mais ce qui restait sans doute le plus frappant dans ce tableau était l'attitude de l'enfant : légèrement courbée, vacillante et cependant tenace. Celle-ci ne suggérait-elle pas une mince flamme ancestrale qu'un puissant souffle eût parfois fait ployer… sans jamais parvenir à l'éteindre ?

*

Van Gogh avait fait le portrait d'un paysan d'Arles qui était son ami.

En plus du portrait lui-même – remarquable dans sa vigoureuse expression monolithique : comme si les paysans possédaient la dureté de certains rochers inexpugnables et inatteignables au temps lui-même – le nom de cet homme me frappait : Patience Escalier ! Seule la savoureuse vieille France paysanne, à la profondeur culturelle désuète et presque oubliée désormais, avait pu produire un patronyme aussi évocateur et humoristique. Et surtout, ce prodigieux rapport – peut-être hasardeux – entre le nom et le prénom ! Ne fallait-il pas effectivement une « Patience d'Escalier » pour gravir chaque marche vers la sagesse et la sérénité dont le visage de cet homme semblait témoigner ?

*

John Stewart Curry : *Wisconsin Landscape*.

Trouées de lumière glorieuse parmi de gros nuages cotonneux, rebondissants comme des ballons blancs sur les collines. La ferme accolée à un bosquet d'arbres aux ombres denses et profondes, flanquée de son hangar audacieusement rouge vif (sorte de lumignon témoignant de la présence du *saint-esprit païen* au centre de la composition). Au premier plan, des meules de paille jaune safran et puis, disséminées à intervalles réguliers sur les champs qui descendent en pente douce depuis notre point de vue, des flaques de soleil mordorées… Les liserés qui bordent l'horizon sont bleutés et vert bouteille !

*

Georges Bellows : *Up the Hudson*, 1908.

La lumière blanchie et délavée d'un jour de grand vent ! Les vaguelettes frémissantes sur le fleuve. Le remorqueur à vapeur qui peine contre le courant. Quelques silhouettes *humanoïdes* balayées par une soudaine bourrasque, elle-même appuyée par une flambée de lumière crue, violente, et, tout alentour, les arbres et les taillis retroussés par la furie du souffle puissant…

Comme cela m'arrivait souvent, je ressentais soudain le paradoxe absurde de devoir me trouver dans un endroit confiné et à la lumière pauvre, pour éprouver la joie d'un spectacle solaire de plein air. Bref, j'éprouvais, une fois de plus, ce sentiment ambivalent qui me saisissait fréquemment dans les musées, et tout particulièrement devant les paysages les plus évocateurs : un malaise, un arrière-goût de vanité, de vaste malentendu, invalidant, si ce n'est la toile elle-même (qui avait sans doute été le plaisir secret et jubilatoire de l'artiste), du moins la gigantesque infrastructure de cet immense musée pompeux, monumental, presque funéraire, lequel emprisonnait, momifiait derrière une vitrine, ce qui n'avait été qu'un très bref instant vivifiant d'extase visuelle en plein vent.

Et la remarque de Jean Clair, notée peu de temps auparavant, me revenait en mémoire :

> Il y a quelque chose en effet, comme le dit Blanchot, d'insupportablement barbare dans l'habitude du musée. Cela ne vient pas seulement de l'entassement de choses autrefois destinées à être goûtées dans leur singularité, cela vient aussi du sentiment de déportation de ces choses hors de leur lieu naturel, aussitôt suivie de leur concentration au nom d'une raison scientifique, comme il existe une raison d'État. Il y a un Archipel du Goulag des œuvres d'art. [1]

Pourtant, ainsi que la toile (Eugène Speicher, *Deep Lake*, Canada) qui se trouvait à quelques mètres dans la même salle le démontrait avec brio, l'exactitude avec laquelle certains artistes parvenaient à rendre la lumière des beaux jours – surpassant amplement toute saisie d'ordre photographique – justifiait qu'on conservât précieusement ces instantanés d'exaltation esthétique, car ce que ces œuvres réussissaient à extraire, plus que la réalité tangible de l'instant précis, c'était le « substratum » de l'impression elle-même (la « *cosa mentale* » chère à Vinci) ; par la grâce du don synthétique propre à l'artiste, cette reconstitution d'un instant éphémère devenait le symbole quintessencié de « tous les aperçus fugitifs » ménagés par la grande nature de plein air, lorsqu'elle était ainsi transcendée par la lumière changeante des jours de soleil et de vent !

De surcroît, la fréquentation assidue de ces collections de « restitutions » vous amenait à goûter et surtout à reconnaître d'autant mieux, et d'autant plus subtilement, les instants eux-mêmes. Pour finir – dans un grand élan de réconciliation ! – je me rappelai (puisque je l'oubliais régulièrement) que je n'aurais sans doute pas éprouvé avec une telle ardeur ce subit besoin

1. *Élevages de Poussière*, p. 22.

d'aller expérimenter par moi-même – « sur le motif » – ces brèves extases, sans la patiente générosité des *minutieux embaumeurs.* [1]

*

Lorsque j'arrivai chez Gerald et Marc-François qui vivaient dans un appartement du Village et m'avaient invité à venir leur rendre visite à leur retour de Birmanie, je fus instamment prié de ne pas me formaliser du chahut qui pouvait éventuellement se produire, car ils avaient acheté et ramené de leur voyage deux chats birmans, à vrai dire un peu… turbulents.

Dès que je fus assis dans le salon pour l'apéritif, j'éprouvai une sensation étrange et presque aussitôt, depuis le dessous d'une grosse commode, j'aperçus deux yeux effilés étincelants, dardés sur moi. Comme mes hôtes continuaient de bavarder tranquillement, je fis comme si de rien n'était. Cependant, presque aussitôt, je remarquai un regard identique, me fixant depuis l'embrasure d'une porte entr'ouverte.

La soirée se poursuivait et, tandis que les deux amis me narraient leurs aventures touristiques extrême-orientales, des ombres fuyantes d'une rapidité quasi surnaturelle filaient d'un dessous de meuble à l'autre, d'un dessus de vaisselier à un dessus de bibliothèque, en des sauts invraisemblables ! Constatant mon inquiétude, mes amis admirent en riant qu'il s'agissait bien là des fameux chats birmans achetés sur un marché de Rangoon et ramenés dans une cage de fabrication spé-

1. Un musée n'a d'excuses que dans la mesure où il témoigne d'activités anciennes, où il garde ce qui reste de phosphorescence autour des œuvres, ce qu'elles dégorgent de fluide et par quoi elles arrivent à vaincre la mort.

Jean Cocteau, *Opium.*

ciale qui me fut d'ailleurs immédiatement exhibée, ce qui me permit de constater qu'on n'avait pas lésiné sur la robustesse du treillage en bambou.

Ils me confièrent alors que l'alimentation des nouveaux pensionnaires posait quelques problèmes dans la mesure où ceux-ci se nourrissaient presque exclusivement de batraciens et de reptiles – si possible vivants ! (Quelques oiseaux des marais pouvant à la rigueur faire l'affaire.) Ce qui signifiait que les deux compagnons devaient courir tout New York pour se procurer à prix d'or, chez des fournisseurs principalement chinois, le ravitaillement adéquat. Ils n'avaient d'ailleurs jusqu'ici jamais eu le courage d'assister à un seul des repas de leurs protégés, le bruit des agapes ayant suffi à les en dissuader !

Cependant, les nouveaux venus possédaient une autre particularité : leur amour excessif de l'eau. Gerald et Marc-François étaient donc obligés de laisser leur baignoire constamment remplie ainsi que les deux portes de la salle de bains grandes ouvertes afin que leurs pensionnaires puissent plonger, nager sous l'eau et ressortir de l'autre côté pour filer se mettre de nouveau à couvert sous l'un des meubles, eux-mêmes ayant résolu pour l'instant – et jusqu'à ce que la situation se fût stabilisée – de se livrer à leurs ablutions chez des voisins complaisants. D'ailleurs, ajoutèrent-ils, l'heure approchait du bain vespéral des deux animaux et j'allais donc pouvoir assister à cet intéressant rituel, si je le souhaitais…

Il eût été difficile, sans les froisser, de ne pas accepter et je me postai donc près de la salle de bains où, pendant un temps, il ne se passa rien. Cependant, ainsi que le répéta Marc-François, les deux portes de la salle de bains qui se faisaient face devaient rester ouvertes afin de permettre aux plongeurs de ne faire que passer dans la baignoire pour ressortir tout aussi vite qu'ils étaient venus, ces animaux – recommandation insistante du vendeur – ne supportant absolument pas de se sentir coincés ! En outre, le vendeur avait encore instamment recommandé de n'essayer sous aucun prétexte de les caresser car, avait-il dit, « ils avaient des crocs acérés comme des rasoirs ! » Ce fut alors qu'eut lieu le premier plongeon : j'entrevis une ombre nager rapidement au fond de la grande baignoire, effectuer un aller et retour, toujours au fond et à grande vitesse, puis émerger dans un saut pour filer par l'autre porte, laissant une traînée d'eau sur le carrelage et les tapis du couloir d'en face. Presque immédiatement une deuxième ombre suivit le même parcours.

Le peu que je pus apercevoir du pelage et de la forme générale des animaux, me fit m'exclamer :

– Mais ce ne sont pas des chats !

– Oui ! répondit Gerald, c'est ce qu'a dit le vétérinaire !

– Ah ! Bon ! Et il a dit que c'était quoi ?

– Il a dit qu'il ne savait pas !

Un peu plus tard dans la soirée, au fond d'une pièce où les deux amis avaient entassé leurs meubles en surplus et où les « chats » avaient élu domicile dans un tapis roulé, et juste après que Gerald ait lancé dans cette direction une demi-douzaine de « Grenouilles du Missouri », il y eut une sorte d'échauffourée, agrémentée de cris terrifiants, entre les deux pensionnaires, qui m'incita à écourter poliment ma visite. Marc-François commenta :

– C'est quand ils se disputent la nourriture !

Avant de repartir, je suggérai que la porte de leur chambre demeurât fermée pendant la nuit. Ils m'assurèrent y avoir déjà pensé.

Trois semaines plus tard, Gerald me révéla au téléphone qu'un vieux naturaliste de Chinatown, après avoir observé les animaux à distance, avait conseillé de les capturer pour les réexpédier au plus vite dans leur pays d'origine sans barguigner sur le prix.

– Sinon, avait-il ajouté avec son accent suraigu, *beaucoup problèmes* !

Néanmoins, les deux amis ne pouvaient encore se résoudre à cette difficile opération et continuaient d'héberger les encombrants pensionnaires, contraints de se barricader dans la partie de l'appartement où ces derniers circulaient le moins et leur faisant passer la nourriture par une sorte de trappe aménagée au bas d'une porte. Un double inconvénient étant qu'ils faisaient leurs besoins où bon leur semblait et que, par ailleurs, au cours des rares incursions que Marc-François et Gerald avaient réussi à effectuer dans « la partie réservée » – qui puait invraisemblablement – ils avaient dû se rendre à l'évidence que les deux félins ne consommant pas l'intégralité des proies vivantes qui leur étaient offertes, une partie d'entre elles – les crapauds chanteurs notamment – avait proliféré aux alentours de la baignoire, donnant des concerts nocturnes dont les voisins commençaient apparemment à se lasser.

À la fin de l'entretien, je sentis un certain découragement dans la voix de Gerald qui finit par m'avouer leur préoccupation : les animaux ne se laissaient aucunement approcher et se montraient même, depuis un certain temps, à la limite de l'agressivité ; et pour tout dire, le directeur du zoo qui était finalement venu entr'apercevoir les pensionnaires, avait décliné tout net l'offre de don à la ville de New York.

Un mois plus tard, j'appris (par un coup de téléphone de Marc-François cette fois-ci) que les deux « êtres » s'étaient finalement enfuis par les gouttières et que l'officier de police, contacté au téléphone, avait conclu que les animaux en question allaient à coup sûr enrichir encore la faune exotique extrêmement variée – « On n'avait pas idée ! » avait-il dit – qui peuplait Central Park depuis quelques années.

*

Au MOMA, arpentant rêveusement les salles consacrées aux artistes français du début du siècle, tandis que les ombres anonymes des autres visiteurs flottaient comme des nuées instables devant les tableaux (telles des âmes en peine indifférentes aux œuvres de ce monde de poussière), je me pris à songer à Montmartre et à Montparnasse !

Je tentais d'imaginer ces excentriques inspirés, noceurs bohèmes, expatriés à moitié clochardisés, demi-aventuriers anarchistes, lunatiques et alcooliques, déclamant leurs poèmes, se montrant réciproquement leurs toiles, commentant et échangeant leurs œuvres, belles égéries fascinantes telles qu'on les apercevait sur les portraits de Pascin… se retrouvant le soir pour des fêtes improvisées dans leurs ateliers délabrés – ainsi qu'on pouvait le lire dans les chroniques évoquant l'atmosphère de « La Ruche » ou du « Bateau-Lavoir » (l'amitié de Chagall et de Cendrars, les amours de Modigliani et de Jeanne Hébuterne, les accès de rage de Soutine détruisant ses œuvres des jours précédents, la saga de Picasso, d'Apollinaire et de Max Jacob, la fête organisée en l'honneur du Douanier Rousseau) ; tout cela dans le vieux Paris populaire, savoureux et peu dispendieux d'alors…

Car, restant à l'affût devant ces toiles, finissaient par chatoyer, tels des reflets à la surface d'un étang, les effluves spectraux du passé.

Hélas ! Nous autres, Parisiens d'aujourd'hui, arrivions à la fin de la fête et, croisant les derniers attardés

– réjouis, vaguement ivres au bras de créatures de rêve s'appuyant tendrement sur leurs épaules, tous coiffés de chapeaux de clown en papier et qui, tout en nous aspergeant de confettis, nous soufflaient leurs trompettes stridentes dans les oreilles en riant comme des idiots bienheureux !... –, nous éprouvions le sentiment amer d'avoir manqué quelque chose d'irremplaçable.

Ah ! Songer à cela depuis New York, par une journée de plein vent à la lumière marine intermittente, dansante et folle, qui courait en vagues successives sur les façades des gratte-ciels impassibles et hiératiques – aussi solennels que les sentinelles sans états d'âme du domaine du futur ! – recelait la beauté délicate, indéfinissable et mélancolique d'une après-midi de nostalgie enfantine.

*

Salles des Picasso.

En dépit du fait que la plupart des toiles de la première salle me semblaient avoir terriblement mal vieilli, paraissant se rapprocher singulièrement de l'état de croûtes, les toiles des salles suivantes, dans l'ordre fléché de la visite, me réconciliaient provisoirement avec lui. Je dis provisoirement, car il y avait quelque chose en moi – malgré l'indéniable réussite de beaucoup de ses œuvres, son talent éclatant et peut-être même (pour contenter ceux qui ont besoin de cette formule fourre-tout) l'évidence de son « génie » – qui s'était toujours révolté, qui cherchait noise à Picasso et même, à la limite, une mauvaise querelle, car la vérité était que, d'instinct, j'avais toujours détesté l'homme autant que l'artiste. Au travers même des œuvres les plus convaincantes (car, en ce qui le concernait, il s'agissait plus de convictions que de réelle adhésion), il émanait quelque chose qui me hérissait singulièrement.[1]

Tandis que je méditais ainsi devant quelques-unes de ses œuvres, me revint en mémoire son commentaire méprisant au sujet de Bonnard et des Nabis : « Ces peintres qui pratiquent la peinture comme on s'en va pêcher à la ligne ! ». Au souvenir de cette pique, je ressaisissais ce qui m'opposait fondamentalement à la « Star » de l'art contemporain : j'avais toujours nourri une tendresse toute particulière pour ceux qui – amateurs ou professionnels – s'en allaient, sac au dos et par tous les temps, peindre « sur le motif ». Et comment aurais-je pu réagir autrement, moi qui avais si souvent accompagné mon père dans ces expéditions d'aqua-

1. Quelques années plus tard, après avoir beaucoup lu à son propos, je parvins à mieux concrétiser cette défiance instinctive :

« Considérées d'un point de vue strictement formel, ce qui domine chez elles [les images produites par les schizophrènes et que l'analyste compare à celles du peintre] c'est le caractère de lacérations mentales qui se traduisent en lignes brisées, c'est-à-dire un type de fissures psychologiques qui courent à travers l'image… c'est le laid, le morbide, le grotesque, l'incompréhensible, le banal que l'on recherche – non pas dans le but d'exprimer quelque chose, mais seulement pour obscurcir ; une obscurité toutefois qui n'a rien à cacher, mais qui s'étend comme une brume froide sur des landes désolées ; le tout est absolument sans objet, comme un spectacle qui peut se passer de spectateurs. »

Carl Gustav Jung, à propos de Picasso.

« Démonstration stérile, jeu gratuit, nés d'une maladie infantile… Un besoin exhibitionniste de choquer, de défier ; prisonnier de son angoisse et de son égocentrisme, les empreintes de l'homme moderne !… »

Waldemar Georges, toujours à propos de Picasso.

« Devant Picasso, écrivait François Mauriac, je n'ai jamais pu échapper à l'évidence contradictoire du génie et de l'imposture… Toujours cette impression d'assister à l'attentat mené par un astucieux sorcier, avec l'éclat d'une haine surnaturelle contre le visage humain. »

relle et pêche combinées au cours desquelles, lorsque ça ne mordait pas, mon père dépliait son matériel de peinture et croquait le paysage du bord de rivière sur lequel nous avions jeté notre dévolu ? Moi qui, en outre – et je venais d'avoir l'occasion de me retremper dans leur atmosphère ces jours derniers au Metropolitan –, avais toujours éprouvé une véritable fascination pour les artistes Tch'an de l'ancienne Chine, lesquels, avaient si souvent représenté des pêcheurs à la ligne – symbole même, pour eux, de la sagesse gratuite qu'ils cherchaient à rejoindre par le biais de la peinture. Or, avec cette notion d'éventuelle *gratuité*, l'on parvenait au point crucial de l'antagonisme qui m'opposait à Picasso – pour qui ce mot n'avait vraisemblablement jamais rien signifié d'autre que l'aveu d'une forme de médiocrité honteuse, si ce n'est le symptôme d'une incurable maladie. [1]

*

Une fois de plus, il me semblait que John Cowper Powys avait parfaitement circonscrit ce qui me gênait peut-être le plus avec la peinture de l'entre-deux-guerres, celle qui avait voulu rompre avec la « contrainte » de la représentation (même s'il m'arrivait d'être entièrement fasciné, à l'occasion, par beaucoup de ses représentants tels Bram Van Velde, Poliakoff, Rauschenberg, Pollock, Hundertwasser, Klee, et tant d'autres...) :

1. Lui pour qui son propre père – qui était un peintre du type modeste, consciencieux et honnête – avait toujours représenté l'anti-modèle honni, ce en quoi Picasso avait sans doute été, là encore, un précurseur : préfigurant toute cette « œdipienne » génération moderne farouchement révoltée contre la figure paternelle.

C'est, je suppose, ce rude réalisme terrien dans mon tempérament qui fait qu'il m'est si difficile d'apprécier les harmoniques élaborées et les suggestions rythmiques des écoles futuriste et cubiste en peinture.

J'aime et j'admire, au contraire, le Post-Impressionnisme ; et je le tiens pour une grande et inestimable expérience dans l'histoire de l'art. C'est parce que le Post-Impressionnisme a un sens raffiné et barbare de *la magie splendide de la surface des choses où je vis d'habitude* – alors que les autres s'enfoncent et creusent dans ce qui est pour moi les « Harmoniques Mathématiques » profondément inintéressantes d'un très douteux « Monde du Dessous. [1]

*

Kandinsky.

Libre jeu, spontanéité, inspiration ! Harmonie faussement relâchée car si tenue, si secrètement composée ! Instincts esthétique et harmonique supérieurs ! Génération spontanée de la joie récréative du grand art ! Lequel à la fois nous donne à rêver et à la fois nous apparaît soudain presque facile : comme une suprême liberté donnée à tout un chacun de s'amuser à composer sans entraves des jeux parfaits de formes, de couleurs, au sein d'une aire de jeu protégée ! – à l'instar de ce qui nous fascine dans les plus passionnants des jeux et des sports.

Hélas ! venait ensuite le Bauhaus : la désastreuse influence de la géométrique, névrotique *méthode* allemande ! Kandinsky se prenait au sérieux, il endossait son rôle de professeur et dogmatisait. Il perdait la fantaisie débridée de son tempérament russe.

1. C'est moi qui souligne, *Confessions de deux frère*, p. 107.

Par bonheur, le sens inné, « non revisible », de la couleur le sauvait, in extremis, de l'académisme.

*

Tandis que la lumière commençait de décliner sur la ville, je buvais un thé, accompagné de l'inévitable sandwich au thon, observant derrière les vitres de la cafétéria, sur les dalles de la cour extérieure du MOMA, une petite feuille de lierre poussée par le vent qui progressait par saccades, et qui, d'un seul coup, fut stoppée net par le socle d'un gigantesque stabile de Calder s'interposant avec fermeté, comme pour signifier le halte-là de l'art moderne aux méprisables détails insignifiants du quotidien ! Entre le faîte des immeubles en briques qui fermaient cette cour, le ciel même demeurait d'une froide pâleur bleutée, manifestement étrangère aux éventuelles observations pointillistes. Les innombrables vitres des fenêtres d'immeubles, reflétant les derniers feux solaires de cette belle journée, empêchaient d'apercevoir le moindre signe, le moindre appel émané, savait-on jamais, d'une âme fraternelle qui, juste en face, eût partagé au même instant le même vague à l'âme que moi et eût pu me désigner, avec un sourire complice, un morceau de ruban que le vent venait de soulever et qui voletait – ironiquement eût-on dit – autour du formidable totem antiminimaliste.

*

Après ma visite un peu désabusée au Temple de l'Art Moderne, je remontai la 54ème rue vers le quartier ouest. Le soleil avait pris la rue en enfilade et les façades de verre – qui bordaient cette rue de chaque côté – laissaient glisser ses rayons le long de leurs parois comme une huile jaune venue lubrifier les conduits d'une gigantesque machine. Les taxis semblaient d'ailleurs circuler avec davantage d'aisance et les courants d'air se couler plus librement.

J'étais invité chez Ray, le danseur-séducteur dominicain, dans son appartement du West Side où séjournaient toujours, fascinées et énamourées par son corps parfait de demi-dieu, une ou deux beautés par lesquelles, à mon tour, j'étais immanquablement fasciné et presque à chaque fois, il faut bien l'avouer, cruellement frustré. Ce soir-là, je me sentais donc de taille à me contenter de mon rôle habituel de contemplateur platonique des préambules érotiques de la divinité – généralement accompagnés (compensation non négligeable !) des succulents repas que les prêtresses préparaient avec amour pour complaire à leur seigneur et maître.

Chemin faisant, je croisais les habituelles ombres des soirs new yorkais – ces innombrables êtres errants qu'abrite la mégalopole et qui, dès que la nuit commence à investir les rues, la solitude se faisant plus pesante, cherchent un peu de réconfort en se rapprochant des foyers lumineux. J'essayai un instant de me représenter Paris à la même heure mais une sorte de torpeur mentale m'en empêcha, comme si le magnétisme de cette ville l'emportait sur mon pouvoir de représentation. Était-ce ainsi que l'on devenait *Esclaves de New York* selon le titre d'un des romans à la mode ? Allais-je donc bientôt me trouver réduit, moi aussi, à l'état spectral des mendiants d'humanité que je pouvais voir, en ce moment même, collés aux vitres des hôtels de luxe pour y contempler l'existence dorée des « heureux de ce monde » – lesquels, pour la plupart il faut le dire, jouaient leur rôle de privilégiés satisfaits avec une complaisance affichée qui montrait leur grande sollicitude : soucieux comme ils l'étaient, avant tout, de ne pas priver les premiers de leurs nécessaires illusions !

Poursuivant mon chemin et la métaphore de la fourmilière continuant de s'imposer à moi, je me remémorai soudain ce que Maeterlinck, dans son livre sur la vie des fourmis, nous révèle à propos de leurs fameux parasites : occupant une place centrale, choyés et dorlotés par les ouvrières presque à l'égal de la reine, ils se nourrissent chaque jour de leur content de larves qui leur sont apportées comme sur un plateau par leurs esclaves diligentes. Or s'il arrive qu'un accident quelconque bouleverse la fourmilière, les fourmis commencent par protéger les parasites avant leurs propres larves. Les myrmécologues pensent que ces indolentes divinités prédatrices dégagent un parfum enivrant et irrésistible dont les fourmis ne peuvent se passer.

*

Lorsque j'arrivai chez Ray, se trouvait, parmi son contingent habituel de groupies, une très belle Juive – brune aux yeux verts, au sourire discrètement moqueur et répondant au nom de Sue – qui, assez vite, parut disposée à détacher ses yeux du demi-dieu pour écouter les discours emberlificotés d'un simple mortel. Je m'étais mis en demeure de la faire rire, comme il est de règle – du moins lorsqu'on ne possède aucun des atouts de Ray –, et j'avais misé sur une tactique qui m'avait déjà valu quelques succès outre-atlantique : à savoir la comédie du type très inquiet parce qu'il n'arrive plus à éprouver le moindre désir sexuel, et ce pour une raison qu'il ne parvient pas à s'expliquer. Le tout étant d'entrer sans y paraître dans des détails de plus en plus techniques – lesquels, parvenus à un certain stade de précision, se passent difficilement d'exemples concrets… Il est rare alors, surtout avec les Anglo-saxonnes qui, en toutes circonstances, conservent un tour d'esprit pragmatique, que votre auditrice ne vous propose de disperser tout malentendu linguistique. C'est effectivement ce qui se passa avec Sue.

Remarquant mon manège et les dispositions favorables de mon interlocutrice, Ray trouva un prétexte pour m'attirer dans sa chambre :

– Denis, je voulais te prévenir que Sue est une professionnelle.

– Tu veux dire…

– Oui ! Une prostituée ! Je voulais juste te prévenir pour que tu n'aies pas de mauvaise surprise.

Un peu décontenancé par cette révélation qui, en outre, semblait remettre en question la pertinence de ma tactique, je revins m'asseoir à côté de Sue sans vouloir trop montrer ma déception. Or, ayant sans doute deviné ce que Ray venait de me dire, elle se tourna vers moi et me demanda sur le même ton de plaisanterie si je désirais venir approfondir chez elle les investigations sur mes étranges inhibitions. Acculé, je bafouillai *que je n'en avais pas les moyens*. Sue me répondit sans hésiter :

– No problem ! Free for you !

Nous partîmes donc sous le regard ironique de Ray et rejoignîmes une grosse Pontiac qui était garée dans une rue adjacente. Comme, pour tout dire, mon émotion avait transformé ma fiction en réalité, je cherchai à dissimuler mon trac sous un cynisme blasé.

– Ah ! C'est donc comme ça que procèdent les filles américaines ?

– Pourquoi, ce n'est pas ainsi en France ?

– C'est-à-dire, pas vraiment, ça n'est jamais aussi rapide et en plus ces choses ne m'intéressent plus depuis longtemps, alors je ne sais plus…

Observant le magnifique profil se détachant sur les illuminations des rues – je vis à son sourire qu'elle n'était pas dupe et avait décidé de faire durer le plaisir :

– Bon ! Eh bien, puisque tu n'es pas pressé que nous examinions ton cas, je vais t'emmener dans ce qu'on appelle à New York un « Slizzy Bar ». Tu n'as pas peur au moins ? car ce n'est pas un bar pour petites filles.

Feignant une indifférence fataliste, ce qui me paraissait être la meilleure façon de ne pas perdre la face, je répondis :

– Ça ou autre chose…

– Tant mieux car c'est plutôt « autre chose »… dit-elle.

Nous étions parvenus, après avoir roulé un certain temps, dans un quartier que je ne connaissais pas et nous longions des rues désertes flanquées de hauts immeubles sombres. Sue s'engagea dans la rampe d'une descente de parking dont la porte métallique se leva à notre approche. Nous descendîmes dans les étages souterrains. Au cinquième sous-sol, Sue s'arrêta sur une aire où ne stationnaient que quelques véhicules et dont l'obscurité était à peine atténuée par des sorties de secours :

– Here we are !

– Charmant et romantique, dis-je.

Nous sortîmes de la voiture et Sue se dirigea vers une porte surmontée d'un lumignon rouge que je n'avais tout d'abord pas aperçue ; à droite de cette porte, un dispositif d'appel avec sa petite grille. Sue appuya sur le bouton et donna son prénom. La porte s'ouvrit avec un grésillement électrique. Dans un vestibule sombre, un géant noir, traitant Sue en habituée, s'empara de nos manteaux, puis, après avoir suivi un couloir, nous débouchâmes dans une salle où, sous d'énormes ventilateurs, une dizaine de couples dansaient au son d'une musique langoureuse. L'un des côtés était bordé par un bar où, assis sur des tabourets, quelques silhouettes fumaient et buvaient, contemplant vaguement les couples qui dansaient dans la pénombre. Au bar, Sue engagea une conversation amicale avec le barman qu'elle connaissait apparemment de longue date, puis un homme très élégant en costume blanc – une sorte de sosie de George C. Scott – s'approcha de nous et Sue me présenta. Avec le regard précis d'un maquignon normand, l'homme m'évalua quelques instants, puis son visage se détendit comme sous le coup d'une bonne plaisanterie. Sue lui expliqua quelque chose que je n'entendis pas et il lança en s'éloignant :

– Enjoy yourselves !

Sue, dont le tabouret mettait le physique en valeur en faisant remonter sa robe noire sur ses jambes moulées dans un collant gris, se tourna vers moi et, sans quitter le sourire sarcastique qu'elle arborait en permanence, me demanda :

– Do you like this place ?

– Oui, c'est pittoresque, dis-je.

– La plupart des hommes qui sont ici sont des gangsters. Des vrais : pas comme au cinéma ! Si tu as besoin d'argent tu peux demander à n'importe lequel d'entre eux de t'en prêter, il le fera tout de suite à condition que tu le lui rendes ponctuellement, au jour et à l'heure convenus. En revanche, pour ton problème actuel, il n'y a que moi qui puisse faire quelque chose pour toi.

De temps à autre, un homme venait parler à Sue puis repartait en me jetant un coup d'œil de côté. Au bout d'une petite demi-heure, elle me suggéra :

– On y va ? Tu te sens plus en confiance maintenant ?

– J'ai confiance en mon destin ! répondis-je, pas tout à fait sûr d'avoir réussi ma réplique à la Dashiell Hammett.

Une fois dans la voiture, Sue me dit :

– C'est bon ! Tu as réagi parfaitement et tu te contrôles assez bien quand tu as peur : c'est un bon début.

Tandis que nous remontions dans les étages, les pneus crissant doucement dans les virages, Sue me demanda à brûle-pourpoint :

– Est-ce que tu me désires ?

Ne voulant pas me départir de mon rôle, même si ça n'avait plus trop d'importance, je répondis :

– J'hésite vraiment. Je n'arrive pas à savoir.

À peine avais-je terminé ma phrase qu'elle fit faire une sorte d'embardée à la voiture et, quittant le couloir de remontée, s'engagea sur l'une des aires de parking désertes où, stoppant net, elle coupa le contact sans toutefois éteindre les phares. Puis, décrochant sa ceinture de sécurité et, presque dans le même geste, abaissant la fermeture éclair de sa robe, elle dégrafa son soutien-gorge.

– Et là, tu hésites encore ? s'enquit-elle dans un souffle.

Je n'eus pas le loisir de composer une réponse en accord avec mon personnage :

– Non effectivement, c'est curieux, j'ai moins d'hésitation.

Me penchant alors sur elle, force me fut bien d'abandonner mon rôle de composition.

Sue qui relevait légèrement la tête et dont le sourire – pour autant que je pus le voir – ne faiblissait pas, me dit :

– Je savais que tu n'hésiterais pas trop longtemps.

Parvenus à ce point de nos ébats, la cabine de la voiture fut soudain violemment illuminée. Une voix sortie d'un haut parleur hurla :

– Don't move ! Stay where you are ! We come to you ! Don't make any move.

Sue me murmura :

– Ne fais pas le moindre geste jusqu'à ce qu'ils te le disent : c'est la police :

La face inquisitrice d'un policeman noir surmontée de la casquette avec la plaque s'encadra dans la fenêtre de la portière. Sue fit descendre la vitre :

– Calme-toi, Warren, c'est moi Sue, je suis avec un copain français à qui je fais faire une visite touristique.

–Oh ! Sue ! Comment peux-tu être aussi stupide, intelligente comme tu es ? C'est très dangereux de rester ici à cette heure-ci !

– Oui, je sais, Warren, mais on fait pas toujours ce qu'on veut.

– Bon, O.K., je comprends, mais maintenant vous dégagez d'ici et vous allez vous amuser ailleurs ! Enjoy yourselves !

– Bye et merci Warren !

Après s'être rhabillée, Sue remit la voiture en marche et nous sortîmes du parking. Elle proposa :

– Bon ! Ça va ? Si tu es prêt pour des investigations plus approfondies, on va chez moi, enfin chez ma tante, parce que, aussi bizarre que ça puisse te paraître, je suis officiellement étudiante en anthropologie et j'habite avec ma tante.

– En anthropologie ! ?

– Oui, t'as tout compris ! C'est ce qui m'a donné le goût des hommes ! C'est une déformation professionnelle.

Nous roulâmes pendant une bonne demi-heure, franchîmes le pont de Brooklyn et parvînmes jusqu'à une rue déserte, bordée de chaque côté par les traditionnelles maisons de bois. Sue gara la voiture devant l'une d'elles et, avant d'ouvrir les portières, m'expliqua :

– C'est ici que je vis avec ma tante, j'ai une chambre au sous-sol, mais à cette heure-ci ma tante regarde un western et nous sommes obligés de passer par le salon.

Ça va être un peu sportif, mais tu es sportif à ce que j'ai compris !

– Allons-y ! dis-je, ta tante est tout de même certainement moins dangereuse que les types de l'endroit où tu m'as emmené tout à l'heure.

– Détrompe-toi ! répliqua-t-elle.

Nous montâmes les quelques marches du perron ; devant la porte d'entrée, elle sortit une clé de son sac et mit son doigt sur sa bouche pour m'intimer le silence. Elle ouvrit ensuite doucement et nous pénétrâmes dans un vestibule éclairé par les lueurs bleues mouvantes d'une télévision, qui passaient par la porte entrebâillée et se reflétaient sur les murs ; on entendait les voix et les intonations habituelles des westerns. Elle me fit signe d'ôter mes chaussures, poussa de quelques centimètres la porte du salon puis se baissa en me faisant signe de l'imiter. S'aplatissant sur le sol, elle commença de ramper derrière un canapé d'où dépassait le dos d'une tête immobile tournée vers l'écran. Nous passâmes ainsi derrière sa tante au moment même de l'ultime fusillade – ce qui nous facilita grandement les choses – de ce que j'eus le temps d'identifier comme *La Horde Sauvage* de Sam Peckinpah. Ça chauffait terriblement et je songeai que je ne prenais en fin de compte que des risques minimes en comparaison de ces pauvres bougres en train de s'étriper dans le poste.

Sue avait atteint une porte de l'autre côté de la pièce, qu'elle ouvrit tout aussi discrètement et nous débouchâmes, toujours rampant, sur un début d'escalier où nous nous glissâmes en prenant soin de ne pas dégringoler. Une fois la porte refermée, nous nous relevâmes ensemble et, nous retrouvant collés l'un contre l'autre dans la plus parfaite obscurité, Sue pressa son corps contre le mien et, me saisissant le menton m'administra un long baiser passionné. Enfin elle murmura :

– Qu'est-ce que tu viens faire ici ?

– Découvrir l'Amérique, dis-je !

– D'accord ! Mais tu ne pourras pas dire que tu n'auras pas été prévenu et tu viens d'entendre comment ça se finit ici, généralement !

Après qu'elle fut descendue à tâtons et qu'elle eut ouvert une porte plus bas d'où jaillit la lumière, ce qui me permit de descendre à mon tour, nous nous retrouvâmes dans une chambre dont les rayonnages étaient chargés de livres d'ethnologie et de récits de voyages. Le lit, assez large, était recouvert d'un tissu oriental où dormait un gros chat blanc qui s'étira en apercevant Sue, puis me fixa de ses yeux jaunes.

– C'est Belzébuth, dit-elle !

On pouvait voir sur les murs des photos de paysages africains, sibériens ou du Grand Nord canadien ; dans un cadre doré, des inscriptions en hébreu ; des livres et des cahiers étaient empilés sur une petite table, juste en dessous d'un soupirail ; des vêtements étaient pliés sur les étagères d'une armoire entr'ouverte.

Je lui chuchotai :

– Tu es drôlement bien ordonnée pour une aventurière !

– Tu peux parler à haute voix : de là-haut, elle ne peut rien entendre, et pour te mettre à l'aise – bien que j'aie compris que tu n'avais peur de rien sauf de ton ombre – je peux t'assurer qu'elle ne mettra jamais les pieds ici. C'est mon domaine.

– Tu veux dire que tu ramènes tes clients ici et que tu les fais ramper derrière le divan pour leur éviter les balles perdues ?

– Je n'ai jamais ramené qui que ce soit ici, tu es le premier. Quand à mes clients, je ne sais pas ce que Ray t'as raconté : il ne connaît presque rien de ma vie, je n'en ai que quelques-uns pour arrondir mes fins de mois. Tous d'anciens amants que j'ai décidé de faire raquer à partir de maintenant. Voilà tu es satisfait ?

– Et les types du Slizzy Bar tout à l'heure ?

– Je ne t'ai pas dit que je n'aimais que les enfants de chœur. Ce sont les amis de mes frères dans la communauté juive ! Le bar où je t'ai emmené est un bar de truands juifs. Bon, mais on va pas parler toute la nuit ! Déshabille-toi, mets-toi dans le lit et attends-moi pour la visite médicale !

Elle éteignit les lumières à l'exception d'une minuscule lampe de chevet et passa dans une salle de bains attenante.

Après quelques minutes, elle repparut soudain, entièrement nue ! Bouleversé par sa beauté, je sentis le trac m'envahir à nouveau. S'allongeant près de moi et m'enserrant de ses bras, elle put constater que rien ne se passait si ce n'est un léger tremblement nerveux qui m'agitait de la tête aux pieds, elle s'exclama :

– Ah ! Mais au bout du compte, tu ne m'avais pas menti ! Sauf que c'est le contraire de la lassitude : c'est que je te plais vraiment, et pas seulement physiquement n'est-ce pas ? Oui, mais alors ça change tout et j'aurais mieux fait de te faire payer si ça doit se compliquer en histoire d'amour. Alors qu'est-ce qu'on fait, je te raccompagne chez toi et on en reste là ? c'est peut-être plus prudent !

– Trop tard, lui-dis-je, tu vas devoir être un peu patiente. Pour le reste, on avisera.

Comme je continuais de trembler, Sue me fit me retourner et se mettant à califourchon sur mes reins, me massa longuement. Ce fut ainsi que, progressivement, je retrouvai mes moyens et que nous finîmes par nous abîmer – sans plus parler et sous le regard indifférent de Belzébuth – dans une longue étreinte dont j'ai encore la nostalgie aujourd'hui en l'évoquant.

Le lendemain matin, je me réveillai enlacé à Sue. Lorsque je levai les yeux, elle-même me regardait, son sourire sarcastique sur les lèvres.

– Alors ça va mieux, tu es rassuré ?

– Un peu sur ce plan-là, dis-je, mais maintenant, j'ai une autre inquiétude : je me demande si je pourrai poursuivre ma guérison sans toi et je ne sais comment conclure un arrangement équitable puisque tu es une professionnelle et que je n'ai pas le sou.

– On discutera affaires plus tard. Mais maintenant, il faut trouver un moyen pour te faire sortir d'ici, car ma tante n'est pas partie faire ses courses comme d'habitude et tu dois comprendre que, pour elle, je ne suis qu'une sage étudiante un peu effarouchée par la vie new yorkaise. Aussi, je ne vois qu'une seule solution : c'est que tu sortes par le soupirail !

L'ennui, comme nous dûmes le constater, était que ce soupirail, qui donnait au ras de la pelouse du jardinet, comportait un cadre de fin grillage qu'on ne pouvait désencastrer que de l'extérieur. Cependant, après que je me fus habillé, Sue, qui n'était jamais à bout de ressources, ouvrit la petite fenêtre et héla à voix basse un cantonnier noir en train de balayer :

– Jeremy ! pstt ! Jeremy !

Le vieil homme se retourna, très affable :

– Oh ! Good day Miss Sue ! What can I do for you ?

– Pourrais-tu, s'il-te-plaît, ôter la moustiquaire pour que mon copain puisse sortir avant de se faire étriper par ma tante ?

– Oh ! Mais certainement Miss Sue ! Cet homme court un réel danger !

Le vieux cantonnier s'exécuta et tandis que Sue me poussait en riant, celui-ci me tirait vers l'extérieur. Lorsque je fus sorti, Sue demanda à Jeremy :

– Peux-tu lui montrer l'arrêt du 215 Downtown ?

– Certainly, Miss Sue, certainly !

Puis Sue me dit :

– Je vais réfléchir à la situation et éventuellement je t'appellerai chez Ray ce soir.

– D'accord, mais pour ça, conserve ta méthode anthropologique ! dis-je. Elle me gratifia en retour et en guise de salut, de son petit rire de gorge narquois.

Je suivis le vieux cantonnier qui marchait de façon légèrement dansante jusqu'au coin de la rue où il me désigna l'arrêt du bus. Au moment de me quitter, il me regarda droit dans les yeux et dit :

– You're a lucky man !

*

Comme je m'avançais dans le couloir qui mène aux collections chinoises anciennes, pour mon ultime visite au Metropolitan, et que je remarquais à quel point les visiteurs – chuchotant entre eux – se comportaient comme à l'église, me revint en mémoire la réflexion de mon vieux copain François B. (le peintre) qui, au téléphone depuis la France et après que je lui eus décrit le luxe et le confort des musées américains, lui évoquant notamment la présence, dans certaines salles, de fauteuils mobiles qu'on pouvait venir placer devant les œuvres pour les contempler tout à son aise, me lança : « Tu es sûr que ce ne sont pas des prie-dieu ? »

Tandis que je riais tout seul de cette boutade, il me sembla soudain que le monumental Bouddha de pierre assis au bout du couloir, une jambe repliée sous lui, l'autre pendant dans le vide, une main nonchalamment posée à côté de lui, m'observait entre les fentes de ses yeux bridés avec un sourire complice.

*

Dans la demi-obscurité de la salle où sont conservés les rouleaux de peinture Tch'an, je glissai comme un fantôme le long des vitrines faiblement éclairées. Personne à part moi. Je scrutai les moindres détails de ces miniatures enchanteresses : les rochers bleus auxquels s'accrochaient les pins en équilibre au bord de l'eau – figurée par les innombrables traits minuscules des vaguelettes ; le kiosque au milieu duquel un homme, assis en tailleur ou mollement allongé sur des coussins, lisait un livre – les panneaux des fenêtres ouverts sur la sérénité des montagnes ; la barque dans laquelle un personnage solitaire pêchait ou jouait de la flûte tandis qu'un peu plus loin quelques oiseaux aquatiques se laissaient dériver sur l'onde, à l'instar de la lune dans les cieux épurés…

Deux minuscules personnages se rencontraient sur un pont de bois incurvé entre deux rocs, au-dessus d'un étang couvert de nénuphars et bordé de joncs graciles. Et l'on pouvait deviner, malgré la taille infinitésimale de leur représentation sur le parchemin, qu'ils riaient aux éclats, ravis de s'être rencontrés de si bon matin, parmi les feuilles d'automne qui descendaient des arbres en voletant.

Plus loin encore, c'était le pêcheur ivre qui, un flacon de vin de riz à ses côtés, dormait dans sa barque à l'ombre des bambous, tandis que, on croyait encore le deviner, le courant, affaibli dans l'anse, berçait doucement l'embarcation.

> Pose-toi la question, être ministre à la cour,
> comment le comparer à être immortel dans la forêt ?
> Un pichet de vin, un fourneau pour l'élixir,
> le bonheur d'écouter le vent dans les pins
> et en pleine journée de s'endormir.
>
> Chang Ling Wen

*

Un peu plus tard, dans la cour du temple chinois reconstitué, près de la cascade où, au creux des rochers formant grottes et dans l'ombre des nénuphars, évoluaient les superbes poissons asiatiques empanachés – rouges et gris pommelés – très indolents, j'observais deux adolescents, un garçon et une fille, qui flirtaient en se balançant avec nonchalance, épaule contre épaule de droite à gauche, tout en ne cessant de converser mollement avec l'accent du sud – en parfaite empathie avec l'atmosphère du lieu…

Absurdement d'un seul coup, car, hormis les poissons, cela n'avait aucun rapport, me revint ce que Simon, grippé et fiévreux, m'avait dit le matin même au téléphone :

– C'est curieux : j'entrevois la vie à travers la vision d'un poisson rouge !

*

Je prenais mon breakfast dans un bar new-yorkais.

À côté de moi, un type très costaud – tee-shirt blanc sans manches d'où saillaient d'énormes bras musculeux, yeux immenses et extatiques, blue-jeans, rangers noires montantes aux pieds. Sur son bras droit, un tatouage représentait – fort bien dessinée – la tête d'Edgar Allan Poe avec cette inscription au-dessous : *Nevermore !* Penché en avant, il plongeait sa cuillère dans son assiette de porridge, les yeux rivés sur la banquette vide d'en face.

À la table voisine, un Japonais en costume, impeccablement cravaté, parlant tout seul par saccades, mangeait avec application des œufs au bacon. Sur son revers de veste une étiquette où était écrit son nom – Yuzo

Asaï – accompagné de minuscules idéogrammes qui représentaient des acrobates, des cyclistes, des jongleurs !... Tout en mastiquant, il étudiait un dossier d'entreprise.

*

En compagnie de Sue, qui avait par bonheur finalement décidé de concentrer son terrain anthropologique sur ma personne, j'avançais parmi le paysage de banlieue interminable que constitue la route entre New York et Philadelphie. Comme à son habitude, Sue ne cessait de plaisanter. Pour l'heure, elle me racontait ce qu'elle avait présenté comme une fable juive moderne :

Moïshé, dont l'entreprise avait toujours fort bien marché, se réveillait un matin avec un mauvais pressentiment, et effectivement, au cours de la journée, la chose se précisait puisque la brigade de la police financière venait lui annoncer que son comptable, qui le filoutait depuis des années, venait de s'enfuir en emportant la plus grosse partie de son capital.

Quelques jours plus tard, alors qu'il remâchait son amertume, c'était un coup de téléphone de sa fille qui avait décidé d'interrompre ses études d'avocat pour partir vivre en Amérique du Sud avec un danseur brésilien définitivement goy.

Moïshé, qui avait été élevé à la dure dans l'East-End, travaillant jour et nuit dans la quincaillerie de ses parents émigrés d'un ghetto polonais, ne se laissait nullement abattre par ces revers et décidait de se remettre sérieusement au violon. Hélas, il n'avait toujours pas plus de dispositions que dans son enfance et se décourageait assez vite.

Sur ces entrefaites, Rachelle, sa femme, lui annonçait qu'elle avait décidé de le quitter car elle en avait assez de son égocentrisme et de son machisme et comptait se consacrer à plein temps à la gestion de son association féministe. Là, le coup était plus dur ! mais après quelques mois de déprime où il avait tenté – sans succès parce qu'il n'arrivait pas à se concentrer suffisamment – de progresser aux échecs sous la tutelle d'un grand maître qui lui avait coûté une fortune, Moïshé se résolvait, après toutes ces années où ç'avait été un sujet de discorde entre eux, à proposer le mariage à Bélinda, sa maîtresse portoricaine. Or Bélinda, lassée d'attendre, avait malheureusement, depuis quelques mois pris la résolution, de son côté, d'aller vivre avec sa sœur en Floride et ne voulut rien entendre.

Pour finir, le plus dur arriva : Elie, son fils bien-aimé, avait décidé ne pas reprendre l'entreprise familiale et de devenir écrivain. Après ce coup, Moïshé commença pour un temps de fréquenter les bars de Soho et de boire énormément. Bien entendu, son entreprise, déjà assez éprouvée, se mit à péricliter sérieusement et il fut obligé de déménager dans un appartement plus petit et moins luxueux. Dans les bars, Moïshé rencontra Aaron, un ancien copain de l'école juive qui, tout en le convertissant au billard et à la vodka plutôt qu'au whisky, l'entraîna dans ses affaires un peu louches de trafic de cassettes vidéo. Hélas, après quelques mois, tous deux se firent pincer pour une broutille et passèrent en jugement, lequel condamna Moïshé à trois mois fermes. Au sortir de la prison, il fut obligé de prendre un simple studio dans l'East-End de son enfance car son entreprise avait définitivement fait faillite.

C'est alors que, dans un sursaut, Moïshé décida de rassembler les économies qu'il avait mises de côté pour les coups durs – précaution qu'il avait héritée de ses ancêtres polonais qui conservaient toujours la somme suffisante ainsi qu'une petite valise entièrement prête pour un départ impromptu en cas de pogrom *trop* sérieux – et consacra cet argent à une psychanalyse avec Jacob Krimsky, le plus réputé des praticiens auprès de sa famille. Pendant un temps, il retrouva un certain équilibre surtout dû aux horaires réguliers des séances, mais d'une part il continuait de boire le soir dans les bars de Soho, et même désormais dans certains bouges de fin de nuit du Bronx ou de l'East End, et d'autre part l'examen de ce qu'avait été son existence – se demandant si, au bout du compte, il avait effectué les bons choix en ce qui concernait son mariage avec Rachelle (dont, en réalité, il avait toujours préféré la sœur Perla sans avoir jamais osé lui faire la cour, impressionné par sa beauté), son association dans l'entreprise familiale avec son cousin Yehudi (qui n'était qu'un « luftmensch » sans envergure qu'il avait dû soutenir toute sa vie), sa décision à la trentaine, alors qu'il était déjà riche, de faire un peu plus d'argent afin de pouvoir s'arrêter pour éventuellement se consacrer à la philosophie judaïque, son constant report-au-lendemain d'aller visiter l'Europe et de faire le pèlerinage de Lodz, la fois où il avait refusé d'aller visiter la tante Judith en Israël qui voulait lui parler de ses parents et bien d'autres choses encore – l'examen donc (qu'il ressassait jour et nuit) de ce qu'avait été son existence le déprima à tel point, le concentrant encore davantage sur lui-même et ses problèmes, qu'il en sombra, pour le coup, dans l'alcoolisme diurne, commençant à boire dès le matin près du pont de Brooklyn avec quelques autres déclassés de son acabit.

À ce moment-là, il eut encore la force, passant un vendredi soir devant la synagogue d'Ester Street, d'entrer et de suivre l'office. Il fut ému jusqu'aux larmes et demanda à rencontrer le rabbin. C'est comme ça qu'il rencontra Benjamin Loeb et que, pendant un temps, il eut la force de presque s'arrêter de boire, consacrant son temps et ses ultimes deniers à étudier des livres de vulgarisation sur le Talmud et à soutenir les œuvres de la communauté. Mais assez vite, il eut l'impression d'être surveillé en permanence concernant les plus petits manquements qu'il perpétrait inévitablement – surtout en ce qui concernait l'alcool – et, affecté d'un début de paranoïa, il commença d'entendre des voix qui lui faisaient d'incessants et interminables reproches auxquels, parlant tout seul dans les rues, il tentait de répondre en argumentant du mieux qu'il pouvait. De surcroît, il avait pris l'habitude dans le foyer pour nécessiteux de la communauté juive où il était hébergé pour la nuit – ayant entre-temps perdu son logement et été réduit à une semi clochardise, ne voulant surtout pas faire appel à sa famille à qui il ne donnait plus de nouvelles – de ne presque plus dormir et, du plus profond de son délire éthylique, de dialoguer en permanence avec sa conscience ou bien avec Dieu lui-même (il n'aurait plus su le dire), utilisant le peu d'énergie qui lui restait à se débattre dans un labyrinthe de commentaires et de contre argumentations infinies... Ce régime et cette existence l'ayant rendu méconnaissable, il lui arrivait de passer auprès d'anciennes connaissances sans qu'elles le reconnussent. Bref, il était devenu une des innombrables épaves sans espoir de l'implacable New York.

Or un jour, sortant au petit matin dans la 14ème rue de l'East End de l'un des bouges où il passait ses nuits à boire, frappé par la beauté du soleil qui se levait sous l'arche du grand pont et dans une sorte de sursaut de conscience qui lui permit soudain d'évaluer toute sa déchéance, devant ses compagnons de beuverie, eux-mêmes titubant et grommelant des paroles incompréhensibles, Moïshé tomba à genoux sur le trottoir et, tendant les bras vers le ciel, s'adressa à Dieu :

– Pourquoi ? Mais pourquoi m'as-tu fait ça, à moi ?

Alors inexplicablement, paraissant venir de par-dessus les toits des maisons, couvrant tout de son énorme accent yiddish, une grosse voix lui répondit :

– Parce que je te déteste !

À la fin de son récit, Sue émit son petit rire sarcastique inimitable.

*

Lorsque nous arrivâmes à Philadelphie, Sue me demanda ce que j'étais supposé y faire et comme je ne tenais pas trop à lui révéler que j'y étais attendu dans le milieu très upper-class des joueurs de paume wasp pour un match amical – milieu très probablement (bien qu'à coup sûr dissimulé sous les dehors les plus libéraux) du plus *normal des anti-sémitismes non virulents* – je lui répondis que j'avais rendez-vous avec un ami français professeur d'histoire de l'art à l'université.

– Et tu ne veux pas me le présenter parce qu'il est antisémite !

– Comment as-tu deviné ? dis-je, non seulement antisémite mais aussi misogyne et membre bienfaiteur de deux associations : l'une pour l'extension du port d'armes sur tout le territoire et l'autre pour la stérilisation obligatoire des chats sur toute la planète !

– Tu as tort de plaisanter avec ces choses-là ! Surtout en ce qui concerne les chats et aussi si tu veux que je vienne te reprendre après-demain ! J'en ai planté pour beaucoup moins que ça.

Bien qu'elle continuât sur le ton de la plaisanterie, je sentis que j'avais touché un point sensible, aussi corrigeai-je immédiatement :

– Non, sérieusement, il est très timide et il serait beaucoup trop impressionné par toi. Il n'arrêterait pas de zozoter et ça me rendrait nerveux pour lui et tout serait insupportable !

– Oh ! J'adorerai le rencontrer, je suis une excellente thérapeute pour les timides.

– Bon ! et bien, ça sera pour une autre fois si tu veux bien, je ne tiens pas à perdre à la fois un vieil ami et une fantastique masseuse comme toi ! Qui sait si je pourrais en retrouver une semblable ?

– Okay ! Je te laisse vivre ta vie. Je ne vais tout de même pas jouer les mères juives avec un type que je connais à peine.

Sue me déposa dans le centre-ville et je me dirigeai vers le Racquet Club où j'étais attendu.

Lorsque j'arrivai à l'adresse indiquée, je me trouvai en face d'un imposant immeuble en briques rouges. On y entrait par un porche monumental, au-dessus duquel on pouvait voir un bas-relief représentant deux raquettes croisées surmontant une balle, ainsi que la date de fondation du club : 1889.

Il fallait montrer patte blanche à l'entrée, puis vous étiez introduit dans un vaste hall où s'épanouissaient, surplombant de profonds fauteuils en cuir brun, une variété de plantes vertes dans de gros pots vernisés. Aux murs, des tableaux anciens représentant des scènes de chasse dans une campagne très anglaise. Derrière un large comptoir semblable à celui des hôtels de luxe, plusieurs préposés en uniforme aux couleurs du club s'affairaient et répondaient au téléphone.

L'un d'eux m'indiqua la marche à suivre pour rejoindre mon partenaire et hôte qui, me précisa-t-il, m'attendait déjà. Je montai par l'ascenseur, avec liftier, jusqu'au troisième étage où je débouchai directement sur les vestiaires. Là, sur l'un des côtés d'une longue salle dont le sol était couvert d'une épaisse moquette, s'ouvraient des cabines particulières en bois sombre, sculptées et vernies, avec chacune sa lampe jaune en porcelaine, sa banquette, ses étagères, ses portemanteaux et, comble de raffinement, chacune son petit coffre-fort de fonte encastré dans le mur avec sa clef qu'il vous suffisait de tourner et de retirer pour mettre vos objets de valeur à l'abri. (Je ne manquai pas d'y placer, en sus de mon porte-feuille, mon carnet de notes et ma pointe rotring !) En face des cabines s'étendait une série d'une dizaine de lavabos surmontés de miroirs et de tablettes où reposaient – gracieusement offerts par le club – crème à raser, eau de Cologne, baumes divers, shampoings, savons, brosses à cheveux, à habits, à dents (neuves dans leur étui de cellophane), poudres pour les pieds, etc. Dans l'espace entre les cabines et les lavabos étaient disposés à peu près tous les trois mètres un lit de repos en cuir avec sa pile de serviettes blanches et, à son côté, une table basse où attendaient les journaux du jour et éventuellement (je compris plus tard qu'il suffisait de le commander à l'un des factotums en livrée qui se tenaient là à attendre vos désirs) un plateau avec sandwichs et bières.

Ce premier espace donnait sur un salon à l'anglaise nanti d'une cheminée où flambait un feu et devant laquelle étaient disposés des fauteuils, des tables basses, des lampes, des tasses à thé et même un jeu d'échecs. Près de la cheminée trônait un samovar d'où l'on pouvait tirer du thé à discrétion ainsi que de volumineuses bonbonnes d'eau minérale avec leurs gobelets de carton.

Enfin, ce salon débouchait lui-même d'un côté sur une piscine intérieure et de l'autre à la fois sur les douches (en marbre avec robinetterie de laiton doré) et sur le hammam et le sauna (au choix), avec leurs lits de repos munis, bien entendu, de peignoirs et de serviettes à disposition. Au sein de ces luxueuses installations circulaient des gentlemen en smoking s'entretenant avec d'autres entièrement nus, en toute décontraction, certains fumant le cigare, d'autres un verre de vin à la main, d'autres se peignant devant les miroirs tout en plaisantant, tandis que les serviteurs noirs s'empressaient autour d'eux.

Mon partenaire, joueur de courte-paume que j'avais rencontré à Paris et qui se nommait Ralph Stewart Walpole-Wilson, banquier de son état, me dit en me serrant la main :

– Bienvenue dans notre petit home !

– Ce club est très impressionnant ! dis-je.

– Il n'est pas mal, n'est-ce pas ? Hélas, attendez de voir les courts qui, eux, mériteraient une bonne rénovation.

Une fois que nous eûmes terminé notre partie sur l'un des courts, qui présentait effectivement, pour un examinateur minutieux, plusieurs infimes écaillures de peinture, puis que nous eûmes, après le sauna, pris un bain dans la piscine, mon hôte m'invita dans l'un des trois restaurants de l'endroit – celui où l'on était autorisé à pénétrer sans smoking – et en compagnie de deux amis dans le même style que lui, nous dégustâmes des sandwichs de luxe servis dans des assiettes aux armoiries du club. La conversation demeura strictement cantonnée aux dernières performances et aux éventuelles possibilités d'améliorations futures des différentes équipes de l'association sportive. À un certain moment, alors que je m'étais enhardi à m'enquérir du montant des cotisations annuelles, Ralph me répondit très sérieusement :

– Oh ! Ça n'est pas très cher ! Par contre, il est quasiment impossible d'être membre à moins de peser (je ne peux plus me souvenir de la somme…) *tant de* millions de dollars ! Certains obtiennent des dérogations sur des prévisions de cet ordre dans leurs affaires.

Une heure plus tard, nous sortîmes tous quatre du club et commençâmes de descendre les marches du monumental escalier ; un homeless-people noir à l'allure harassée s'approcha doucement de nous et s'adressant à Ralph d'un air contrit :

– Have you a dime Mister ?

– Ah ! Malheureusement, mon pauvre ami, je n'ai jamais un cent sur moi, répondit Ralph. Adressez-vous plutôt à mon banquier qui est là-derrière.

Et, tout en m'adressant une mimique complice, il désigna l'un de ses camarades derrière. Le noir se dirigea alors vers le camarade en question et réitéra sa question. Ce dernier lui déclara, l'air embarrassé :

– Mon cher, je n'ai absolument rien sur moi non plus, mais nous cotisons régulièrement aux œuvres de charité du 135, Lincoln Street, adressez-vous donc là-bas de ma part, je m'appelle Henry Eddington-Smith.

Le mendiant murmura :

– God bless you, gentlemen.

*

Assis sur l'un des bancs de pierre de la galerie du cloître de Saint-Pierre-en-Lauraguais, petit village du Sud-Ouest de la France, j'écoutais le babil de la fontaine qui s'écoulait au centre de la cour et dont les dalles usées par le temps, ainsi que par les séculaires allées et venues de générations de moines, semblaient être imprégnées d'une sagesse infuse, d'un calme intemporel lénifiant. Un calme d'autant plus intemporel, d'ailleurs, qu'il s'agissait d'une sorte de supercherie. Je me trouvais, en effet, au cœur du Grand Musée de Philadelphie et cette cour de cloître, après avoir été démontée et transportée, avait été remontée à l'identique – pierre étiquetée par pierre étiquetée – ici même, sous l'immense verrière du musée !

Tout avait été minutieusement reconstitué et je pouvais, en me penchant, apercevoir la coupole bleue qui – savamment éclairée par une lumière indirecte – figurait le ciel d'un beau jour d'été aquitain – devenu, en l'occurrence et par ce subterfuge, perpétuel !

Des groupes de touristes américains incrédules, un peu ahuris, traversaient l'endroit sans s'y arrêter, jetant des regards circonspects et méfiants sur cette architecture bizarre. Un gardien noir obèse, assis sur une simple chaise dont la solidité étonnait, somnolait dans un coin de la cour, bercé par le bruit de l'eau.

En observant à la fois ce pauvre bibendum anéanti par la graisse et les touristes américains moyens, pour la plupart tout aussi adipeux, j'avais le sentiment – dans ces musées gratuits – d'assister à une autre supercherie : celle de cette prétendue démocratisation d'une culture raffinée auprès d'une population par ailleurs hypocritement et soigneusement maintenue dans les limites d'une sous-culture prophylactique. Le résultat était que, pour ceux qui venaient faire le tour de ces salles au pas de course afin d'occuper quelques heures perdues, ce qui aurait éventuellement pu encore émaner du passé, à travers ces vieilles pierres, n'avait pas plus de chance d'être perçu que des messages énigmatiques venus d'une autre galaxie.

*

Après avoir flâné dans un grand nombre des salles du musée, j'en vins à l'exposition temporaire qui se trouvait être celle d'un photographe autochtone nommé Robert Adams. Après la magnificence des trésors entreposés dans ce musée richissime, ces photos semblaient avoir pour mission de dévoiler la face cachée de l'Amérique.

La plupart d'entre elles, sans jamais chercher la facile rédemption d'une plastique ou d'une composition réussie, nous montraient, avec une plate et sèche exactitude, quasi-scientifique la dévastation perpétrée par le développement technologique au sein des grands espaces américains.

Un Européen naïf aurait pu, avant d'avoir contemplé cette exposition, se bercer de l'illusion que la folie technocratique ou la cupidité pragmatique modernes ne puissent atteindre la vastitude entière du territoire américain, que loin des villes et des centres industriels, des réserves de sauvagerie naturelle totalement intactes aient pu être préservées. Cette suite de photos implacables semblait avoir été placée là pour ruiner un tel optimisme. On en retirait l'impression que, même au plus reculé de l'Amérique profonde, tels les déserts du Colorado, les Montagnes Rocheuses du Montana, ou encore les vallées du Nouveau-Mexique, les conséquences du cancer technologique avaient été les mêmes que dans les plaines surexploitées du Middle West. Sans parler des petites villes à l'apparence plus que désolée des fins fonds de provinces perdues, qu'Adams avait impitoyablement fixées sur la pellicule (agglomérations qui donnaient l'impression d'avoir été édifiées par des sectes de morbides adorateurs du néant), il fallait évoquer les longues plaies purulentes qu'avaient ouvertes, dans la matière même de la terre, les autoroutes – blessures jamais cicatrisées par lesquelles s'échappaient les dernières ressources d'une nature exténuée, l'air pollué par les acides, l'eau sursaturée de pesticides et de détergents, les millions d'animaux massacrés par les machines ou empêchés de se reproduire par les multiples barrières infranchissables de la « civilisation », les hommes abrutis par le bruit, harassés par la monotonie des longues distances, frustrés d'être tenus à l'écart des cycles de la nature, leurs cœurs douillettement enrobés – ainsi qu'on pouvait le déduire des nombreux portraits qui complétaient les constats de la dégradation – par une graisse névrotique. Il fallait encore évoquer les barrages et leur cortège de dévastations adjacentes, les immenses décharges sauvages qui paraissaient proliférer sur tout le territoire et enfin les atteintes tout simplement gratuites que tant d'hommes de notre époque perpétraient contre les animaux et les végétaux, dans un esprit qu'on ne pouvait que qualifier de sado-masochiste puisque, tôt ou tard, ces destructions se retourneraient inéluctablement contre eux.

Robert Adams avait écrit des textes accolés aux photos. L'un d'eux commentait des vues prises dans une ancienne plantation en Californie :

> Southern california was by the report of those who lived there at the turn of the century, beautiful ; there were live oaks on the hills, orchards across the valleys, and ornemental cypress, palms and eucalyptus lining the roads. Even now we can almost extrapolate an eden from what has lasted – from the architecture of old eucalyptus trunks, for example, and from the astringent perfume of the tree's flowers as it blends with the sweetness of orange blossoms.
>
> What citrus remain today, howewer, are mostly abandonned, schedduled for removal, and large eucalyptus have often been vandalized, like the hundreds West of Fontana that have been struck head-high with shotgun fire.
>
> Whether those trees that stand are reassuring is a question for a lifetime. All that is clear is the perfection of what we were given, the unworththiness of our response, and the certainty, in view of our current deprivation, that we are judged. [1]

1. La Californie du Sud, d'après le témoignage de ceux qui y vécurent au tournant du siècle, était magnifique ; les pentes des

Un peu plus loin, celui-ci :

> We cherish intimations of mercy. I found once, in the smog, in a depression of an otherwise scraped plain beside a freeway, three kumquat bushes ; they had been some farm woman's treasure, next to a house now splintered under earth moving machinery, and they stood that afternoon more alien than could have been the first such plants from China. Any thought that they might survive was unreasonable. It was difficult to think at all, in fact, against the noise of the traffic. They would not survive. And yet each had, untended by us, gone on to cover itself with golden fruit, as if the most romantic script. They were implausible but real. [1]

---

collines étaient couvertes de chênes splendides, des vergers s'épanouissaient au fond des vallées, des cyprès, des palmiers et des eucalyptus ornementaux bordaient les routes. Aujourd'hui encore, nous pouvons extrapoler un petit paradis d'après ces vestiges : en considérant l'architecture des vieux troncs d'eucalyptus par exemple, et aussi en respirant les fragrances astringentes des arbres en fleurs, au printemps, quand elles se mêlent au parfum de la fleur d'oranger.

Les quelques citronniers qui subsistent aujourd'hui sont presque tous abandonnés, promis à la destruction, et les majestueux eucalyptus ont la plupart du temps été vandalisés, à l'instar des centaines de West-Fontana qui ont été décapités à coups de fusils.

Savoir si l'on doit se sentir rassuré par la présence des arbres qui sont encore debout est la question d'une vie entière. La seule chose qui soit certaine est que nous avons reçu un don du ciel, que nous l'avons gâché et qu'au regard de notre actuelle déréliction, nous sommes jugés.

1. Nous chérissons les signes de miséricorde. Une fois, en plein brouillard, je suis tombé – dans une petite dépression au milieu de l'étendue aride qui bordait une autoroute – sur trois petits buissons de kumquat ; ils avaient sans doute été le trésor de quelque fermière, jouxtant une maison désormais ensevelie par les excavatrices, et ils

Enfin, un troisième qui commençait par une citation indienne :

> The earth will come alive again – just as the sun died and was reborn. The land will be new and green with young grass. Elk and deer and antelope and even the vanished buffalo will return…
>
> Wo Wo Ka (chef de la tribu des Cris)

> Might we even somehow learn the hope of the plains Indians who, photografied as if they were lunatics, danced the ghost dance, their final celebration of their dream of the lands restoration ? The ceremonies were often held, judging by the images we have, in scrappy pastures at the edge of their ennemies contempt. [1]

---

se dressaient, cette après-midi-là, plus isolés et incongrus que leurs premiers congénères venus de Chine, il y a si longtemps. La pensée qu'ils puissent survivre paraissait hautement absurde. À vrai dire, penser tout court était presque impossible au milieu du vacarme de la circulation. Il était impossible qu'ils puissent survivre. Et cependant, malgré l'absence de soins, chacun d'entre eux, comme dans un scénario ultra-romantique, avait continué imperturbablement de se couvrir de fruits dorés. Ils n'étaient pas du tout plausibles mais pourtant réels.

1. La terre revivra – ainsi que le soleil qui meurt et ressuscite. De nouveau, les prairies se couvriront d'une tendre herbe verte. L'Élan, le Cerf et l'Antilope et même le Buffle depuis si longtemps disparu reviendront… Wo-Wo-Ka

Puissions-nous, de quelque manière, acquérir l'espoir qui habitait les Indiens des plaines – photographiés à l'époque comme s'ils avaient été des excentriques – en train de danser leur danse des revenants, cette ultime célébration de leur rêve de prairies retrouvées ! Les cérémonies se tenaient la plupart du temps, à en juger par les images que nous avons conservées, dans les petits bouts de champs qui leur avaient été laissés – au plus grand mépris de leurs ennemis.

L'ardeur combative désespérée, quasi spenglérienne, de ce dernier texte me semblait d'autant plus pathétique qu'autour de moi, tandis que je notai ces mots sur mon carnet, circulaient les quelques curieux un peu hébétés et visiblement très mal à l'aise, si ce n'est méfiants, que l'Amérique avait dépêchés aujourd'hui comme visiteurs. Je les voyais s'approcher des photos, les parcourir du regard comme des oiseaux frôlant la surface d'un étang, commencer de déchiffrer quelques instants le texte pour l'abandonner en cours et recommencer avec la suivante. Comme si cela ne les concernait nullement.

Un mauvais coucheur ! semblaient-ils penser…

Et je prenais conscience de mon incongruité, à rester planté là à noter ces textes et à contempler ces photos. Et, à bien y réfléchir, n'étais-je pas, moi aussi, à leurs yeux, en train de danser ma danse des fantômes, de m'accrocher comme un illuminé à mon ultime utopie d'un monde restauré ? [1]

*

Arpentant dans l'après-midi ensoleillée les rues désertes de Brinn-Mawr, la banlieue huppée de Philadelphie où j'étais reçu pour deux jours chez Ralph, dans sa superbe maison au milieu des grands arbres, je pris soudain conscience que j'étais le seul être humain non motorisé à circuler parmi les parcs et les jardins

1. « Je me contente d'attendre le moment où l'on m'entraînera vers quelque cul-de-basse-fosse à air conditionné pour m'abandonner sous les lampes fluorescentes du plafond insonorisé afin de me faire payer le mépris que j'ai toujours éprouvé pour tout ce que chérissent mes contemporains dans leur petit cœur de latex. » Ainsi s'exprime à un moment donné, Ignatius, dans *La conjuration des imbéciles*, de John Kennedy Toole.

non clôturés. On ne voyait jamais âme qui vive sortir ou rentrer dans ces immenses demeures entourées de leurs étendues de gazon impeccablement tondues. Pas même un quelconque animal !

En revanche glissaient doucement sur la chaussée les conduites intérieures aux vitres teintées derrière lesquelles, lorsqu'il m'arrivait de les distinguer, je pouvais observer les visages fermés, inexpressifs, des quelques autochtones.

Alors que je marchais depuis déjà un bon quart d'heure, une voiture de police vint se placer à quelques mètres derrière moi et commença, s'adaptant à la vitesse de mon pas, de me suivre tranquillement. Si je m'arrêtais, elle s'arrêtait et lorsque je repartais, elle repartait également. Aussi décidai-je assez rapidement d'écourter ma flânerie pour rentrer au plus vite. La voiture continua de me suivre jusqu'à la porte de Ralph où, lorsque je sortis ma propre clef et l'introduisis dans la serrure, elle démarra pour disparaître au coin de la rue.

Ma marche à pied avait sans doute été jugée suspecte par une ombre derrière les rideaux et la force publique était venue surveiller l'extravagant piéton. Lorsque je racontai l'incident à Ralph le soir même, il me dit qu'il n'en aurait pas été de même si, sans courir pour autant, j'avais été en tenue de jogging.

*

À l'occasion de la Barmitsvah de l'un de ses petits cousins, Sue m'avait invité à une réunion de famille qui avait lieu chez sa grand-mère, dans la banlieue de Baltimore. Dans une large véranda entrouverte, une bonne vingtaine de ses parents, oncles, tantes et cousins étaient assis en rond autour de plusieurs tables basses couvertes d'une multitude de strudels, vatrouchkas, gâteaux au sésame ou au pavot, crèmes glacées, encombrées en outre d'une autre multitude de bouteilles remplies de breuvages variés, et la discussion allait bon train. Il y était à la fois question de la meilleure façon de faire fortune aux États-Unis et de certaines réussites éclatantes dont quelques-uns ici présents (ou bien quelques amis de confiance) avaient été témoins dans leur entourage. Dans un joyeux tumulte où tout le monde vociférait en même temps et s'interpellait à tout bout de champ, la rumeur des conversations semblait se résumer – surtout pour moi qui avait un peu de mal à suivre le débit ultra rapide en anglais – en un brouhaha indistinct d'où émergeait une formule magique indéfiniment scandée : … Million Dollars !… Million Dollars !… Million Dollars !

Or tout à fait curieusement, le hasard avait voulu que dans l'un des arbres du jardin se soit réunie, ce soir-là, une bande extraordinairement agitée d'étourneaux piaillant à corps perdu. Pas plus les êtres humains dans la véranda que les volatiles dans l'arbre ne semblaient se soucier des présences respectives des uns et des autres et, à mesure que la teneur en décibels s'accentuait de part et d'autre, on eût dit que les deux bandes rivalisaient d'intensité hystérique.

Sue, qui était assise sur un bras de fauteuil et ne participait pas à la conversation, contemplant le chahut de son habituel sourire distant, se tourna vers moi et me glissa à l'oreille :

– Tu entends les oiseaux ?

*

J'avais profité de mon séjour à Baltimore pour aller rendre visite à ma vieille amie Frédérique, mariée à un universitaire qui enseignait dans la célèbre université locale. Maintenant, nous étions tous les quatre dans sa petite Volkswagen – elle et moi à l'avant, et ses deux garçons (Maximilien, 3 ans et Laurent, 7 ans) à l'arrière – en route vers « Bo-Brooks, Le Roi du Crabe » !

Le petit Maximilien, qui était doté d'un tempérament cataclysmique, avait entrepris de faire taire son aîné qui, lui, de son côté, ne supportant pas que je parle avec sa mère, se lamentait – avec cette tonalité stridente qu'emploient les Américains quand ils sont exaspérés :

– Mame ! Mame ! Why are you talking all the time with your friend and you don't want to listen to me ? WHY ? WHY ? WHY ?

Maximilien, littéralement à tue-tête depuis la chaise où il est ligoté à l'arrière :

– SHUT UP ! SHUT UP ! SHUT UP ! SHUT UP ! *ad libitum...*

Frédérique, en français, d'une voix de miel, visiblement attendrie par ce charmant intermède inhérent à la vie de famille :

– Écoutez les enfants, je ne veux pas vous entendre vous chamailler, je n'ai pas vu mon ami depuis très longtemps et je veux parler tranquillement avec lui. J'aimerais donc que vous compreniez la situation et que vous vous comportiez comme des êtres civilisés et pas comme des barbares.

– Yes ! But I have so important things to tell you !

Maximilien, adoptant la tactique de la sirène d'alerte :

– SHUTUPSHUTUPSHUTUPSHUTUPSHUTUO-SHUTUP... *ainsi de suite...*

Frédérique, toujours aussi calme et ravie :

– Tu n'es pas juste de dire ça, Laurent, et puis tu vois, ça indispose (*sic !*) ton frère.

Laurent, piquant une véritable crise de nerfs et se mettant à taper des pieds et des poings dans toute la voiture :

– I am going to kill myself and Maximilien and you too, if nobody wants to listen to me ! *Et il commence avec moi en m'assénant un grand coup de pied derrière le crâne.*

Frédérique : – Laurent, je tiens à te signaler que tu commences à dépasser les bornes !

Elle sourit alors à mon adresse avec commisération, comme pour me faire partager le cocasse délicieux des turbulences enfantines.

Maximilien, s'adressant à moi en français pour qu'il n'y ait pas de malentendu :

– Bien fait pour toi ! Bien fait pour toi !

Moi, fixant stoïquement la route pour ne pas m'énerver à mon tour car je n'ai pas prévu d'autre endroit où passer la nuit :

– …

Pendant ce temps, nous traversons des banlieues interminables (genre Massy-Palaiseau ou Argenteuil pavoisées à l'approche des fêtes) avec une débauche d'ampoules multicolores, une orgie de néons et des vitrines à l'infini derrière lesquelles brillent des millions de machines à laver, de toasters, de téléviseurs, d'aspirateurs, d'ordinateurs, de motos, de radios – tous objets peinturlurés de couleurs criardes, plus que criardes, hurlantes (elles aussi !). Et pas le moindre piéton. Seules des automobiles en longues files luisantes, aux vitres teintées, anonymes, circulant avec lenteur comme des automates le long des flèches peintes sur la chaussée, au commandement d'innombrables feux rouges qui se succèdent sans cesse… Et nous roulons, nous roulons, peut-être pendant vingt-cinq kilomètres sans que le paysage se modifie d'un iota.

Les enfants commencent à échanger des coups en hurlant sur la banquette arrière.

Frédérique : – Je sais pourquoi ils sont comme ça, ils n'ont pas fait de sieste aujourd'hui.

Puis, s'adressant au plus grand qui s'est fait nettement agresser par l'autre au départ :

– Tu sais, Laurent, que je n'aime pas quand tu embêtes ton frère, tu es le plus grand et tu dois lui montrer l'exemple, etc.

Enfin parvenus chez « Le Roi du Crabe », nous prenons notre place dans l'une des immenses files d'attente qui s'étirent à l'extérieur d'un gigantesque hangar couvert d'enseignes lumineuses à l'effigie de Bo-Brooks : de gros crabes lumineux qui clignotent. En compagnie de la foule en attente, nous piétinons dans le froid une bonne dizaine de minutes, puis on nous fait pénétrer à l'intérieur d'un hall (très semblable à ceux des grandes expositions) où se trouve déjà attablée – derrière des barrières qui nous séparent d'eux – une multitude de gens assis autour de solides et épaisses tables carrées, dont le pied n'est autre qu'un fût d'arbre tronçonné, et sur lesquelles gisent des montagnes, parfois plus hautes que leur tête, de débris de crabes (pinces, carcasses pilées, gélatine grisâtre, yeux, antennes, tentacules, etc.) au milieu desquelles ils fouillent avec fébrilité. À intervalles réguliers – car tous sont munis de gros maillets courts en bois – ils tapent avec détermination sur les carcasses encore intactes pour les fracasser !

Nous voici donc attablés – Frédérique, sa dynamique progéniture et moi-même – à l'une des tables : un pichet de bière de deux litres à portée de main, une vingtaine de monstrueux crabes fumants devant nous et nos redoutables maillets au poing. Le départ est donné et le délicieux petit Maximilien commence, juste pour s'amuser, par m'en flanquer un grand coup sur la main droite au moment précis où j'allais saisir le poivrier. Sa mère le sermonne avec un peu plus de sévérité qu'auparavant mais sans se départir toutefois du sourire d'amusement que font fleurir sur ses lèvres les frasques de son chérubin. Sur ces entrefaites, le plus grand, qui est très sportif, fracasse son crabe de telle manière que non seulement sa mère, son frère et moi, mais encore les deux tables avoisinantes soyons entièrement éclaboussés. Pour le moment, les voisins – qui semblent d'ailleurs s'être vêtus en prévision de semblables éventualités – se contentent d'en rire, pleins de complicité malicieuse pour ces charmantes fantaisies enfantines. Cependant, presque aussitôt, le plus jeune – enthousiasmé par cette technique – se met à frapper indistinctement tous les crabes qui sont à sa portée, créant ainsi un véritable tourbillon de matière gélatineuse tournoyant dans l'atmosphère et aspergeant plus copieusement encore les alentours. Les voisins commencent à maugréer quelque peu tout en se protégeant du mieux qu'ils peuvent avec leurs plateaux.

Frédérique supplie alors littéralement son fils cadet de bien vouloir nous épargner, ce qu'il consent à faire à la condition qu'on lui permette de vider le contenu intégral du pot à moutarde dans son Coca-Cola et de le touiller avec une pince de crabe tout en hurlant de rire, ce qui a le don d'embuer les jolis yeux de sa mère. L'autre, pendant ce temps-là, siffle sournoisement la moitié du pot à bière tout en y ajoutant de temps à autre des grains de poivre, se penchant ensuite pour les observer couler au fond. Sa mère réussit à le dissuader de continuer en lui rappelant, sur un ton calmement didactique, une précédente colique : la fois où il avait mélangé de la mayonnaise avec du vin rouge et du chocolat !

Ainsi se poursuivit le repas, ma seule marge de manœuvre consistant à faire le gros dos en me ruant subrepticement sur le peu de nourriture non souillée par le sucre, la mayonnaise ou le Coca Cola, qu'on voulait bien me laisser approcher, essayant de parer par ailleurs, de droite et de gauche, aux coups pernicieux que les deux adorables bambins ne cessaient de décocher avec adresse dans les côtes et dans les jambes du « grand ami français ! », sous le regard attendri de leur mère qui, elle, s'obstinait à vouloir poursuivre avec lui une conversation d'ordre général dans le style détaché d'obédience anglo-saxonne, tout en le soupçonnant manifestement – je le devinais à certains regards en coulisses – de dissimuler des principes réactionnaires en matière d'éducation.

*

Je venais de passer la soirée chez Helen, Rupert et leur mère Gwendolyne, tous trois résidant sur une falaise qui dominait l'Hudson, au nord de New York, dans une grande maison au fouillis sans équivalent. Les quelques pièces où l'on m'avait laissé pénétrer étant toutes encombrées d'une infinité de meubles anciens poussiéreux, qui restaient là sans aucune utilité, de piles de journaux entassés et ficelés qui montaient jusqu'au plafond, de cartons fermés par des adhésifs où figuraient des chiffres renvoyant à une liste qui, comme devait me l'avouer Gwendolyne dans un soupir, s'était égarée depuis plusieurs années, d'ustensiles désuets et hors d'usage tels que machines à écrire d'une autre époque, toasters monumentaux, postes de radios des années trente, tondeuses à gazon et lave-linges de collection, etc., sans parler des boîtes à œufs voisinant avec des colonnes de vieux in folio… bric-à-brac indescriptible au sein duquel s'étaient creusées les allées d'un véritable labyrinthe. Les Henderson s'étant toujours tacitement entendus et cela, devais-je le comprendre, depuis la mort du père, quinze ans auparavant, pour religieusement tout conserver des objets qui leur avaient servi pendant un temps. Cet amoncellement aurait, bien entendu, fait le bonheur d'une dizaine de brocanteurs, mais de cela il ne fallait pas même penser à évoquer l'ombre d'une éventualité.

J'avais rencontré Helen et Rupert par l'intermédiaire de Simon qui poursuivait une liaison amoureuse d'une complexité toute victorienne avec Helen : leur extrême attirance réciproque, leur amour (!), s'en tenant à une relation platonique éthérée – en partie à cause du lien étrange, assez nettement crypto-incestueux, qu'entretenait Helen avec son frère (qui ne la quittait jamais d'une semelle), en partie en raison de la minceur corporelle, quasi immatérielle, de cette sylphide au visage et à la chevelure de madone de Botticelli. Tous deux d'ailleurs, le frère et la sœur, semblaient cultiver avec un certain soin une variété de consomption aristocratique très dix-neuvième-siècle qui s'accordait parfaitement à leur style existentiel : passant le plus clair de leur temps à visiter des musées d'art ancien où ils se livraient, dans un langage codé, à des conciliabules entrecoupés de rires de connivence, à se lire réciproquement des poèmes élisabéthains ou encore à écouter religieusement à la chandelle (séances où Simon et moi étions parfois conviés) de la musique baroque soigneusement sélectionnée, sur un vieil électrophone hi-fi grésillant et sur des enregistrements vinyls légendaires, qu'ils étaient parvenus à dénicher dans des boutiques spécialisées où ils passaient aussi, toujours ensemble, une partie de leurs après-midi. Tout cela sous la sainte bénédiction de leur mère qui leur épargnait – à l'âge de trente ans passés pour l'un et l'autre – le moindre travail en assurant leur subsistance grâce à son emploi de bibliothécaire à la Public Library de New York. Elle-même – grassouillette sexagénaire à la voix flûtée d'éternelle jeune fille effarouchée par la vie – ne cessant de s'extasier devant les moindres faits et gestes de son élégante progéniture quintessenciée, et heureusement préservée des turbulences de l'existence prosaïque.

En dépit de la jalousie de Rupert, qui ne cessait d'interférer en coulisse, Simon demeurait convaincu d'entretenir une merveilleuse relation amoureuse avec Helen, qu'il ne désespérait d'ailleurs pas de conquérir un jour plus complètement – une fois qu'il aurait réussi à l'extirper des griffes de sa famille. Le handicap de la diaphanéité excessive de l'objet aimé étant amoindri par le fait qu'il concevait cet amour sur un plan essentiellement spirituel, ayant tout loisir par ailleurs d'épancher ses besoins amoureux plus triviaux en compagnie des nombreuses autres connaissances féminines qu'il avait la sagesse de conserver.

Cet imbroglio, dans le pur style d'Edgar Allan Poe – auteur que les quatre protagonistes de cette histoire vénéraient comme un maître – m'avait d'emblée intrigué et fasciné, subissant moi-même, de surcroît, le charme magique qui émanait de la belle Ophélie anorexique.

Nous avions donc passé la soirée dans la partie encore accessible de la cuisine où, sur un réchaud à gaz à deux feux – non loin duquel circulait en toute quiétude sur le mur, une active colonie de cafards –, ils m'avaient préparé un repas des plus succincts à base de toasts beurrés avec œufs sur le plat et bacon, agrémenté de « beans » en boîte, arrosé d'une variété de vin blanc californien particulièrement inoffensif. La conversation tournant successivement autour des mérites comparés de Chaucer et de Milton, puis des amours d'Elizabeth Barrett avec Browning, et enfin de la vie à Savannah dans le Sud d'où était issue Gwendolyne.

Désormais, l'heure de prendre quelque repos étant venue et comme ils m'avaient aimablement proposé de me caser où je le pourrais pour la nuit, je tâchais de m'arranger une couche au rez-de-chaussée, sur ce qui semblait avoir été un ancien canapé désormais rapetassé avec une collection de bouts de tissus dépareillés, plus ou moins cousus ou agrafés les uns aux autres, et surplombé d'un échafaudage menaçant de gros cartons ventrus. Me coulant du mieux que je pus dans l'espace vacant, je rabattis sur moi la couverture allouée par Gwendolyne et, après avoir feuilleté quelques instants un vieil exemplaire dépenaillé du New Yorker et souri à quelques-uns des dessins humoristiques, j'essayai de dormir sans trop de succès, tentant vaguement d'imaginer comment ces trois-là s'arrangeaient pour la nuit à l'étage supérieur.

Néanmoins, la fatigue aidant, je m'assoupis pendant ce qui me sembla n'être qu'un court instant pour être éveillé par le bruit d'un grattement insistant venu de ma droite. Allumant la minuscule lampe Pigeon que Rupert avait pincée sur le rebord d'un des cartons, je vis tout d'abord à ma montre qu'il était cinq heures du matin, puis, me soulevant sur un coude et dirigeant le faisceau de la lampe vers l'endroit d'où provenait le bruit, j'aperçus – n'en croyant pas mes yeux – un « cockroach » de la taille d'une savonnette qui s'évertuait à avancer vers la cuisine, dérapant plus ou moins sur le carrelage ! Horrifié, je me levai instantanément et cherchai l'une de mes chaussures pour anéantir le monstre. Cependant, une fois que j'eus armé mon bras et fus prêt à frapper, l'idée de la matière même qui allait jaillir de la carcasse de chitine m'en dissuada. Aussi, je m'avançais plus ou moins à tâtons dans le capharnaüm labyrinthique, pour essayer de trouver un récipient qui m'eût permis d'isoler l'intrus pour le jeter ensuite à l'extérieur.

M'avançant ainsi dans la maison silencieuse, j'arrivai jusqu'à la véranda qui surplombait l'Hudson. C'était la pleine lune et les eaux scintillaient ; un remorqueur passait tous feux allumés et, plus loin, des bateaux s'activaient déjà avec leurs lampes en haut du mât ; les quais du port étaient illuminés et déserts. Pour quelques instants, oubliant mon visiteur importun, je restai à contempler ce spectacle. Or un léger soupir me fit tourner la tête vers l'un des recoins de la terrasse vitrée, et je découvris Helen reposant là, au creux d'un petit lit en fer forgé, sans doute son propre lit d'enfant, pelotonnée en l'occurrence comme elle avait dû l'être à cet âge. Elle dormait profondément, le visage tourné vers la lune – éclairage conférant à cette vision quelque chose de fabuleux : comme si un ange de passage en ce bas monde se fût assoupi là quelques instants.

Lorsque je regagnai les abords de mon lit, un bocal et un carton à la main, le « cockroach » avait disparu et je me résignai à abandonner les recherches, me souvenant à bon escient combien il est de règle dans les contes fantastiques que les monstres aient partie liée avec les princesses, l'ange avec la bête…

*

Sue s'était fait prêter un studio dans le vieux Baltimore et ce soir-là, après avoir dîné dans un bar irlandais où se retrouvaient nombre d'excentriques de la ville et où le patron, qui servait les clients avec un python apprivoisé somnolent autour de son cou, constituait l'attraction majeure, nous regagnâmes tous deux un peu éméchés, notre « home » momentané. Au pied de notre lit trônait, en prévision des chaleurs tropicales qui sévissent là en été, un énorme ventilateur. Ayant abandonné mes poses du début de notre rencontre, j'étais devenu érotiquement très ardent avec Sue et quand nous nous allongeâmes sur le lit, je me mis assez rapidement en position de lui faire l'amour de la façon la plus traditionnelle lorsque je fus interrompu abruptement par un violent courant d'air froid projeté directement sur mon postérieur. Je poussai un cri de surprise et me retournai pour découvrir que le ventilateur géant s'était mis en marche à la vitesse maximum et sans crier gare ! Sue riait aux éclats. Elle avait tout manigancé et laissant discrètement traîner sa main sous le lit à portée du commutateur qui commandait l'engin, elle avait attendu que je sois suffisamment échauffé pour déclencher ce gag qui l'amusait follement.

Quelques jours plus tard, un malheureux enchaînement de circonstances voulut – ainsi qu'il arrive si souvent dans la vie – qu'en croyant lui dire un simple au revoir, je fis sans le savoir mes adieux à Sue. Ceci eut lieu de la plus étrange des manières.

Je ne sais trop pourquoi, sauf peut-être que ma vie sportive m'avait dressé de longue date à dissimuler systématiquement mes intérêts « culturels » à mes camarades, je n'avais jamais dit à Sue que je fréquentais le Walters Museum de Baltimore. Ce jour-là, puisqu'elle devait repartir pour New York avant moi, je lui avais demandé de me déposer en chemin aux abords du musée, prétextant une course quelconque à effectuer dans les environs.

Elle me déposa donc en haut de la rue en pente, illuminée ce matin-là d'une puissante lumière solaire très blanche – laquelle renforçait, par réverbération, la lueur bleu-vert des yeux de Sue qui, souriant de son éternel sourire moqueur, me recommanda :

– Essaie de ne pas te faire rouler dans tes achats : il y a beaucoup de boutiques juives dans les parages. Ils vont te voir arriver de très loin, comme moi je t'ai vu débarquer avec tes gros souliers !

– Ça n'a aucune importance, Sue, j'adore me faire rouler dans la farine ou dans un lit par une belle Juive, tu n'as pas encore compris ?

– Oui, mais c'est justement ce qui m'inquiète avec toi, je me pose sérieusement la question de savoir si tu n'es pas un crypto-antisémite.

– Écoute, la séance de pilpoul est trop matinale pour moi, on en reparle après demain à New York.

– Okay, mais alors penses-y à l'avance, parce que sur ce plan-là je trouve que tu manques un peu de répondant ces temps-ci. Et tu sais que nous, les femmes juives, on a besoin d'être constamment éblouies par nos amants, sinon on commence à s'ennuyer et pour nous l'ennui, c'est érotiquement rédhibitoire.

– Le mieux, dans ce cas, serait peut-être que tu m'écrives dans le détail mon rôle d'amant-farci à la juive et je l'apprendrai par cœur.

Elle rit, nous nous embrassâmes un court instant, tout de suite interrompus par le klaxon d'une voiture que nous gênions, et je m'extirpai du siège pour remonter la rue jusqu'au carrefour où je me retournai pour m'assurer que la voiture de Sue avait disparu.

Mon intention, ce matin-là, était de m'installer sur un siège du Walters en face d'un tableau de Hopper que j'avais repéré et le décrire tout à loisir sur mon carnet. Il n'y avait personne dans la salle et je m'assis, merveilleusement seul, pour savourer cet instant de pure contemplation.

[Une rue déserte d'une grande ville américaine envahie par les ombres rasantes d'un soir d'été. Un porche monumental avec ses colonnes et ses pilastres encadrant l'escalier du perron. Une main appuyée sur l'une des colonnes, un pied en équilibre sur la première marche, une très belle blonde bien charpentée, coiffée d'un chapeau de paille, maquillée et apprêtée, en robe de soirée légèrement transparente, attend qu'on vienne la chercher. À sa droite, deux fenêtres s'ouvrent sur la rue et dans l'une d'elle un rideau est soulevé par la brise. L'architecture qui encadre la scène est massive et confortable. La fille fait face à la lumière violente d'un soleil nordique de fin de soirée et ses yeux sont masqués par l'ombre du rebord de son chapeau. Son expression, difficile à définir, semble partagée entre plusieurs sentiments contradictoires : l'enchantement juvénile de la sensation intime de plénitude de son propre corps – dont les justes proportions s'allient si parfaitement à celles de l'architecture –, le ravissement de l'atmosphère détendue qui règne dans l'Amérique spacieuse et, pour finir, une sorte très subtile et sourde d'infinie tristesse, de profonde détresse ontologique, d'irrémédiable esseulement de la personne individuelle.

D'ailleurs, à bien y regarder, l'élément essentiel de cette image demeure le jeu des ombres : celles qu'on entrevoit dans la profondeur des fenêtres, derrière les colonnes, dans le vestibule béant derrière le porche (et qui laissent deviner les profondeurs cossues et mystérieuses d'une énorme bâtisse aux mille replis), puis enfin l'ombre de la fille elle-même. Ces ombres, quasiméphistophélesques, semblent suggérer à la fois l'atmosphère spectrale de la rampante mélancolie nord-américaine et la puissante réserve du non-dit au cœur de l'âme féminine anglo-saxonne…

En parfaite empathie avec ce que je croyais apercevoir, un passage d'une des nouvelles d'Edith Wharton me revenait :

> … j'ai souvent pensé que la nature d'une femme est semblable à une grande maison avec de nombreuses pièces : il y a le vestibule, que tout le monde traverse

pour entrer et pour sortir ; le grand salon, où l'on reçoit les visites formelles ; le petit salon, où les membres de la famille vont et viennent à leur guise ; mais au-delà, bien au-delà, il y a d'autres pièces dont on ne tourne peut-être jamais les poignées de porte ; personne ne sait y aller, personne ne sait où elles mènent ; et dans la chambre la plus reculée, le saint des saints, l'âme se trouve seule dans l'attente d'un bruit de pas qui n'arrive jamais.]

J'en étais là de ma tentative de description et de ma méditation lorsque je sentis une présence silencieuse dans mon dos. Pensant qu'il s'agissait d'un autre visiteur venu se placer comme moi au meilleur endroit pour éviter les reflets, je ne m'en inquiétai pas d'abord, mais comme l'inconnu ne bougeait ni ne faisait le moindre geste, je me retournai. C'était Sue. Ayant deviné mon mensonge, intriguée, elle m'avait suivi :

– Ainsi, tu te caches pour venir regarder à quoi ressemble l'Amérique profonde ! C'est vrai, c'est tout à fait comme ça que je ressens les choses et déjà, petite fille, j'ai su que j'habitais dans un beau pays fantôme. Mais je n'en veux pas à mes arrière-grands-parents de nous avoir traînés ici, car je crois qu'il est quand même plus facile de s'habituer aux fantômes qu'aux cosaques.

– Ça c'est sûr ! Mais ce qu'il y a de terrible, c'est d'en être constamment réduit à devoir choisir entre les tortionnaires et les spectres. On devrait avoir le droit, de temps à autre, de rencontrer de simples êtres humains.

– Les simples êtres humains, c'est les gens comme nous ! On n'est d'ailleurs pas beaucoup dans le coin… dit Sue, désignant l'enfilade des salles désertes du musée. Puis subitement, abandonnant à ma grande surprise son sourire moqueur, elle me fixa d'un regard grave et demanda :

– Qu'est-ce que tu écris sur tes carnets ? Tu parles des tableaux ?

– Je prends des notes sur tout, dis-je, depuis que j'ai quinze ans.

– Ah ! Bon ! Et tu vas écrire sur moi aussi alors ?

– Ben oui ! Évidemment ! Surtout sur toi !

– Et tu penses que ça peut intéresser les gens ?

– Peut-être pas, mais c'est plus fort que moi, j'ai besoin de noter des choses que je voudrais garder longtemps en mémoire.

– Et moi tu voudrais me garder longtemps en mémoire ?

– Sérieusement Sue, je pense que je ne t'oublierai jamais.

– On dit ça, et puis très vite autre chose arrive et on oublie !

– Tu sais, un écrivain russe raconte dans un livre qu'il a vu, dans un cimetière d'une province perdue de l'Ukraine, la stèle funéraire d'un rabbin tué par les cosaques dont l'épitaphe était la suivante : « Ilya, fils d'Azrül, cerveau qui est entré en combat singulier avec l'oubli. » Cette épitaphe me trotte toujours dans la tête quand j'écris mes carnets.

– En tout cas, si tu écris un jour sur moi, tu peux mettre : Sue Finkelstein, fille d'Aaron, entrée en combat singulier avec la névrose ancestrale.

Se penchant alors sur moi d'un seul coup, elle me fit un long baiser dans le cou d'une tendresse surprenante. Puis, sans un mot, dans la salle déserte soudain assombrie par le passage d'un nuage, elle gagna la porte où, s'étant retournée – son inimitable sourire de nouveau sur les lèvres –, l'espace d'une demi-seconde, elle me transperça de son regard vert !

Nous ne devions jamais plus nous revoir.

*

J'avais rencontré Alex de Montmorency à New York, chez les Henderson où il venait régulièrement prendre le thé. C'était un grand vieillard sec aux cheveux blancs, toujours vêtu du même manteau de bonne coupe défraîchi. Tout ce qui émanait de sa personne d'ailleurs (ses pantalons de flanelle luisants, ses chaussures bien cirées mais déformées par l'usage, ses pulls de cachemire usés jusqu'à la corde, ses cols de chemises anglaises élimés), révélait l'ancien fils de famille devenu impécunieux. Il ne semblait nullement s'en soucier et cette désinvolture lui conservait une imposante dignité.

Gwendolyne semblait s'être fait un devoir de le régaler de biscuits achetés spécialement à son intention. On sentait qu'elle éprouvait une compassion toute maternelle pour l'original déclassé qu'il était. Il y avait sans doute aussi le sentiment d'une solidarité entre excentriques, au sein de la grande Amérique ultra-conformiste. Alex, qui devait approcher des quatre-vingts ans, passait ses journées à lire dans le département d'histoire de la bibliothèque publique où travaillait Gwendolyne. Il se passionnait pour les rois de France et avait suggéré de nouveaux achats à la bibliothèque – suggestions qui, ayant été enregistrées à l'époque par Gwendolyne, avaient été l'occasion de leur rencontre.

Alex était né en Russie d'un père qui, après avoir été conseiller militaire du tsar et avoir combattu jusqu'en 1920 dans l'armée blanche du général Semenov, avait dû se réfugier à Biarritz sous la protection de quelques riches Russes blancs qui les avaient hébergés, son fils et lui (la mère, elle, ayant disparu en pleine tourmente dans des conditions qu'il semblait préférable de ne jamais évoquer). C'est ainsi qu'Alex, élevé d'abord à

Biarritz, puis poursuivant sa scolarité chez les jésuites à Pau, avait été un jeune réactionnaire militant pour l'Action Française qui, durant la dernière guerre, avait inévitablement été pétainiste. Ce pourquoi il avait dû fuir aux États-Unis à la Libération et était resté depuis à New York, vivotant d'obscurs travaux héraldiques auprès d'émigrés désireux de connaître leur pedigree, d'articles dans des revues d'histoire et de traductions pour des éditions confidentielles.

Lorsqu'on le poussait un peu, Alex se lançait invariablement dans de longues dissertations nettement inspirées par Joseph de Maistre et tendant à fustiger tout ce qui se rapportait à la démocratie. La ferveur de son idéal monarchiste présentait un contraste saisissant et savoureux avec le pays où il avait échoué, surtout lorsqu'on l'observait marcher sur un trottoir new-yorkais, les épaules tombantes, la tête baissée et le regard rivé au bitume, évitant de justesse les obstacles sur sa route – tels que joggers lancés à fond de train, vagabonds titubants, hommes d'affaires pressés, chiens au bout de leur laisse venus flairer ses bas de pantalons ou simples poteaux de signalisation pour les piétons. Perdu dans ses rêves fleuris de restauration, il avançait parmi l'intense fourmilière de la mégalopole moderne comme il l'eût fait dans un mauvais rêve qui ne l'eût en rien concerné. Une fois assis à l'intérieur d'un appartement cependant, et soigneusement protégé du réel, il relevait la tête et se lançait dans des discours enflammés où il revendiquait son indéfectible fidélité au tsar de toutes les Russies et à la fleur de lys des rois de France. Toutefois, une chose distinguait Alex de ses quelques congénères – du moins le peu de ceux qu'il m'était arrivé de rencontrer –, c'était son horreur sincère des théories racistes et de toutes formes d'antisémitisme. Il ne cessait de répéter que l'idéal aristocratique ne comportait aucune tendance de ce genre, que c'étaient les bourgeois (peut-être avec l'aide, concédait-il, de l'aristocratie anglaise bornée) qui avaient développé ce mépris stupide pour tout ce qui ne leur ressemblait pas. Ce qui faisait que Simon lui-même avait fini par éprouver une sorte d'amitié pour cette figure directement émanée, disait-il, d'« À travers le miroir ». Il l'avait d'ailleurs surnommé « le Chevalier Blanc ».

Il y avait non seulement du Chevalier Blanc chez Alex mais aussi un éternel adolescent, jamais complètement sorti de la cour du collège des jésuites de Pau. On avait constamment l'impression, à l'écouter pérorer – et Simon et moi adorions le lancer sur ses dadas – que, perdu dans son monde intemporel, quelque peu égaré dans ses lignées généalogiques prestigieuses (qu'il commençait parfois d'énumérer comme une sorte de litanie incantatoire dans le petit salon ultra-encombré, sous les cartons branlants, et parmi les objets hors d'usage de Gwendolyne), il ne faisait aucune différence entre ses auditeurs éventuels du New York d'aujourd'hui et ses anciens condisciples palois, s'exaltant sur les théories « restauratrices » de Maurras. La vérité semblait bien être qu'il avait réussi, au cours d'une longue vie pourtant fournie en tribulations de toutes sortes, à sans cesse éviter d'affronter l'éventuelle inadéquation de ses flamboyantes conceptions avec le réel immédiat et rétif. Il y avait déjà là, de toute évidence, un tour de force qui imposait le respect et… la compassion !

Un soir, par exemple, il nous avait raconté comme un fait historique avéré l'histoire d'un des anciens tsars russes, très pieux, qui, à l'annonce de l'arrivée en force aux abords de Moscou d'une jacquerie de moujiks furieux, lesquels armés de fourches et de faux, avaient déjà décimé deux régiments de cosaques venus leur barrer la route, s'était élancé seul sur son *meilleur* cheval et, arrivé devant eux, s'était dressé debout sur sa selle en brandissant un crucifix en or, intimant à la foule en furie de se prosterner devant l'ordre divin. Ce devant quoi, retirant leurs chapkas et s'agenouillant dans la neige, les révoltés s'étaient instantanément calmés et avaient commencé de prier et de chanter leurs magnifiques psaumes orthodoxes. En terminant cette histoire, Alex était monté sur sa chaise et, entonnant à voix tonitruante un cantique russe, avait mimé le geste du tsar de toutes les Russies en train de brandir son crucifix à l'aide d'une pince à sucre qu'il avait saisie au passage sur le plateau à thé et qu'il tenait à bout de bras dans une sorte de transe évocatoire qui non seulement le faisait trembler d'exaltation mais menaçait surtout de lui faire perdre l'équilibre à tout moment et de le précipiter sur les tasses dans une chute dégrisante… n'eut été Simon qui, étouffant un début de fou rire, se précipita pour aider Alex – comme groggy et les yeux encore transcendés par la vision sublime – à redescendre sur le tapis usé des Henderson et à reprendre sagement sa place sur le canapé vert, devant la petite table garnie des succulents biscuits achetés par Gwendolyne.

Toujours est-il que c'est bien à lui que je dois d'avoir assisté un soir à un geste, qui malgré son allure apparemment anodine et en dépit de son incontestable côté utopique – lequel devait amplement se révéler par le tour ultérieur pris par les événements –, me laissa à la fois admiratif et longtemps perplexe. Nous étions fin mars, il faisait encore très froid à New York et c'était le soir même de l'anniversaire d'Alex, qui atteignait donc ses quatre-vingts ans. Il avait décidé de réunir une dizaine de personnes dans son minuscule appartement de la West-Side, tout près de Broadway. Nous devions, Alex n'ayant nullement les moyens de nous inviter, apporter les victuailles et les boissons nécessaires à la petite fête.

Cependant, personne parmi nous n'ayant encore jamais eu l'honneur d'être invité chez Alex, celui-ci nous avait donné rendez-vous à neuf heures du soir à la station de métro qui se trouve au coin de la 105ème rue sur Broadway. La petite bande que nous formions, à laquelle s'ajoutaient quatre autres rats de bibliothèque tout aussi fantomatiques qu'Alex lui-même – dont une vieille femme ratatinée vêtue comme une nonne médiévale – plus un ami russe des années d'enfance à Biarritz, émigré lui aussi, se retrouva donc à l'heure dite devant les nombreuses échoppes qui, à cette époque du moins, environnaient la bouche de métro dans ce quartier portoricain. Alex finit par arriver, vêtu de son habituel blazer bleu à écusson, taché et usé, et nous précéda pour nous montrer le chemin jusque chez lui. Nous avancions en file indienne sur le trottoir à moitié défoncé, enjambant des immondices indistinctes, passant devant des fenêtres d'appartements sans rideaux où des familles noires étaient occupés à cuisiner, à regarder la télévision, parfois à danser, doublant sur la chaussée des gamins aux visages parfaits d'idoles d'ébène en train d'allumer des feux avec des journaux au milieu d'un cercle de vieux pneus, d'autres s'aspergeant, malgré le froid, avec le jet des bouches d'incendie qu'ils étaient arrivés à ouvrir et qu'ils détournaient sur leurs camarades en riant, croisant des bandes d'adolescents aux visages sombres munis de leurs inévitables battes de base-ball un peu inquiétantes, dépassant des terrains vagues où d'autres s'entraînaient au basket sur un panier fixé à un poteau électrique désaffecté, plus loin des garçons et des filles, assis à l'arrière d'énormes carcasses d'automobiles – roses ou bleues, rouillées et cabossées – flirtant, les jambes appuyées sur le dossier des sièges avant…

Simon et moi, parmi cette petite bande d'introvertis planant dans leur inter monde spatio-temporel, étions les deux seuls à observer les aspects inusités dc cc quartier mixte à la limite de Harlem et éventuellement, de temps à autre, à nous inquiéter du regard trop appuyé de certains individus à la mine farouche qui nous suivaient longuement des yeux au passage. Les autres, sans se soucier de rien, avançaient, rivés sur leurs idées fixes, et entamaient parfois des discussions savantes sur un point généalogique douteux d'un des livres obscurs qu'ils avaient eu la chance de lire en commun.

Nous avions déjà parcouru plusieurs centaines de mètres, lorsque nous tombâmes sur un clochard emmitouflé dans ses cartons, assis sur le trottoir à côté de ses sacs en plastique. S'adressant à Alex, qui était le premier de la file, il lui dit :

– Alors, et moi, j'suis pas été invité ? Y'a rien pour moi dans toutes ces bonnes choses que vous rapportez ?

À ma grande surprise et à mon admiration, Alex répondit sans hésiter :

– Si, si, parfaitement : vous êtes invité ! Si vous voulez vous donner la peine de nous suivre, vous êtes le bienvenu.

– T'es sérieux, fit le clochard ?

– Tout à fait sérieux, répondit Alex, et, lui tendant la main, il ajouta : tenez, levez-vous et venez avec nous !

Le bonhomme, d'abord un peu interloqué, ne se le fit pas dire deux fois et acceptant la main d'Alex se leva péniblement puis, ramassant ses sacs, commença de nous suivre en claudiquant et en parlant à la cantonade :

– Ben ça, c'est pas tous les jours que ça arrive ! C'est ben même la première fois depuis que j'suis en vadrouille. Vingt ans que j'crêche dans la rue et c'est la première fois que j'suis invité chez des gens comme il faut !

– Je ne suis pas tout à fait comme il faut, murmura Alex.

Nous arrivâmes finalement devant une porte d'immeuble plus ou moins obstruée par des sacs-poubelles et des vélos entassés les uns sur les autres. Alex sortit une clef de sa poche arrière de pantalon et ouvrit la porte. Nous entrâmes à la file et le clochard suivit tant bien que mal, brinquebalant dans l'escalier avec ses multiples paquets jusqu'à l'ascenseur. Nous montâmes par groupes jusqu'au cinquième étage et nous retrouvâmes dans le salon exigu au mobilier succinct, surchargé de cartons et de livres, d'Alex. Nous déballâmes les victuailles et nous installâmes comme nous le pûmes, sur l'unique table basse, sur les chaises et les cartons. Le clochard, se juchant sur l'un d'entre eux, déclara :

– Les chaises, j'ai perdu l'habitude !

La réalité est que nous étions tous un peu incommodés par l'odeur du bonhomme, lequel n'avait sans doute eu nullement l'occasion de se laver ni de changer de vêtements depuis fort longtemps. Mais Alex faisait comme si de rien n'était et d'ailleurs, au bout d'un certain temps, comme il en est avec les odeurs, nous ne la perçûmes plus. Cependant, comme il insistait pour partager avec nous son reste de bière ainsi que des morceaux de nourriture indéterminés qu'il sortit d'un de ses sacs, Alex l'assura avec fermeté qu'il était invité. Il sortit alors un canif et une grande cuillère qui visiblement ne le quittaient jamais et se mit à décortiquer tout ce qu'on lui offrait entre le pouce et le canif, ramassant avec la cuillère ce qui tombait dans l'assiette qu'il avait consenti à accepter. Nous dûmes lui intimer l'ordre de ne pas boire au goulot des bouteilles de vin que nous avions apportées et il commença à boire dans un verre en carton d'un air un peu dégoûté.

Assez vite, la soirée commença à s'animer : les amis d'Alex se plongeant dans des discussions d'ordre historico-généalogique abstruses, Simon et moi essayant de faire parler l'ami russe sur son enfance à St. Petersbourg et Alex se distribuant équitablement entre les deux groupes, plus l'inconnu qui, pour l'heure, occupé à mastiquer laborieusement avec ce qui lui restait de dents, ne semblait pas très désireux de s'entretenir avec nous. À un moment pourtant, émergeant de sa rumination, levant la tête et avisant les rangées de livres bien serrés sur les étagères qui couvraient les murs, il lança à Alex :

– Tu dois être drôlement riche pour avoir autant de bouquins ! J'en ai jamais vu tant de ma vie, ça me fait tourner la tête !

Alex répondit :

– Je les ai achetés d'occasion, et je suis loin de les avoir tous lus.

– Ah ! Passque c'est pour lire ? mais ça doit faire mal à la tête de lire autant que ça ! Déjà à l'école ça m'filait le bourdon et j'étais toujours puni à cause que je voulais pas mettre le nez d'dans.

– C'était où à l'école ? demanda Simon.

– Ben, là où j'suis né : dans le Kentucky !

– Oui, mais où exactement ?

– À Bramwell, là où ce qu'y a que du vent et des étoiles, et rien à becqu'ter pour les sans-le-sou. Passque mes parents, z'étaient ouvriers agricoles dans les champs de tabac et ça rigolait pas tous les jours. C'qui fait que je m'suis fait la malle à quatorze ans et j'suis jamais retourné. Et à ct'heure-ci, je compte cinquante ans de galère dans l'Est. J'ai jamais eu de métier et toujours fait des boulots de merde. M'enfin j'me plains pas, y'a pire !

Simon et moi nous regardâmes sans rien dire… puis je demandai :

– Vous n'avez jamais eu de chez vous, jamais été marié ?

– J'ai eu une chambre à Queens pendant trois ans, y'a ben longtemps, mais j'ai pas pu suivre et pis, côté bonnes femmes, j'ai jamais eu d'sous alors ça a jamais tenu, et pis aussi, y'avait mes petites copines qu'étaient jalouses, dit-il, désignant les bouteilles devant lui, mais holà j'suis pas été invité pour remplir une fiche de police et pis on commence à s'emmerder ici, va falloir voir à foutre un peu d'ambiance ! ce disant, il plongea dans l'un de ses sacs et en sortit une guimbarde dont, se propulsant soudain avec une agilité surprenante au centre de la pièce, il commença à jouer tout en tapant des pieds dans une sorte de gigue endiablée.

– Passque j'm'appelle Sid O'Rourke, j'suis irlandais et j'aime pas m'emmerder ! s'écria-t-il alors, avant d'entonner à tue-tête, d'une voix enrouée, une chanson tonitruante, tout en continuant de danser dans ses pantalons informes, tapant des pieds et ponctuant de temps à autre avec la guimbarde – tout à fait survolté.

– Mince ! dit alors Simon, les ennuis commencent !

Alex, qui observait la scène, souriait d'un air ravi.

– On se croirait en Russie, dit-il.

Cependant, le gaillard braillait de plus en plus fort et on entendit des voisins commencer à taper au plafond. Simon essaya vainement de calmer Sid, qui ne s'interrompait que pour s'enfiler de larges rasades de la bouteille la plus proche, au goulot cette fois. Il en était à sa septième chanson lorsqu'on entendit sonner à la porte ; c'était un voisin noir qu'Alex invita, tout en s'excusant pour le tapage, et qui, une fois qu'il eut compris de quoi il retournait, commença d'être pris d'un fou rire qui nous gagna tous.

– Ah ! J'aime mieux ça, dit Sid, passque j'ai pas l'habitude des enterrements. Maintenant j'vais vous chanter *The Pig and the Whistle* qu'est une chanson qu'aimait beaucoup mon grand-père !

Et il repartit de plus belle pour dix minutes endiablées jusqu'à ce qu'un nouveau coup de sonnette se fasse entendre. Ce fut cette fois-ci un colosse blond surmonté d'une casquette de base-ball qui s'encadra dans la porte.

– Jason Adamsky, mon voisin polonais, présenta Alex.

Jason regarda Sid en se servant un verre, puis, souriant comme un enfant au spectacle, se mit à pousser des cris aigus pour ponctuer le rythme. Même les rats de bibliothèque et les trois Henderson avaient entrepris de faire cercle et paraissaient gagnés par l'ambiance. Quant à l'ami russe d'Alex, il contemplait la scène d'un air extatique.

– C'est un bel anniversaire ! dit-il.

Au bout d'une bonne heure de ce régime, Sid montra des signes de fatigue et soudain, tout à trac, il s'écroula fin saoul dans les cartons les plus proches, ronflant presque instantanément comme un sonneur. Dès lors la soirée se calma et les conversations reprirent. Simon et moi écoutâmes Jason nous exposer la tactique qui avait permis à son équipe de base-ball favorite de remporter le dernier championnat et le voisin noir, qui se prénommait Mumford, acquiesça en opinant du chef aux considérations du Polonais.

Tout fut paisible pendant une petite heure, sur quoi Sid se réveilla brusquement et, après avoir bu une demi-bouteille d'un seul trait, se remit à brailler et à taper des pieds. Il était trois heures du matin et la chose risquait de provoquer des remous dans le voisinage, aussi essayâmes-nous de le raisonner. Mais il n'y avait rien à faire : il refusait de s'arrêter, ne voulant à aucun prix « s'emmerder » comme il nous l'avait d'ores et déjà expliqué. Aussi Jason dut-il le prendre dans ses bras, l'immobiliser comme un nourrisson emmailloté et le forcer à s'asseoir dans un coin sans bouger. Hélas, nous n'étions pas au bout de nos peines car, aussitôt que Jason eut tourné le dos, il recommença à vociférer et à taper des pieds ; nous nous apprêtions à tenter de l'immobiliser de nouveau lorsque, sans crier gare, il vomit le contenu de ses agapes sur le plancher. Alex proposa alors de le transporter dans la salle de bains et nous le portâmes à trois jusque dans la baignoire où nous l'allongeâmes tout habillé. Il était véritablement ivre mort et ne paraissait pas très bien savoir où il se trouvait. S'adressant à Alex, il balbutia :

– C'est gentil de m'prêter ton lit, mais i'fait trop chaud dans ta cahute ; tu pourrais pas ouvrir la fenêtre que j'respire ?

Alex s'exécuta et nous laissâmes l'énergumène cuver son vin dans la baignoire. Nous retournâmes à nos conciliabules, puis une partie des amis d'Alex prit congé. Il se passa encore une demi-heure avant que nous entendions Sid hurler dans la salle de bains. Nous nous précipitâmes :

– Où qu'c'est qu'vous avez fiché mes affaires ? cria-t-il, j'ai besoin d'mon réveil, sans mon réveil, j'vais m'faire embarquer par la ronde de cinq heures, faut que j'bouge de là avant cinq plombes !

Nous eûmes beau lui expliquer en long et en large qu'il n'était pas dans la rue, rien n'y fit : il n'était pas en mesure de se rendre compte de la situation exacte ; aussi, fouillant dans ses affaires, je dénichai le fameux réveil : un énorme en ferraille avec ses deux petites clochettes sur le dessus. Une fois qu'il s'en fut emparé, il commença de le trifouiller dans tous les sens sans parvenir à quoi que ce fût tant il était saoul. Nous le laissâmes, pensant qu'il allait se calmer, mais à peine étions-nous sortis qu'un bruit de verre cassé, de ferraille et de sonnerie mélangés retentit dans la cour. Nous revînmes sur nos pas et, nous penchant à la fenêtre, nous dûmes constater que Sid avait balancé son réveil.

– C't'une saloperie ! Je m'suis fait avoir par Felipe quand i'm'a vendu c'machin qui veut jamais marcher, à preuve que je m'suis fait choper trois fois par la désinfection. Quelle heure est-i ? Est-ce qu'i vont passer ? Passque moi les douches, et tous les chichis de s'faire couper les cheveux, c'est pas pour mézigue, c'est pour les gonzesses !

Cette fois-ci Jason, perdant patience, le saisit par le col de sa veste trouée et, le secouant un peu, se mit en devoir de lui faire peur en lui promettant une raclée s'il ne se calmait pas. Semblant alors émerger quelque peu de son état, Sid parut du moins comprendre qu'il ne risquait pas de se faire « désinfecter » et il déclara, à notre grand soulagement, qu'il allait piquer un bon roupillon.

Il était désormais fort tard et, chacun prenant congé, nous décidâmes, Simon et moi, de rester chez Alex à somnoler sur les chaises jusqu'au matin afin de l'aider à mettre de l'ordre et surtout à se débarrasser de Sid lorsque le temps serait venu. Alex se coucha tout habillé sur son lit et nous dormîmes comme nous le pûmes pendant quelques heures. C'est alors qu'Alex vint nous tirer par la manche, l'air inquiet : il y avait quelque chose de bizarre avec Sid ! Nous le suivîmes dans la salle de bains pour trouver celui-ci complètement inerte, de la bave lui affleurant aux lèvres, et nous eûmes beau le secouer, impossible de l'éveiller. Je tâtai son pouls qui battait faiblement. Soudain, Alex poussa une exclamation et nous désigna deux gros flacons – respectivement d'eau de Cologne et d'eau de lavande – qui reposaient vides dans la baignoire, à côté du gisant. Sid avait tout bu ! Simon appela immédiatement les pompiers qui ne tardèrent pas à arriver.

Trois quarts d'heure plus tard, après que les pompiers eurent emmené Sid pour un lavage d'estomac et alors qu'en compagnie d'Alex nous en étions aux formalités avec la police, l'officier ayant demandé à Alex pourquoi il avait invité Sid le clochard, celui-ci répondit :

– C'était mon anniversaire et en Russie, où je suis né, il est de coutume que les gens riches invitent à leur table, les jours de fête, le premier mendiant qui passe sous leur fenêtre. Alors pour mes quatre-vingts ans, je me suis dit que je ne pouvais pas me dérober.

– Oui, je comprends, mais vous n'êtes pas riche ! dit l'officier de police qui avait l'esprit très logique.

– Euh… C'est-à-dire que ça, j'ai un peu tendance à l'oublier, admit Alex.

– D'accord, mais à l'avenir, essayez de vous en souvenir parce qu'en plus, maintenant, il va vous falloir payer pour l'intervention des pompiers. Et puis, si j'ai un conseil à vous donner, n'essayez pas d'importer vos coutumes russes ici en Amérique, ça ne donnera que des catastrophes ! conclut l'officier.

Lorsque tout fut réglé et que nous eûmes remis un peu d'ordre dans l'appartement d'Alex, nous quittâmes ce dernier qui, visiblement un peu troublé, nous confia :

– Je vais réfléchir à ce que m'a dit le lieutenant. Je me demande s'il n'a pas raison et si je ne devrais pas commencer à m'adapter aux mœurs américaines.

Simon et moi dûmes nous rendre à l'évidence qu'Alex avait parlé le plus sérieusement du monde.

Alors que nous remontions la 105ème rue en direction du métro, Simon dit :

– Plutôt que celle du lieutenant qui me semble irréaliste, peut-être Alex devrait-il méditer la remarque de Humpty Dumpty : les jours *d'innaniversaire* sont bien préférables !

*

Après avoir acheté mon billet et attendu dans le hall du rez-de-chaussée, j'avais, en compagnie d'une bonne cinquantaine de personnes, été propulsé dans les hauteurs par l'immense ascenseur ultra-rapide, et maintenant, je me retrouvai à l'air libre au sommet d'une des tours jumelles du World Trade Center. Notre regard plongeant entre les splendides tours néo-gothiques qui se dressaient autour de nous, nous pouvions toucher des yeux les reflets gris et verts chatoyant de tous côtés sur l'eau entourant la pointe de Manhattan ; nous pouvions distinguer de minuscules hélicoptères tournoyant, tels des jouets entre les gratte-ciels ou passant au-dessus du pont de Brooklyn, admirer enfin les girations concentriques des mouettes planant dans l'espace. Dans le lointain, derrière la Statue de la Liberté, une vaste réverbération aveuglait le regard. Au pied des tours, dans les minces rainures des rues, on distinguait les mouvements des automobiles, luisantes comme des insectes et dont la distance ralentissait considérablement la vitesse. On eut dit un panorama miniaturisé.

Un vent froid surprenant régnait là-haut. Après quelques instants, j'allai me réfugier dans la salle fermée du dessous, où d'ailleurs le point de vue était encore meilleur puisque nous pouvions non seulement nous approcher jusqu'à l'aplomb des murs, mais qu'avait encore été aménagée sur le pourtour, et littéralement au-dessus du vide, une étroite coursive en dalles de verre. Je n'osai, à vrai dire, m'y aventurer qu'un court instant et avec une telle appréhension que je n'eus pas réellement le loisir de contempler le gouffre qui s'ouvrait sous mes pas. Cependant, s'il est une chose dont je me souviens parfaitement c'est qu'au moment où j'y posai le pied, je fus saisi d'une étrange, irrationnelle, quasi onirique sensation de malaise – qui n'était pas seulement due au vertige et que je n'avais jusqu'ici ressentie qu'en haute montagne : la sensation diffuse de m'être aventuré dans un lieu dangereux, menacé par des forces hostiles indiscernables qui, à tout moment, risquaient de fondre du ciel…

Ce qui fit que j'abrégeai ma visite et redescendis au plus vite me mêler à l'anonyme et rassurante foule bigarrée des rues de New York.

*

Nous étions ce soir-là, Simon et moi, invités à dîner chez l'un de ses riches cousins. L'immeuble se trouvait dans un quartier chic de l'East Side et dominait les quais de l'East River à la hauteur de la 78ème rue. Après être montés par un ascenseur (avec liftier) dont le seul luxe laissait pantois, nous arrivâmes dans un appartement extrêmement spacieux et fastueux, comme il en existe à New York, et dont je n'avais jusqu'ici entrevu l'équivalent qu'au cinéma. Une servante noire en tablier blanc vint nous ouvrir et nous guida vers un vestibule orné d'une multitude de masques archaïques peinturlurés, de poteries, de lances, de hachettes, de tam-tams… une vraie panoplie d'explorateur chevronné ! Dans deux imposants vases de verre s'épanouissaient des bouquets de fleurs gigantesques.

Presque aussitôt, la maîtresse de maison, belle femme blonde aux yeux languides, moulée dans une robe droite assez stricte, nous accueillit et nous conduisit dans un vaste salon où elle nous pria de nous mettre à l'aise dans les profonds canapés.

Où nous voulions, dit-elle.

Puis, nous offrant à boire, elle ouvrit un meuble bas où s'étalait une collection de bouteilles d'apéritifs à faire pâlir un bar de Soho, nous versa les breuvages dans de magnifiques verres aux irisations bleutées et s'assit le plus simplement du monde en notre compagnie, entamant une « social-conversation » en règle, comme les Anglos-saxons upper-class en ont le secret.

Elle s'enquit tout d'abord du quartier de Paris où je demeurais et en profita pour enchaîner sur une anecdote insipide concernant une expérience qu'elle avait vécu dans un restaurant près du Trocadéro, puis me questionna sur mes activités et ainsi de suite… Au bout d'une vingtaine de minutes, son mari, playboy bronzé à blazer, arborant écusson aux armes d'un club de golf et pochette rose, fit son apparition en compagnie d'un garçon d'une douzaine d'années au visage constellé de taches de rousseur, portant des lunettes aux verres notablement épais et l'air très introverti. Il donnait l'impression d'appartenir à un autre univers que celui de ses parents.

Ils nous saluèrent tous deux et tandis que le garçon semblait s'abîmer dans des réflexions personnelles intenses, le mari reprit la conversation au point où elle en était, si l'on peut dire, arrivée… S'ensuivit donc une série de répliques conventionnelles entrecoupées de plaisanteries légèrement sarcastiques – destinées à laisser entendre qu'on en conserve sous le pied au cas où il y aurait une demande de conversation réellement sérieuse, laquelle n'est d'ailleurs pas vraiment souhaitable entre personnes qui se respectent –, banalités mondaines qui me permirent tout de même de comprendre, entre les mots, que le garçon silencieux appartenait à l'espèce dite *surdouée* et qu'en conséquence, il poursuivait sa scolarité dans un institut spécialisé.

Bref, la soirée s'annonçait d'un ennui mortel lorsque la mère me demanda si je voulais bien accompagner Elias, leur fils, dans *son bureau*, car il avait, en ma qualité de Français, un certain nombre de questions à me poser. À la fois intrigué et soulagé de pouvoir échapper à la conversation, j'acceptai avec empressement et suivis donc le jeune Elias dans un long couloir.

Parvenus devant ce qui ne pouvait être que sa porte, le garçon, qui ne m'avait pas adressé une seule fois la parole depuis le salut de politesse du début de la soirée, tira de sa poche de veste (il était vêtu d'une sorte de costume pour enfant sérieux : un complet en flanelle avec cravate) une clef assez volumineuse et ouvrit. Nous pénétrâmes dans un vaste espace qui, une fois éclairé, s'avéra être une verrière arrondie s'ouvrant sur une large terrasse surplombant l'East-River d'une part et sur le dôme entier du ciel d'autre part. Au centre reposait une grosse lunette d'astronomie dont l'extrémité était dirigée vers les murailles d'immeubles qui nous faisaient face, de l'autre côté du fleuve. L'ensemble de l'ameublement faisait penser au bureau du « savant illuminé » des bandes dessinées : de nombreux rayonnages couverts de livres, de revues, d'appareils scientifiques de toutes sortes, de microscopes, de boîtes de dissection et d'embaumement pour insectes, de fioles emplies de liquides colorés, d'instruments qui avaient l'apparence d'outils chirurgicaux, etc. Plus loin, un tableau noir couvert de formules et un ordinateur avec tout le fourniment. Au mur, d'innombrables cartes du ciel !

Elias referma soigneusement la porte à clef derrière nous et, lâchant la première parole de la soirée, déclara d'une voix étrangement assurée pour son âge :

– Je crains les importuns !

Puis, me désignant un siège comme l'eût fait un adulte, il s'assit en face de moi à une petite table où reposait une feuille de papier couverte d'une écriture serrée et un stylo, poursuivant :

– C'est le labo de mon grand-père qui était naturaliste, je me suis installé là en attendant.

– En attendant quoi ? demandai-je.

– En attendant d'avoir le mien, avec des instruments appropriés à la recherche moderne. Officiellement, ma spécialité est l'astrophysique mais mes véritables intérêts me portent plutôt vers l'histoire des sciences. Cependant, là-dessus, je vous demanderai de garder le silence : je juge inutile d'affoler mes parents qui ne comprendraient pas le sens d'un tel choix.

Elias s'exprimait avec une aisance et une précision stupéfiantes pour un garçon de douze ans. Il continua :

– J'ai fait croire à ma mère que je voulais vous interroger sur l'économie française mais, à vrai dire, je considère l'économie comme une superstition de notre époque. En réalité, je souhaite vous questionner sur certains aspects de la philosophie française d'aujourd'hui. Simon m'a dit que vous vous intéressiez à la philosophie, alors j'ai pensé qu'avec un peu de chance, vous connaîtriez (il se pencha pour lire sa feuille) Jacques Bouveresse, sur lequel j'ai l'intention de me renseigner tout particulièrement. Le connaissez-vous ?

– C'est-à-dire pas personnellement, mais j'ai lu quelques-uns de ses livres.

– Sur Wittgenstein ?

– Non. A vrai dire aucun de ceux-là, mais des essais sur Robert Musil et sur la philosophie analytique.

– Oui, la philosophie analytique dont les meilleurs représentants sont américains, et dont j'entends un jour perpétuer l'espèce, si toutefois je parviens à donner le change assez longtemps tant dans mon école que dans ma famille.

– Que voulez-vous dire ?

– Je veux dire, tout simplement, qu'aussi bien mon école, qui entend former l'élite scientifique de demain, que ma famille, qui est obsédée par la réussite sociale, ne pourraient considérer que d'un très mauvais œil de devoir nourrir en leur sein un éventuel futur adversaire de la science moderne.

– Parce que vous projetez déjà de vous opposer à la science ?

– Si mes appréhensions s'avèrent justifiées après examen plus approfondi, me déclara-t-il en me regardant droit dans les yeux, j'ai le regret de vous dire que oui !

– Mais n'est-il pas contradictoire de poursuivre parallèlement une carrière scientifique et n'est-ce pas du temps perdu ?

– Bien au contraire : en me pénétrant de leur manière de raisonner, je puis me préparer en secret à les contrecarrer d'autant mieux le moment venu. De toute façon, la discipline que j'ai choisie ne me pose aucune difficulté particulière. Il suffit d'appliquer leurs fameux théorèmes et ensuite, tout n'est qu'histoire de déclinaisons puisque leurs prétendues réponses sont déjà inscrites dans la grammaire de leurs questions.

– Hélas, je crains de ne pouvoir vous suivre, dis-je.

– Bref, je cherche à me renseigner du mieux que je le peux, en secret, je vous le répète, et je subodore (pour le moment je ne fais que d'avoir des intuitions car, voyez-vous, en dépit de mon Q.I. dont ils font si grand cas, je ne puis pour l'instant que pénétrer difficilement ces questions ardues de perceptions cognitives, bien plus ardues que toutes leurs déclinaisons astrophysiciennes, je vous l'assure !), je subodore, disais-je, qu'il y a beaucoup à apprendre pour moi du côté de Bouveresse et de ses commentaires sur Wittgenstein.

– Sans doute…

– Il y a quelqu'un d'autre qui me passionne : c'est Heisenberg et tout ce qui concerne la mécanique quantique, mais là, j'ai cru comprendre que Bouveresse n'était pas d'accord et qu'il entendait combattre ces conceptions. Avez-vous des informations sur ce point ?

– Vraiment pas, malheureusement. Mais dites-moi, c'est la première fois que je rencontre un garçon tel que vous, vous arrive-t-il de vous divertir, de jouer ?

– Oui, vous avez deviné notre point faible à nous autres qu'on appelle surdoués : nous avons du mal à nous divertir comme les autres. Enfin, j'ai été champion d'échecs des moins de douze ans de la ville de New York, puis j'ai décidé d'abandonner, car les échecs engloutissent ceux qui s'y aventurent trop loin. Maintenant, je pratique la plupart des jeux électroniques fournis par mon école et je fais un peu de jogging dans le parc de l'institut. Il faut que je réfléchisse sérieusement à cette question car j'ai constaté que j'améliorais mes performances intellectuelles avec des entraînements physiques réguliers.

– Et…, pardonnez-moi de vous poser cette question, mais avez-vous prévu une future tactique concernant le sexe opposé qui, vous le savez sans doute, nous occupe passablement, nous autres adultes ?

– Pour cela, je me suis fait un plan de vie : d'abord, décrocher mon poste d'astrophysicien pour avoir la paix, tout en poursuivant mes études secrètes, puis prendre deux ans sabbatiques pour régler la question sexuelle, ensuite me livrer à mon œuvre d'épistémologie.

– Deux ans !
– Vous pensez que ce n'est pas assez ?
– C'est-à-dire que c'est un domaine imprévisible !
– Sans doute, mais je compte ne jamais m'abandonner à l'amour romantique ni à aucune sorte de sentimentalité et contracter un mariage de raison avec une collègue qui poursuivra des études similaires aux miennes.
– Et en ce qui concerne une éventuelle progéniture ?
– C'est exclu, dit-il, nous n'avons pas tous pour mission de peupler la planète qui l'est déjà bien assez comme ça. Certains d'entre nous doivent plutôt se consacrer à trouver des moyens de survie pour ceux qui sont déjà là en surnombre. Ne croyez-vous pas ?
– Si ! Si ! dis-je, mais ne craignez-vous pas d'être un jour débordé par certains aspects de la vie que vous n'auriez pas prévus ?

Je croyais avoir posé une question relativement anodine, mais, à l'énoncé de celle-ci, Elias parut happé par une cogitation intense et, après être demeuré trois bonnes minutes à fixer obstinément le plancher, il finit par dire :
– Vous avez mis le doigt sur un problème crucial qui ne me laisse pas de repos. Effectivement : comment prévoir l'imprévisible ? Comment ménager des places à la surprise dans nos supputations ? Je veux me persuader que cela reste faisable, qu'il demeure possible de se rendre assez souple pour intégrer toutes les surprises dans nos calculs.
– Comment cela ?
– Je vais vous donner un exemple, me dit-il alors, suivez-moi sur la terrasse !

Il faisait nuit désormais et des millions d'alvéoles lumineuses scintillaient dans les hautes falaises des buildings surplombant l'East River. Des panneaux publicitaires géants agrandissaient aux limites du surréel des visages et des sourires aux dentitions parfaites, des objets domestiques rutilants qui, avec ces proportions et ces couleurs splendides, prenaient des allures d'icônes illuminées pour quelque cérémonie sacrée. À nos pieds, à la surface du fleuve, les feux des péniches se mêlaient à la réverbération des illuminations. Dans le ciel, les lueurs rouges et bleues des hélicoptères en vol nocturne clignotaient comme des lucioles pour se résorber ensuite derrière les murailles des gratte-ciels.

Elias dit :

– Dans ce spectacle urbain grandiose, quel est selon vous l'élément majeur qui soutient le tout en profondeur et auquel personne ne pense plus ?

– Le sexe ! dis-je, pour tenter une plaisanterie.

– Certes, mais ça, à ce que j'ai pu constater, tout le monde y pense. Non ! Quelque chose de plus profond et de plus fondamental.

– L'argent ?

– Vous n'y êtes pas du tout !

– J'avoue que je donne ma langue au chat.

– Eh bien ! L'électricité tout simplement ! dit Elias. Sans électricité tout s'écroule ! Et ce qu'il y a de tragique, c'est que tout le monde a presque oublié que l'électricité – celle-ci du moins – se fabrique et que, conséquemment, il est possible qu'un jour nous ne soyons plus en mesure de le faire. Aussi bien par impossibilité technique que par lassitude.

– Par lassitude ?

– Oui, par lassitude, car la fabrication de l'électricité induit une infrastructure très contraignante ; c'est une civilisation à elle toute seule et elle exige de nombreux sacrifices. Il est possible qu'un jour, les hommes de l'avenir ne consentent plus à sacrifier en faveur de la civilisation électrique.

– Ça risque de prendre du temps ! dis-je.

– Pour la lassitude, sans doute, mais pour la grosse panne, ça peut aller beaucoup plus vite !

– Oui… Il y a une quarantaine d'années, un écrivain français a écrit un livre d'anticipation de ce genre, qui est resté très célèbre.

– Ah ? J'aimerais beaucoup le lire, comment s'appelle-t-il ?

– *Ravage* de Barjavel. Une énorme panne électrique que personne ne parvient à maîtriser précipite l'écroulement du monde technologique.

Il me fit signe d'attendre et, après m'avoir demandé de les lui épeler lentement, écrivit le nom et le titre sur une page de carnet qu'il avait sorti de sa poche. Puis il reprit :

– En réalité, il existe un autre élément essentiel qui n'apparaît plus à personne : les chiffres arabes ! Sans les chiffres arabes, rien ne fonctionne non plus, et n'oubliez pas que tout repose sur l'invention magique du zéro. Magie à laquelle nous pourrions cesser de souscrire, elle aussi… Mais cela nous entraînerait trop loin… Comprenez seulement que je crois possible de prévoir la disparition soudaine des arcanes secrets qui soutiennent notre monde présent. Il s'agit de le programmer dans nos perspectives. Je consacrerai une partie de ma vie à cette tâche, du moins si les événements ne se précipitent pas et m'en laissent le loisir.

– Si je comprends bien, vous restez sceptique en ce qui concerne le progrès technique indéfini, vous pensez que cela ne tiendra pas ?

– C'est ce que j'ai tendance à croire pour le moment, mais je suis encore très jeune et je préférerais éviter de me prononcer prématurément.

Il se pencha de nouveau sur son carnet après l'avoir feuilleté :

– Avez-vous lu ou entendu parler d'un livre qui s'appelle *Le Déclin de l'Occident* d'Oswald Spengler ?

– Oui, je l'ai lu il y a très longtemps. L'auteur, autant que je m'en souvienne, y prophétise, lui aussi, l'écroulement de notre civilisation – à l'instar de beaucoup d'autres dans le passé. Selon lui, les civilisations sont des systèmes fermés qui connaissent un essor, une apogée et un déclin inévitable. Mais c'est un livre qui a mauvaise presse en Europe, on le considère comme politiquement incorrect : on l'accuse de véhiculer des idées réactionnaires et, à partir de là, il est frappé d'interdit par l'intelligentsia.

– J'ai l'impression qu'on se débarrasse de beaucoup de choses gênantes de cette façon expéditive, soupira Elias.

Nous étions restés sur la terrasse et un vent froid montait du fleuve. Nous décidâmes de rentrer à l'intérieur. Elias referma la porte de la verrière et se dirigea vers la bibliothèque ; il en tira un livre qu'il garda en main sans l'ouvrir et dit :

– J'ai cette conviction – qui vient peut-être des livres de science-fiction que je lisais auparavant – que d'autres civilisations, aussi perfectionnées et raffinées que la nôtre, ont déjà existé sur cette planète et que, pour les plus réussies et les plus anciennes, le souvenir s'en est perdu ; qu'on a, pour être plus exact, voulu oublier ! par goût de la nouveauté, par lassitude peut-être pour la civilisation elle-même et pour sa sophistication, par intérêt nostalgique pour la rusticité...

Il se tut quelques instants, songeur, puis reprit :

Peut-être leur perfectionnement était-il placé sur un plan moins matérialiste encore ou peut-être sur un mode matérialiste différent du nôtre, mais je crois que des mondes entiers ont été ainsi engloutis dans un lointain passé. Avez-vous lu *Demain les chiens* de Clifford D. Simak ? Au trentième millénaire de notre ère, la civilisation des chiens domine la terre. Un vieil archéologue avance une théorie incroyable : il y eut, dans un passé enfoui, des êtres beaucoup plus accomplis que les chiens, qui dominèrent cette planète. Les chiens les adoraient à l'égal des dieux et leur étaient entièrement inféodés. Évidemment, personne ne peut souscrire à une telle fable.

– C'est une belle idée, et peut-être sommes-nous actuellement tout aussi incrédules vis-à-vis de certaines de nos découvertes ? Avez-vous entendu parler de Mohenjo-Daro, cette cité enfouie exhumée au Pakistan et qui semble témoigner d'une civilisation extrêmement ancienne et raffinée ?

– Oui ! Et on commence à faire des découvertes du même ordre en Amazonie… Mais écoutez plutôt ce passage de Browning que j'ai souligné ici, dit Elias en ouvrant le livre qu'il avait gardé en main, et continuez de vous représenter en même temps le spectacle que nous venons de contempler sur la terrasse. Le poème s'intitule *Love among the ruins* :

Là où la fin du soir à la couleur tranquille sourit
À des lieues et des lieues
Sur les pâtures solitaires où nos moutons
Endormis à moitié
Rentrant au bruit des sonnailles dans le crépuscule
S'écartent ou s'arrêtent
En broutant -
Fut le site jadis d'une cité vaste et belle
À ce qu'on dit – …

Ici je passe, dit-il en tournant la page, et je reprends :

… Là où du palais audacieux, avec les dômes, jaillissaient les tours
Comme des flammes
Par-dessus l'enceinte d'un rempart aux cent portes

Enfermant tout,
Fait de marbre, sur lequel on pouvait marcher à l'aise
Douze de front. –

Et voyez désormais, telle abondance d'herbe, et si parfaite
Ne fut jamais !...

Elias referma le livre et resta un instant sans rien dire, puis se retournant vers la terrasse :

– Ce ne sont pas des pensées très amusantes pour un garçon de mon âge ; de plus, je ne peux en parler à personne et je dois sans cesse dissimuler, à l'école comme à mes parents, ce qui m'occupe réellement. Il est vrai que souvent, en regardant par ici (et il fit un geste en direction du panorama) je crois voir d'un seul coup, à la place de tout ça, « l'abondance d'herbe verte » et les « moutons endormis » du lointain futur auquel je veux croire. Ensuite, eh bien... je me replonge dans mes calculs d'astrophysique, qui sont tout aussi irréalistes et fantasmatiques... n'est-ce pas ?

– Mais mon cher Elias, il faut vous amuser aussi un peu, profiter de l'existence immédiate, il ne faut pas toujours penser !

– C'est vrai, vous avez raison, mais c'est cette satanée malformation qui m'handicape. En réalité, nous sommes des handicapés, vous savez ! J'observe mes camarades à l'institut, et je me vois, moi aussi. Cette intelligence anormale nous empêche d'être simples et heureux ; on ne peut jamais se déconnecter. Mais c'est sûr, il faut que je fasse un peu plus d'exercice, que j'essaie de m'amuser gratuitement et sans penser à rien.

À cet instant, on frappa à la porte et nous entendîmes la voix de sa mère :

– Mais pourquoi t'enfermes-tu, Elias ? Je te l'ai déjà dit, nous ne t'espionnons pas !

Elias alla ouvrir et répondit :

– C'est une question de principe, Mère !

Réplique qui sembla suffisamment péremptoire pour que celle-ci n'insistât pas. Elle nous invita alors à passer à table et, après qu'Elias eut refermé méticuleusement la porte, nous reprîmes le long couloir. Ayant laissé sa mère nous devancer, il me dit à voix basse :

– Je suis sûr que vous comprenez pourquoi notre conversation doit rester strictement confidentielle. Pas un mot, même à Simon !

– Je vous le promets, dis-je.

Dans la salle à manger, tout aussi somptueuse que le reste de l'appartement, nous attendait un excellent repas – lequel compensa l'atmosphère guindée qui l'accompagnait et au cours duquel Elias, ayant repris son air absent, n'ouvrit la bouche que pour manger.

Au moment de prendre congé toutefois, il s'absenta quelques minutes, puis, alors que nous étions déjà sur le palier et pendant le court instant où Simon remercia poliment ses parents, il réussit à me chuchoter en aparté :

– J'ai vraiment été heureux de faire votre connaissance. J'ai retrouvé un autre fragment de poème qui décrit encore mieux mon état d'âme présent par rapport à tout ce dont nous avons parlé. Tenez, gardez-le en souvenir de notre petite conspiration !

Et discrètement, il glissa dans ma poche une feuille de papier pliée en quatre.

Une fois seul dans le métro du retour, après avoir pris congé de Simon, je dépliai la feuille et lus. C'était un fragment des *Sonnets à Orphée* de Rainer Maria Rilke qu'il avait recopié à la main sur du papier quadrillé :

Eux (les dieux) ces amis puissants qui nous prennent les morts,
jamais ne touchent nulle part à nos rouages.
Et nos festins, nos bains nous les avons loin d'eux ;
depuis longtemps leurs messagers, trop lents pour nous
sont devancés toujours. Plus seuls, et tout à fait
sans nous connaître, dépendant les uns des autres,
nous n'allons plus sur nos chemins en beaux méandres,
mais au direct. S'ils brûlent, c'est dans les chaudières,
les feux de jadis, et toujours pour lever de plus gros
marteaux. Mais faiblit notre force ainsi qu'à des nageurs.

*

J'étais revenu au Metropolitan pour y contempler une dernière fois les vastes paysages – un peu « chromos » mais pourtant si évocateurs – des peintres de la fameuse École Naturaliste Américaine. Je restai près de deux heures, assis sur une chaise que je déplaçai au fur et à mesure, à m'imprégner de ces représentations idéalisées d'un Éden primordial dont les peintres n'avaient fait que traduire une possible vision en la calquant sur les paysages de la Nouvelle-Angleterre du XIXe siècle et de quelques coins perdus des Rocky Mountains. L'utopie « transcendantale », qui animait ces artistes contemporains d'Emerson, ayant ensuite placé la touche de sublimation éthérée caractéristique de ces compositions. J'y retrouvais du moins, et sans le moindre effort, l'exacte sensation enfantine ressentie au cours de mes premiers émerveillements au sein de la nature.

[Un cirque rocheux surplombé par les tours et les murailles dentelées de très hautes montagnes dont les sommets se perdent dans un halo de nuages majestueux – semblables aux auréoles entourant les apparitions divines dans les images saintes – et paraissent se fondre aux neiges éternelles. De longues cascades dégringolent en rebondissant sur les rebords de parapets chaotiques pour venir bouillonner et s'iriser en fine vapeur à la surface d'un lac en contrebas qui, endormi au creux d'une luxueuse fourrure d'arbres, semble recueillir comme en songe les reflets tremblants du décor. Au premier plan, une plage de galets léchée par des vaguelettes frémissantes s'ouvre sur une clairière d'herbe tendre, où serpente un ruisseau argenté ; quelques canards flottent sur l'onde, une dizaine de cerfs, immergés jusqu'au poitrail, la tête levée vers les hauteurs, paraissent fascinés par le spectacle qui s'offre à eux…]

Après m'être ainsi régénéré au contact de l'atmosphère des cimes – assez saint-sulpicienne à vrai dire – des néo-puritains américains, je me dirigeais vers la sortie lorsque, traversant une salle exiguë consacrée à la peinture italienne ancienne, où je n'avais nulle intention de m'attarder, je remarquai, près du portrait d'un jeune aristocrate du XVIIe siècle peint par Bronzino, un gardien, très jeune lui aussi, qui s'était assoupi sur sa chaise, la tête appuyée délicatement sur le rebord du lourd cadre doré du tableau et dont le visage offrait une perfection comparable à celle du parangon florentin représenté sur la toile. C'était l'une de ces merveilleuses coïncidences dont le hasard se plaît parfois à nous gratifier et l'on eût dit que le personnage au ferme regard du portrait veillait attentivement sur le sommeil de son *fraternel avatar*.

*

Rentré seul dans l'appartement de Simon, près du pont de Brooklyn, et après m'être soigneusement acquitté du devoir de verrouiller les trois serrures et de replacer les deux barres métalliques de sécurité, j'avais ingurgité la pizza molle accompagnée de la Budweiser corsée rapportées de la pizzeria du coin puis, m'étant installé presque inconsciemment devant la télévision, je m'étais laissé aller, par désœuvrement, à zapper d'une chaîne à l'autre… captivé soudain, malgré moi, par une musique inquiétante accompagnant des images d'une banalité qu'on devinait menaçante : on y voyait défiler à satiété les rues et les maisons uniformes d'une banlieue américaine classique : avenues rectilignes bordées d'innombrables panneaux publicitaires criards, de dépôts de matériaux et d'ustensiles ménagers divers, de fast-foods, de bars, de boutiques désertes, de longs et larges trottoirs défoncés où personne ne marchait jamais ; avenues spectrales surplombées des omniprésentes lignes électriques qui se croisaient au-dessus des chaussées et quadrillaient l'espace, encombrées, en outre, d'une multitude d'automobiles qui se suivaient en silence comme de souples fantômes motorisés, et partout, environnant les quartiers résidentiels, ces carrés de gazon réglementaires délimitant les parcelles où trônaient les maisons basses d'où la vie paraissait s'être absentée depuis longtemps.

Venait ensuite une série d'interviews où chacune des personnes interrogées parlait du protagoniste de l'histoire qui allait nous être contée – personnage réel, cela se comprenait au style du film.

Cet homme était présenté successivement comme : mari et père exemplaire par sa femme et ses enfants, excellent camarade par ses collègues de travail, voisin idéal par ses voisins, citoyen sans histoires par le commissaire de police, etc. Cependant, on comprenait soudain à quelques allusions qui échappaient aux personnes interrogées – qui toutes arboraient des mines affligées – que cet Américain modèle avait été le pire des monstres que le pays (pourtant prolifique en la matière) ait eu à subir en fait de « serial killers ».

Il s'avérait, en effet, que ce citoyen, officiellement conforme et tranquille, avait officieusement étranglé plus d'une centaine de prostituées au cours de vingt longues années, durant lesquelles sa prodigieuse duplicité avait empêché qu'on le soupçonnât jamais ! Sa particularité, en l'occurrence, étant d'aller se débarrasser du corps de ses victimes sur les berges d'une rivière au milieu des bois, dans des endroits consacrés où il les assemblait « en grappes » (selon sa propre expression, comprenait-on) pour venir ensuite les contempler, plusieurs soirs de suite, dans un état que le commentaire qualifiait de « transe morbide ».

Le montage de ce reportage avait ménagé le suspense jusqu'au moment crucial – évidemment accompagné de la musique appropriée – où apparaissait le visage du monstre : ô surprise ! C'était le visage d'un splendide anglo-saxon blond aux traits réguliers, au sourire avenant et franc, aux yeux bleus très purs… tout ce que l'Amérique pouvait produire de mieux en fait de beau garçon ! On le voyait, peu après son arrestation, gravir les marches d'un bâtiment public, encadré par deux représentants de la loi nantis, eux en revanche, de faciès inquiétants et pour le moins patibulaires.

La suite du documentaire nous apprenait que le meurtrier avait sauvé sa tête – dans cet État du Sud – en acceptant d'être soumis pendant plusieurs années à *une investigation psychologique approfondie* : interrogatoires et analyses psychiatriques menés par des experts et dont on nous offrait quelques extraits filmés.

L'homme était assis sur une chaise en face de trois messieurs très sérieux, chaussés de grosses lunettes. On lui demandait de fermer les yeux pour répondre et il devait se concentrer sur les souvenirs et images précis qui lui venaient à l'esprit immédiatement après l'écoute des questions. À un certain moment, on voyait le beau visage se tordre sous l'effet d'un rictus et les deux bras se lever et mimer un étranglement frénétique, quasi convulsif. Immédiatement après, le corps de l'homme, qui avait été comme soulevé par une vague retombait pantelant et se recroquevillait sur sa chaise en pleine crise de régression fœtale. L'homme ouvrait alors les yeux, une expression de surprise et d'ahurissement saisissante dans le regard, comme s'il n'arrivait pas à comprendre ce qui venait de l'habiter. On eût dit, à cet instant, l'innocence et la candeur d'un bel animal traqué !

Enfin, le clou de ce documentaire (si l'on peut dire) était la séance de « catharsis » organisée par la justice américaine : au terme du procès, les membres des familles des victimes étaient admis à venir parler au criminel obligé, pour sa part, les yeux dans les yeux des orateurs, d'entendre ce que ceux-ci avaient à lui dire. La plupart du temps, les discours se résumaient à un chapelet d'insultes et de malédictions où les imprécateurs finissaient par bafouiller de rage et d'émotion. Durant ces séances, le visage de l'ange prenait une teinte de cire et se voilait d'une expression somnambulique. Cependant, à la fin des fins – selon le montage, bien entendu intentionnel, du film – survenait une fluette, charmante vieille dame qui, après lui avoir décrit la haine qu'elle avait ressenti pour lui tout au long de l'instruction et des plaidoiries (où avait été évoqué, entre autres, l'assassinat particulièrement sordide de sa propre fille), lui déclarait qu'elle comprenait désormais, en le regardant bien, qu'il y avait à l'œuvre derrière tout cela une force incompréhensible et que, tout monstrueux qu'il ait pu être, il n'était en quelque sorte, lui aussi, qu'une victime d'un ordre maléfique qui s'était insidieusement mis en place dans ce pays depuis quelque temps et dont tous étaient peu ou prou responsables, qu'en conséquence elle lui pardonnait. À l'écoute de ces paroles, l'ange cataleptique, paraissant se réveiller d'un mauvais rêve, fixait intensément la vieille dame de ses yeux bleus étincelants, puis fondait en sanglots irrépressibles.

Le lendemain soir, invité dans une « party » très comme il faut et tandis que les convives se répandaient en propos gazouillants désordonnés, arrosés de champagne et de whisky, une triade de jolies filles typiquement new yorkaises dont j'avais réussi à m'approcher dans la cohue et qui avaient de toute évidence regardé le soir d'avant le même reportage que moi, commentait celui-ci avec une ferveur et une excitation nettement incontrôlées. On sentait que, tout à leur affaire, il eût été impossible de détourner leur attention de ce sujet fascinant, passionnant et *frissonnant*. Je mesurai alors à quel point la vieille dame avait vu juste et je me souvins de la phrase fatidique que l'américaine Djuna Barnes fait prononcer à son personnage de poète inspiré dans son roman *Le Bois de la Nuit* :

> « Il y a une chose que les enfants américains savent et ne peuvent pas dire, ils aiment le Petit chaperon Rouge et le Loup-au-lit ! »

*

Alors que j'attendais en compagnie d'une petite foule mon prochain embarquement dans le Boeing de la compagnie Egypt Air à destination de Paris, tout en contemplant, dans une biographie consacrée à Jack Kerouac (que j'avais dénichée juste avant de partir), quelques-unes de ses dernières photos, lesquelles nous montrent la trogne bouffie d'un vieil ivrogne abruti par l'alcool, je m'interrogeai sur cette funeste habitude que nous avions – dès l'instant où ceux-ci nous avaient éblouis aux instants de leur plus grande grâce – de vouloir à tout prix sanctifier, idolâtrer, ceux que nous admirions, car celle-ci nous obligeait à sans cesse occulter la réalité mouvante des faits, à nous mentir à nous-mêmes par fidélité prorogée, par incapacité à nous adapter à la loi d'entropie généralisée.

Combien n'en avions-nous pas connus ainsi qui, après une période d'éclat, s'étaient ensuite ternis jusqu'à la matité la plus consternante sans que nous autres, zélateurs impénitents, ayons pu envisager de nous l'avouer à nous-mêmes, agrippés comme nous l'étions à notre irréductible soif d'idoles indestructibles ?

Il semblait pourtant facile de remarquer combien les êtres, comme les astres, ne se maintenaient qu'un court instant à leur zénith.

Il y aurait là, sans doute, si nous n'étions pas retenus par la perspective déstabilisante de devoir changer nos habitudes, toute une théorie à développer concernant l'étincellement sporadique des êtres et des existences. Théorie plus humaine, à vrai dire, et qui aurait l'avantage de ne pas nous jeter avec une amertume vengeresse contre nos anciennes gloires défaites, car nous n'aimions pas voir nos idoles dégringoler du piédestal où nous les avions, la plupart du temps, hissées nous-mêmes à toute force ! Tenter de repérer dans chaque vie, chaque œuvre, et tout particulièrement dans celles des gens insignes, des « dits » génies, l'instant précis où commence le déclin, à savoir le moment exact où il est devenu temps – au lieu de les rejeter dans un anathème réservé aux anges déchus – de leur allouer la commisération fraternelle que nous devons à tout être vivant, inéluctablement pétri de faiblesses, me semblait pourtant un réflexe de simple humanité.

Ainsi en était-il, en tous cas, de ce pauvre et cher Kerouac, astre ô combien étincelant parmi les constellations poétiques du XXe siècle, dont la lumière, si intense, en un temps épuisa toute sa charge en l'espace d'une dizaine d'années seulement. Et d'après les quelques extraits que j'avais déjà pu parcourir, l'acharnement avec lequel ses biographes tentaient d'harmoniser les parties disparates d'une existence aussi éclatée que la sienne avait quelque chose d'indiciblement pathétique.

Or je crus entrevoir subitement que la destinée de Kerouac (lui qui avait si passionnément et désespérément, en un temps, désiré s'y intégrer[1]) résumait parfaitement ma vision globale de la Grande Amérique (cette entité *platonique* d'après Borges) – cette Amérique qui m'avait tant fasciné, moi aussi, dans ma jeunesse, à travers ses trappeurs, ses champions sportifs, ses comiques, son cinéma du « bonheur pragmatique » à la Frank Capra, et surtout ses écrivains autodidactes et ses « tramps » :

> Il y a toujours eu en Amérique une idée assez définie et assez spéciale selon laquelle on doit être libre de parcourir le pays à pied si on veut. Cela remonte à Jim Bridger et Johnny Applesead… Eh bien, le chemineau américain de la grande tradition est en voie de disparition… Il se passe quelque chose de bizarre. On ne peut même pas être seul dans la nature (aujourd'hui on dit

1. « J'ai écrit dix-sept romans après une jeunesse de pratique solitaire avoisinant les deux millions de mots, près de la fenêtre de la chambre à coucher, de la fenêtre de la chambre d'hôtel bon marché, de la fenêtre du dortoir des fous, du hublot, et finalement de la fenêtre de la prison – je voyais cette petite route poussiéreuse serpenter vers l'Ouest, vers mon rêve perdu d'être un authentique Américain ». *Vanité de Duluoz,* p. 202.

« Toute l'Américanité vers laquelle, pendant ma jeunesse, je me suis précipité sauvagement ; j'ai fui ma maison pour devenir le grand héros de la nuit américaine de la romance et du baratin ». *Le vagabond solitaire*, p. 30.

« zone primitive ») sans qu'un hélicoptère vienne faire sa petite enquête, il faut se camoufler… Pour ma part j'ai décidé que la seule chose à faire, c'est de rester assis dans une chambre et me saouler la gueule… Je ne vais pas faire de plaidoirie : je m'en vais tout simplement vers un autre monde.

Jack Kerouac

Je soupçonnais, pour tout dire, que cette Amérique que j'avais littéralement adorée à travers Fenimore Cooper, Whitman, Melville, Thoreau, Emerson, Thomas Wolfe, Steinbeck, Jack London, et tant d'autres par la suite, n'avait sans doute jamais été constituée que d'éléments réfractaires et isolés dans un vaste ensemble hostile. Oui, tous ceux-là qui – refusant cette « Amérique bâtie sur la paranoïa par des hommes qui se jugeaient supérieurs au lot commun, qui négligeaient l'ignominie de la mort, observaient les mystères mais ne semblaient nullement amoindris par eux, qui ne s'arrêtaient jamais à considérer la vanité de leurs rêves et qui, logiques avec eux-mêmes, les traduisaient en actes », ainsi que l'avait si bien énoncé Tennessee Williams [1] – avaient assurément formé, en leur temps, une brillante constellation dont ne nous parvenait plus désormais que la lumière fossile…

Je me souvins alors de la plaisanterie de Simon sur l'imprévisibilité des découvertes dans les voyages.

Avais-je finalement trouvé Les Indes Occidentales ?…

Une très sage et très ancienne tradition poétique chinoise, celle de la *visite à un ami sans le rencontrer*, me proposait une réponse :

1. Tennessee Williams, *La quête du chevalier*, éd. Robert Laffont, p. 112

Visite à un ermite de la montagne
de l'ouest sans le rencontrer.

au sommet, une chaumière
ascension en ligne droite, trente li
je frappe à la porte, personne pour ouvrir
je regarde à l'intérieur, rien qu'une table
il a dû sortir dans sa charrette en branches,
ou bien partir pêcher dans l'eau d'automne
nous nous sommes croisés sans nous voir
vain enthousiasme, je contemple alentour
couleur de l'herbe, sous la dernière pluie
bruit des pins, ce soir près de la fenêtre
à ces merveilles je m'accorde,
elles me lavent le cœur et les oreilles
pourtant, sans plaisir de l'hôte et du maître
je comprends alors la claire et pure loi
joie épuisée, je redescends la montagne
pourquoi t'attendre ?

Ch'iu Wei (694-789)

La prison de l'idée unique

> … son éloquence enflammée se déchaîne sur l'Allemagne avec la violence destructrice d'un ouragan. Son génie réside bien plus dans sa véhémence toute sensuelle que dans son intellectualité ; de même qu'il parle le langage du peuple, mais en y joignant un art de la forme d'une puissance extraordinaire, de même sa pensée traduit inconsciemment celle de la foule et en représente la volonté exprimée avec le maximum de passion. C'est en quelque sorte l'explosion à travers le monde de tout ce qui est allemand, de tous les instincts de l'Allemagne protestante et révoltée, et en même temps que l'esprit de nation entre dans ses idées, il entre dans l'histoire de sa nation. Il retransmet à la nature la force que celle-ci lui a donnée.

À la question de savoir quel est l'orateur désigné dans le passage ci-dessus, il paraît peu douteux que la plupart d'entre nous donneront la même réponse.

Or cette citation provient d'un petit essai où Stefan Zweig nous décrit la haine viscérale que Luther nourrissait à l'égard d'Érasme. Haine symptomatique et hautement édifiante dans la mesure où elle pointe le sentiment dominant qu'à toutes les époques, les réformateurs dogmatiques paraissent avoir éprouvé à l'égard de l'esprit philosophico-ironique. Cependant, il y a plus dans cet extrait : le dessein délibéré d'établir un troublant parallèle, car jusqu'à ce que le nom de Luther apparaisse (un peu plus tard dans le texte), nous aurions pu jurer, nous autres, *enfants de la dernière guerre*, avoir affaire à celui que ce texte désigne clairement comme son avatar...[1] !

Tous ceux qui se sont intéressés à l'œuvre prodigieuse de Knut Hamsun savent que cette figure tutélaire des lettres scandinaves, prix Nobel de littérature en 1920, fut, après un procès retentissant en 1945, condamné à la prison pour sympathie nazie proclamée et revendiquée.

Venant de terminer sa volumineuse biographie[2] où l'auteur s'étonne de ce ralliement politique apparemment si éloigné de son œuvre, je m'interroge à mon tour sur la fascination que ce type de talent (Céline, Hamsun, Nietzsche, Ezra Pound, Chardonne, Bernanos, Drieu la Rochelle, Gorki, Malraux, Sartre, Aragon, et pas mal d'autres...) exerce souvent de prime abord – avant que nos yeux ne s'ouvrent à l'aspect purement rhétorique de leurs brillants discours. Car il n'en demeure pas moins après coup (au-delà de la séduction opérée sur notre sensibilité lyrique) que là où le bât blesse toujours – même lorsque, sur un plan poétique, leur œuvre en conserve une sorte de conscience diffuse – c'est que ces âmes impétueuses paraissent vouloir occulter la diversité, la disparité inéluctables qui fleurissent ici-bas, qu'ils semblent n'avoir jamais été effleurés par le soupçon que ce monde puisse n'être

1. Un livre remarquable, *Une certaine idée de l'Allemagne* de Nicole Parfait (éditions Desjonquères, 1999), nous décrit brillamment l'influence majeure de Luther sur la pensée germanique qui lui est postérieure. On y découvre les racines du nationalisme allemand et comment s'y ébauchent déjà, de façon patente et troublante, les prémisses du national-socialisme.

2. *Knut Hamsun, un aigle dans la tempête* de Sten Sparre Nilson (éditions Pardès, 1991).

qu'une des nombreuses facettes d'un kaléidoscopique « Multivers » (selon la belle expression de John Cowper Powys) plutôt que le centre d'un simple et logique Univers. Il en résulte que, quand bien même leurs théories, leurs visions ou leurs revendications seraient excellentes en ce qui concerne le groupe social, la partie de la planète ou la sorte d'humanité qu'ils représentent, ils perdent trop vite la notion de la spécificité qu'ils incarnent, laquelle – qu'ils le veuillent on non – ira fatalement s'insérer parmi une multiple variété d'autres, tout aussi excellentes que la leur.

À cet égard, la vieille culture chinoise a eu la sagesse de considérer que non seulement les spéculateurs intellectuels et les littérateurs n'avaient pas leur mot à dire sur la conduite des affaires publiques, mais encore qu'il était extrêmement périlleux de laisser accéder au pouvoir des gens à fort tempérament, car, aussi brillants et intelligents puissent-ils être, leur impétuosité révèle que leur esprit n'a pas été éduqué de longue date à embrasser les choses sous différents points de vue. Ils s'aveuglent donc sur le bien-fondé du leur, sans jamais envisager que la réalité puisse se distribuer entre des centaines de vérités circonstanciées.

(« La Thora a mille faces et chacune est la vérité », disaient les anciens sages d'Israël.)

Il découle encore de cette ancienne sagacité chinoise que, du point de vue politique, rien ne saurait être plus dangereux que l'avènement au pouvoir d'un chef d'État que précisément *le pouvoir ne changerait pas* ; bref, un tempérament « psychorigide » qui persisterait à vouloir appliquer les idées qui l'ont fait plébisciter. En effet, les perspectives et les points de vue devant nécessairement varier selon les changements de situation, celui qui a reçu pour mission de gouverner un État ne peut raisonnablement conserver la même vision d'ensemble que celle qu'il s'était fabriquée du temps où il n'était que le représentant d'une province – car nul, aussi savant et perspicace soit-il, ne saurait jamais prévoir l'entière complexité d'un réel en perpétuelle mutation. Il conviendrait donc, toujours selon cette perspective, de se méfier avant tout des chefs jeunes et idéalistes – lesquels tenteront inévitablement de faire valoir leur seul point de vue avec la dernière énergie et, au besoin, par la pire des coercitions. À la tête d'un gouvernement, quelqu'un de mûr, de désabusé, de prudent et de sceptique serait donc toujours préférable.

Le *néo-paganisme germain*, par exemple [1], semblerait être né d'une saine réaction compensatoire à l'intellectualisme débridé qui régnait alors à Vienne. Le hasard aurait voulu que ce mouvement ait très vite eu partie liée avec la cause des paysans bavarois écrasés par les dettes et dont – lorsqu'ils n'étaient plus en mesure de les honorer – on vendait les biens à l'encan, sans autre forme de procès. Cette synergie de mouvements hétéroclites dont les diverses revendications paraîtraient avoir été relativement justifiées en elles-mêmes, n'aurait certainement jamais connu l'expansion que l'on sait s'il n'avait servi de tremplin à un petit-bourgeois mégalomane de la sorte incriminée plus haut, un tribun véhément qui savait flatter les bas instincts du peuple et qui, surtout, n'était pas du genre à s'embarrasser d'une quelconque hésitation quant à l'éventuel bien-fondé des raisons antagonistes aux siennes [2].

1. Et comme c'est encore le mérite de cette excellente biographie de nous le montrer.

2. « Ce faisant, le mythe allemand, élitiste par essence et par vocation, prétend néanmoins, conformément à sa nature de mythe, présenter une vérité universelle, et se déploie en conséquence avec le messianisme que lui confère cette certitude. Comme tout messianisme, celui-ci ne s'encombre ni de détails, ni d'objections. » Nicole Parfait, *Une certaine idée de l'Allemagne*, p. 93.

D'où l'atroce totalitarisme sans concession qui s'ensuivit.

Peut-être n'est-il pas inutile de faire ici une courte digression en remarquant qu'il est assez habituel, de nos jours, de se bercer de l'illusion que le système démocratique et parlementaire moderne soit un garde-fou approprié, un efficace régulateur des idiosyncrasies exaltées. Il semblerait cependant, à observer les choses d'un œil moins conventionnel, qu'il n'en soit pas tout à fait ainsi, et ce pour la raison probable que l'éducation dispensée par les États actuels (où l'esprit scientifique domine) prédispose au développement de spécialisations exclusives favorisant une véritable atomisation des esprits individuels : *tous cramponnés au seul point de vue entraperçu depuis leur étroite lucarne !* Nous sommes ici à cent lieues de l'idéal humaniste généralement invoqué dans les écoles. De surcroît, les républiques à idéologie égalitariste encourageant une foire d'empoigne sauvage, cruelle et larvée (largement ignorée des anciens régimes hiérarchiques), ces cervelles formatées par la spécialisation [1] en viennent très vite à perdre de vue les relations nécessaires entre les parties et le tout et, tels des termites creusant aveuglément leur tunnel, se mettent au service de puissances démoniaques, tout en croyant naïvement œuvrer pour le bien commun [2].

Devant ce constat, ne pourrait-on, parfois, se prendre à rêver d'une éducation réellement pluraliste (chère à

1. Je veux parler ici de tous les savants technocrates qui perfectionnent notre *meilleur des mondes.*

2. « … comme un savant œuvrant patiemment, jour et nuit, dans son laboratoire, pour inventer une nouvelle sorte de chagrin ».
Jack Kerouac, *Dharma.*

Goethe [1]) – plus ouverte, en tous cas, à l'anthropologie, au « perspectivisme » historique et géographique, et suscitant une véritable réflexion devant le panorama de l'étonnante diversité des « mondes parallèles » ayant coexisté et survivant encore *un peu* sur notre planète [2] ?

Pourquoi pas, en outre, une éducation qui chercherait à développer l'examen de la pluricausalité ?

Ne sommes-nous pas, en effet, toujours induits par notre ancestral dressage monothéiste, mathématico-rationnel et pour tout dire judéo-chrétien, à concevoir les effets comme procédant invariablement d'une seule

1. Écoutons ce que nous dit Jean Malaurie : « Oui, Goethe est à relire : il nous apprend que, dès son époque, les professeurs, prétentieux parce que se jugeant maîtres dans leurs disciplines, enfermés dans leur donjon, étaient incapables de s'écouter mutuellement. [...] Le sage de Weimar prône la pluridisciplinarité, avec des regards multiples et même divergents : la géologie, la morphologie dont il invente le terme, la météorologie, la botanique, la couleur (et sa célèbre théorie), la peinture, l'histoire, la poésie, la dramaturgie... Faire coexister les vérités. « N'est vrai que ce qui fructifie » ; dans une vision libertaire, il se méfie des vérités érigées en « principes » et en « dogmes », comme pour affirmer, nous dit-il, un pouvoir. *Dans l'Allée énigmatique des baleines* je retiens une approche humble de la nature ; avec des sens aigus – que, hélas, nous n'avons plus –, inspirée par la science intuitive de *l'Éthique* de Spinoza (qui revalorise, nous rappelle Goethe, l'intuition comme mode de la connaissance), celle-ci, dans certains cas, peut être équivalente à la raison. » *L'allée des baleines*, éditions Mille et Une Nuits, pp. 146-147.

2. Qui donc, par exemple, parmi nos beaux esprits actuels, possède la moindre notion de l'extraordinaire complexité de la civilisation des Aborigènes d'Australie, des Dogons d'Afrique, des Nas de Chine ou encore des Inuits ?

« Ces impuissants, ces incapables, *miserabilis personnae,* qui ne peuvent rien pour eux-mêmes, ils peuvent beaucoup pour nous. Ils ont en eux un mystère de puissance reconnue, une fécondité cachée, des sources vives au fond de la nature. Barbares, sauvages, enfants [...], ils ont cette misère commune, que leur instinct est inconnu, qu'eux-mêmes ne savent pas nous faire comprendre. » Jules Michelet, *Le Peuple*, Paris, 1874, pp. 194-195.

et unique Cause première ? Ne sommes-nous pas ainsi conduits à nous projeter – sans cesse de nouveau – dans une globalisation unicisante, ultra-planificatrice ?

Ne serait-on pas en droit de considérer que ce que le monothéisme chrétien, le grand principe du Dieu unique, de la Cause première, ont instillé en nous depuis des siècles, est le principe intolérant de l'individuel s'instituant universel, de l'homme s'intronisant lui-même Dieu ? Les religions païennes et archaïques, avec leur kyrielle de dieux turbulents, excentriques et querelleurs, n'étaient-elles pas mieux protégées contre les dangers de l'impérialisme moral ?

> L'idée d'opposer sa propre personne comme une sorte de norme définitive est, manifestement, un besoin du sentiment de soi-même chez l'Européen occidental.
>
> Oswald Spengler,
> *Le Déclin de l'Occident*, p. 32.

La biographie de Knut Hamsun en vient ensuite assez naturellement à formuler des hypothèses sur les racines du nazisme norvégien. C'est là justement que le livre nous laisse quelque peu insatisfait.

Car bien qu'il soit fait état des multiples publications et divers débats qui continuent encore aujourd'hui d'avoir lieu en Scandinavie autour de ce que les intellectuels se plaisent à désigner comme « l'Énigme Hamsun », aucun commentateur ne s'interroge sérieusement à propos des structures mentales religieuses en vigueur en Norvège du temps de l'enfance de l'écrivain, alors que précisément (puisque ces exégètes tentent de déceler les prémices du fascisme dans son œuvre) il est assez facile de montrer que sa conception de l'amour, puis de la nature – qui lui fait pendant – relève d'une mentalité protestante puritaine, laquelle me paraît constituer l'une des racines possibles du nazisme [1].

Il est donc étonnant de constater, ici comme ailleurs, à quel point il est fait peu de cas de ce que les sociologues nomment *la religion inconsciente*, à savoir cette influence indéracinable, prédominante en nous, des croyances religieuses qui conditionnent (que l'on soit libre penseur, agnostique ou nommément croyant) les structures fondamentales de la société où nous avons été élevés ! Cette question des structures mentales qui sous-tendent notre imaginaire paraît incroyablement négligée encore aujourd'hui et l'on en retire l'étrange impression que la pensée de Max Weber est restée lettre morte pour la plupart des intellectuels [2].

Il paraît pourtant difficile de nier que nous détenions là une clef pour pénétrer la conception hamsunienne morbido-romantique de l'amour – thème prédominant dans son œuvre – laquelle, c'est le moins qu'on puisse dire, n'inspire pas une franche gaieté.

Dans la plupart des romans d'Hamsun, pour des raisons assez obscures (à l'entendement d'un esprit latin, du moins) et qui tournent toutes autour de ténébreuses, ombrageuses, questions d'honneur et de préséance dans les aveux, de fière indépendance chez l'homme, de timidité pudibonde et conformiste chez la femme, les relations échouent avant même d'avoir commencé et sans qu'il y ait eu la moindre concertation entre les deux parties – lesquelles ont pu passer de longs mois à

1. Hypothèse, je le signale, déjà avancée par Primo Lévi dans *Naufragés et Rescapés*.

2. Pour prendre un exemple : il est évident qu'au niveau d'examen auquel on tente de se maintenir ici, l'école républicaine actuelle en France : « La Laïque de Jules Ferry », comme on la nomme parfois, administre au niveau moral et existentiel – et ce, en dépit des gesticulations des prétendus *rationalistes-libres-penseurs* – une éducation foncièrement catholique !

s'épier, guettant les moindres signes d'ouverture éventuelle, sans même parfois s'adresser la parole (!), dans une sorte de bras de fer mental, à celui qui cédera le dernier en dévoilant ses sentiments. Quand, et c'est le plus fréquent, le protagoniste mâle ou femelle (le plus souvent mâle) ne s'enfonce pas dès l'abord dans un refus provocateur, sado-masochiste, de communiquer sous quelque forme que ce soit avec l'objet obsessionnel de son désir. En bref, ce sont presque toujours des histoires d'amour clandestinement torrides qui n'aboutissent pas. À se demander d'ailleurs si, par une subtile économie psychique, ces êtres essentiellement spirituels n'évitent pas sagement ainsi d'encourir la moindre désillusion émanée du réel ! Reste, hélas, et pour longtemps, le fer lancinant des regrets générés par le désir insatisfait…

Certains des personnages de ces histoires éprouvantes – tellement éprouvantes parfois qu'on est obligé d'en interrompre la lecture – en viennent rapidement à des comportements démoniaques et cruels, surtout si, de surcroît, une rivalité amoureuse est en jeu.

Cependant, le recours ultérieur de ces âmes meurtries par leur impossibilité congénitale à embrasser le bonheur et le plaisir – conçus par leur surmoi impérieux comme coupables – demeure la nature vierge, la forêt primordiale, laquelle représente à jamais la grande consolatrice apaisant les tensions insoutenables sécrétées par les rapports humains civilisés, rédimant ultérieurement, on le devine, tous les péchés perpétrés en ce bas monde !

Au risque de faire se retourner dans sa tombe le pauvre Knut – lui qui haïssait si fort la culture anglo-saxonne –, il est intéressant de remarquer que cette thématique d'ensemble est précisément récurrente dans la littérature anglaise romantique. Thématique, là encore, imputable à la conception puritaine de l'érotisme où l'accomplissement de l'acte de chair – inéluctable et nécessaire à la perpétuation de l'espèce, hélas ! – ne cesse de flirter avec le péché et la perdition tant redoutés !

Et nous savons – notamment par les écrits de Karen Blixen sur ce pays voisin – quelle sorte de puritanisme austère et sourcilleux sévissait en Norvège au temps de la jeunesse d'Hamsun.

Ainsi, n'est-ce pas le puritanisme inhérent à la culture norvégienne et instillé dans les veines du petit Knut qui s'exprime par des voies détournées à la fois dans l'œuvre et dans les choix politiques de Hamsun adulte ? Cette posture paranoïaque du *maudit seul contre tous* – s'enfermant à double tour dans le fanatisme et ce d'autant plus farouchement qu'on le presse d'abjurer – ne constitue-t-elle pas, effectivement, un trait de caractère répertorié dans la littérature des pays d'obédience protestante ? N'y rencontre-t-on pas, à chaque détour de roman, la figure diabolique du pasteur zélé, têtu et maléfique ? Et Knut Hamsun n'était-il pas cette sorte d'homme : sourcilleux, ardent, innocemment pervers ? Un pasteur laïque en somme !

Or quel est donc le grand danger du protestantisme rigoriste (danger déjà mentionné par Montaigne au temps des guerres de Religions) si ce n'est cette inévitable propension – favorisée par le libre examen des textes sacrés – à l'extrémisme solipsiste ? Car, ainsi que nous sommes amplement payés pour le savoir aujourd'hui, après le dévoilement historique du cheminement intérieur et de la psychologie particulière des divers tyrans mégalomaniaques (qui ont si magnifiquement fleuri à toutes les époques mais avec un luxe tout particulier à la nôtre), le mensonge à soi-même et la mauvaise foi – débouchant invariablement sur le fanatisme – sont les conséquences presque automatiques de l'idiosyncrasie exacerbée [1].

Quiconque, maintenant, a suffisamment étudié Nietzsche et réfléchi sur son œuvre contradictoire, a pu s'aviser, à un moment ou à un autre, que celui-ci, digne fils de pasteur, fut dans ses accès d'extrémisme (valorisant la souffrance, la brutalité, la guerre ou la cruauté, répudiant les faibles et récusant toute influence féminine sur la pensée) une victime inconsciente et contra-phobique du puritanisme [2] – lequel continuait insidieusement de le grever de l'intérieur. Ce qui est intéressant, d'ailleurs, et comme c'est si souvent le cas au cours de son œuvre contrastée et protéiforme, est qu'il nous fournit lui-même les arguments pour le contrecarrer. Dans sa correspondance avec son grand ami de jeunesse, le baron Von Gersdorff, nous trouvons ces quelques lignes où – ayant appris par la lettre précédente que ce dernier désirait s'adonner sérieusement au régime végétarien – il lui répond ceci :

1. Une version plus douce mais pas moins dangereuse du puritanisme, tel qu'il continue de sévir encore aujourd'hui sous une forme larvée, aux États-Unis par exemple, est de promouvoir, à la longue, un individualisme forcené, une sorte d'autodidactisme mégalomaniaque, un orgueil solitaire et têtu qu'aucune tentative d'objectivité ni de référence aux autres ne vient plus tempérer, lequel aboutit alors souvent à la formation de sectes, dirigées d'une main de fer par un gourou ombrageux communiquant seul à seul avec « Son » Dieu. Scénario récurrent outre-atlantique et dont nous avons eu récemment une sinistre illustration à l'échelle internationale.

Il semble d'ailleurs que le catholicisme ait précisément tenté (avec un succès inégal, il faut bien l'avouer) de se prémunir contre ce danger, en instituant une hiérarchie interprétative qui avait précisément pour fonction d'obliger ses ressortissants à rester en contact permanent avec l'opinion d'autrui.

2. Consulter à ce sujet le si pertinent livre de Frédéric Pajak, *Nietzsche et son père* (PUF, 2003).

Il me semble que les principes végétariens sont au départ une forme de modération, alors pourquoi les pousser à l'extrême ? Eh bien, je crois pouvoir te donner unc réponse : parce qu'il est toujours plus facile de se réfugier dans les attitudes radicales que de s'engager sur le périlleux chemin du juste milieu !

Que ne s'est-il appliqué à lui-même ce sage précepte ?

Peut-être pouvons-nous, à notre tour, à la lumière de ce que lui-même nous enseigne, proposer une réponse : ne serait-ce pas qu'à l'instar de ces « humains trop humains », lui aussi, Friedrich, fut tenaillé par une volonté de puissance particulièrement ardente, une ambition démesurée et mégalomaniaque (culminant dans *Ecce Homo*) que toute sa sagacité théorique, philosophique et psychologique ne lui permettait pas de contrôler sur le plan personnel ?

Et puisque la plupart des intellectuels scandinaves ont cherché à montrer l'influence déterminante de sa pensée sur celle d'Hamsun, ne pouvons-nous, à ce stade, en inférer une comparaison éclairante ? Nietzsche et Hamsun, semblablement victimes du radicalisme déterminé en profondeur par leurs austères racines protestantes ?

Par ailleurs, le nazisme et le fascisme, ainsi que la plupart des tyrannies collectives du siècle dernier, ne s'apparentent-ils pas étroitement à une forme perverse de messianisme obnubilé par ses propres révélations privées, et ne pouvons-nous y déceler une analogie patente avec le parcours de l'orgueilleux Knut Hamsun – autodidacte résolu s'il en fut jamais ? Lui dont – notons-le en passant – il paraît impossible de dénicher un portrait photographique souriant : toujours ce masque hiératique et crispé du moraliste anxieux !

Je crois bien que c'est Chesterton – grand défenseur d'un catholicisme laxiste – qui met en évidence cette apparente contradiction : dans les temps récents, les références au paganisme opposé exemplairement aux valeurs chrétiennes furent presque toujours le fait de puritains de souche qui s'étaient fabriqué une conception de la nature comme lieu de pureté et d'innocence intégrales. Curieusement, oui, la plupart de ceux qui prônèrent, en particulier au XIXe siècle, une sorte de retour au paganisme, n'étaient bien souvent que d'austères rejetons protestants convaincus des pouvoirs régénérants d'une nature idéalisée, d'une sauvagerie rousseauiste et matricielle.

À la suite de cela, ne pourrait-on avancer que Nietzsche et Hamsun, ne combattirent les conceptions chrétiennes avec une telle ardeur – un tel génie de la rhétorique pour le premier, un tel lyrisme envoûtant pour le second – qu'en raison de l'emprise qu'elles conservaient sur leur sensibilité atavique profonde, se raccrochant tous deux pour ce faire, et de façon assez pathétique, à une sublimation païenne utopique ? Ne pourrait-on alors en déduire aussi, pour notre usage, qu'il est de certains combats qui ne peuvent se mener que contre soi-même ? Contre les voix sourdement impérieuses, en notre for intérieur, de l'indépassable éducation qui nous a formés ? Pour cela, hélas, ne faudrait-il pas développer une conscience inhumainement acérée (et, pour le coup, relevant elle-même de l'utopie par un autre biais) de l'inéluctable bovarysme qui, tout en constituant l'axe de notre nécessaire illusion vitale, nous interdit à tout jamais de nous concevoir nous-mêmes tels que nous sommes [1] ?

Or précisément cette civilisation anglaise – que Nietzsche et Hamsun vomissaient, au point pour le

1. Je fais allusion ici à la géniale conception de ce philosophe, Jules de Gaultier, injustement tombé dans l'oubli et dont j'ai parlé précédemment. D'obédience nietzschéenne et admirateur de Flaubert, il a façonné la précieuse notion de bovarysme – laquelle désigne cette perpétuelle faculté d'illusion qui nous permet de travestir à la fois la réalité générale qui nous englobe, mais aussi notre réalité individuelle propre, sous les apparences chatoyantes de nos désirs les plus chers. Faculté – et c'est là que cette vision philosophique prend toute sa puissance – non seulement inévitable mais hautement nécessaire en ce sens qu'elle constitue le moteur (alimenté par les mythes qui nous captivent, tels celui de la Vérité ou de la Liberté) qui fait tourner la roue du monde :

« Les idées de Vérité et de Liberté sont des fictions, mais des fictions naturelles, engendrées par la vie dès qu'elle se meut. La touffe d'herbe fraîche attachée, pour le dresser, devant les naseaux du cheval qui, dans un manège forain, fait tourner le cirque des chevaux de bois, n'a par elle-même aucune vertu pour faire mouvoir l'appareil, mais le cheval, attelé et harnaché, s'élance vers l'herbe fraîche qui fuit devant lui à une vitesse égale à celle qu'il déploie pour l'atteindre. Ainsi il entraîne de son effort tout le cirque des chevaux de bois, avec ses cavaliers enfantins, ses écuyères en fête, parmi le bruit des propos et des chants, dans un fracas d'orgues et de cymbales, sous la lumière des quinquets multicolores. La Vérité, la Liberté sont pour l'homme ces bouquets d'herbes fraîches : l'homme croit qu'une Vérité fixe est assignée comme but à l'effort intellectuel ; il croit qu'il dispose d'un libre arbitre, c'est-à-dire du pouvoir de se modifier lui-même, dans le sens de la vérité qu'il aura trouvée. Et l'homme aussi prend sa course vers ces promesses fleuries qui règlent la vitesse de leur fuite sur l'énergie de son élan. De la sorte est mis en branle le diorama infiniment complexe du monde moral, parmi le cortège des civilisations, la clameur des prières, la frénésie des actes et la méditation des philosophes. »

Jules de Gaultier (*De Kant à Nietzsche*, p. 303).

second de rallier l'hitlérisme[1] dans le seul but de la combattre – a sécrété de longue date un antidote à ce puritanisme sans cesse récurrent. Antidote conçu sous la forme de l'humour auto-ironique dévastateur que les plus *communément sensés* parmi les Anglais pratiquent avec le talent que l'on sait. Humour, sarcastique et réaliste, qui oppose de manière quasi systématique aux opinions trop déterminées ses commentaires sardoniques :

> C'était une belle, une magnifique théorie, hélas, lâchement assassinée par un vilain petit fait !
>
> Samuel Butler.

Et cet humour – si l'on admet le principe selon lequel nous ne saurions être lucides vis-à-vis de nos égarements rationnels – ne réside-t-il pas dans l'exercice d'une prudente mise à distance automatique se déclenchant en face de toute généralisation d'envergure ? Habitude

1. Pour le premier, il demeure difficile d'ignorer, même si l'on sait parfaitement qu'il s'agit d'un usage abusif en grande partie induit par son exécrable sœur, qu'il servit de caution philosophique majeure à l'idéologie nazie.

Cela étant dit, je reste persuadé que la fréquentation assidue de Nietzsche reste la plus efficace leçon de résistance acharnée à la pensée dogmatique et totalitaire. Il me semble en effet, que c'est précisément ceux qui ont cherché à lutter de façon intime contre ces démons (même en pure perte) qui conservent le plus de chance de nous enseigner la juste stratégie à adopter. Cette remarque semble pouvoir s'appliquer à Ernst Jünger, lui aussi souvent accusé abusivement de collusion avec le Léviathan. Une citation d'Orwell (l'autre grand anarchiste-conservateur de la littérature européenne) s'impose ici :

« Il n'y a que deux sortes de gens qui comprennent vraiment le fascisme, ceux qui en ont souffert et *ceux qui possèdent en eux une fibre fasciste.* »

qui, à tout le moins, préserve le petit laps de temps et d'espace mental propre à la réflexion. Humour autoironique dont on peut constater qu'il fit cruellement défaut aussi bien à Nietzsche qu'à Hamsun.

Au risque de tomber à mon tour dans un bovarysme exacerbé – trompé par « le montage sur roulements à billes de mes propres raisonnements » [1] – et de venir ainsi naïvement illustrer, à la suite de tant d'autres, la définition flaubertienne de la bêtise, je tenterai néanmoins *une manière de conclusion*, en citant un dernier passage de l'essai de Stefan Zweig évoqué au début :

> Les restrictions brutales à la liberté de pensée, à la liberté de conscience, l'inquisition et la censure, le bûcher et l'échafaud, ce n'est pas à la violence qu'il faut les imputer, mais au fanatisme, ce génie de la partialité, cet ennemi héréditaire de l'universalité, *ce prisonnier d'une idée unique* [2] qui essaye de traîner et d'enfermer dans sa prison l'univers tout entier.

1. Pour reprendre l'expression que Barbey d'Aurevilly lance à la tête de son frère, l'abbé, après que celui-ci lui a infligé un « brillant et irréfutable sermon ».
2. C'est moi qui souligne.

Six aperçus des campagnes modernes

Récemment, alors que je redescendais du hameau du Landié tout près du village de Pruines (sans carte d'état-major au 1/2500, n'espérez pas vous repérer !), à toute petite vitesse et après avoir chargé à l'arrière la débroussailleuse qui sortait de chez Buissou, le réparateur local, essayant au passage d'observer tout à la fois : la façon dont, parmi les trouées de la ligne des saules et des peupliers qui la bordaient, la rivière Dourdou miroitait au fond de la combe ; le sentier qui serpentait à travers champs et passait non loin d'un gros chêne solitaire sous lequel quelques bovidés semblaient méditer leur karma ; et pour finir, dans le ciel, ce couple de buses qui tournoyaient lentement, parachevant la sensation de planer voluptueusement, moi aussi, au plus haut de l'été…

Bref, alors que je me livrais à l'exercice périlleux de contempler le paysage tout en cherchant à éviter comme je le pouvais, sur la route très exiguë, de verser dans le ravin – ce qui, même à vitesse très réduite, vous oblige, je le crains, à prendre des dispositions définitives… – je fus bloqué par l'arrivée en sens inverse d'un troupeau de vaches.

Arborant – afin de faire bonne figure derrière mon pare-brise – la mimique du citadin suprêmement diverti par ce touchant rappel des réalités campagnardes, je les voyais les unes après les autres se mettre au pas de charge à la vue de ma plaque d'immatriculation 75, hésiter devant la probable solidité du capot, s'écarter alors en renâclant, puis, se bousculant, longer la voiture sur la gauche, leurs grosses têtes incompréhensives lorgnant vers moi par la vitre ouverte, me lançant au passage un regard aussi profond, impénétrable et abscons que la notion d'« être » dans la philosophie heideggérienne.

Enfin, les dernières de la troupe se profilant, j'aperçus la fermière qui les « poussait » en marchant lentement, son bâton à la main, émettant à intervalles réguliers ces « ké, ké, ké » gutturaux, semblables à des cris de geais courroucés, dont se servent les paysans aveyronnais pour mener leurs bêtes. C'était une solide gaillarde en blouse bleue, au visage placide. Comme elle passait à ma hauteur, par respect humain et pour dire quelque chose, je lui lançai avec un sourire niais :

« Bonjour, elles sont marrantes, hein ! »

La fermière, tournant alors la tête vers moi et me fixant l'espace d'une demi-seconde d'un regard absent, passa son chemin sans même un mouvement de tête pour répondre à mon salut. Il n'y avait toutefois, dans son attitude, pas la moindre hostilité, c'était plutôt comme si une vitre nous eût séparés et qu'elle m'eût frôlé au sein d'un univers parallèle…

*

À la décharge publique de Saint-Cyprien sur Dourdou, existent, comme c'est la règle, plusieurs emplacements désignés par des panonceaux pour se débarrasser du rebut : un pour les vêtements, un pour la ferraille, un autre pour les matériaux de construction, plus un certain nombre de sous-emplacements pour le verre, les magazines, les bouteilles en plastique, le carton, et enfin les résidus dangereux. Cependant, comme il est à prévoir lorsqu'il n'existe aucun surveillant appointé, il est rare que les jeteurs s'embarrassent de ces catégories, préférant éparpiller leur rebut « au petit bonheur la chance », d'où il résulte un certain désordre.

Lorsque je garai ma voiture près de l'endroit assigné aux cartons, un homme se trouvait là qui fouillait inlassablement dans le capharnaüm indescriptible des objets à moitié décomposés, rouillés, souillés, brûlés, cassés, etc., et pour beaucoup inidentifiables. Il s'activait avec méthode et flegme. J'avais tout d'abord cru, sachant pertinemment qu'aucun employé municipal n'était dévolu au rangement de cette décharge, qu'il s'agissait d'un ferrailleur venu récupérer ce qui pouvait lui être utile, mais je ne remarquais aucune autre automobile sur le terre-plein et je ne pouvais voir aucun sac non plus attendre sur les côtés.

S'exclamant à voix haute sous le coup de l'indignation lorsqu'il apercevait les objets du délit, l'homme, claudiquant sur une jambe atrophiée et grommelant à voix basse, se saisissait des déchets mal répartis et, avec un soin minutieux, allait les replacer sur le tas approprié.

À un certain moment, son labeur l'ayant conduit à côté de moi, il me glissa sans me regarder :

– Les gens font n'importe quoi ! Ils jettent les choses n'importe où ! C'est triste !

Puis il repartit, tout en continuant de marmonner, pour transférer les lambeaux d'un sac en cuir du tas de la ferraille jusque sur celui des matériaux plus tendres.

Lorsque je quittai les lieux après avoir déchargé mes cartons, c'était la nuit presque établie. Il était toujours là, infatigable, tentant désespérément de rabouter les choses dans ce monde imparfait.

*

Les étés où j'habitais aux Bruères, je ne manquais jamais d'aller chaque soir rendre une visite à ma voisine la plus proche. Après s'être occupée pendant près de trente-cinq ans d'une exploitation agricole avec son mari et élevé ses quatre filles, elle se retrouvait désormais – son mari étant mort et ses filles dispersées aux quatre coins du département – tout à fait seule dans une vaste ferme déserte, si ce n'étaient les trois chats, un chien bâtard un peu fou et quelques poules. Marie-Reine qui, dans sa jeunesse, avait été une beauté locale, était aussi une femme intelligente, dont la conversation – entièrement différente de celles qu'on aurait pu poursuivre *à la ville* – constituait toujours pour moi un réel enchantement. En réalité, Marie-Reine excellait tout particulièrement dans le registre comique et j'allais quotidiennement à ma soirée-théâtre. Je prenais le verre de grenadine qu'elle me proposait rituellement et, installé sur une chaise droite près de la cheminée – où se consumait à vitesse contrôlée (grâce au système des trois bûches) le feu réduit au strict minimum –, j'assistais au spectacle.

Marie-Reine, la plupart du temps debout, pour être mieux à même de mimer certaines scènes, déployait alors devant moi la gazette illustrée des faits divers du canton.

Il s'agissait ce soir-là d'une anecdote concernant l'impact de la sécheresse persistante du moment sur les cultures de l'exploitation agricole modèle, où (bien qu'elle n'en ait eu nul besoin économique mais plutôt parce qu'elle s'ennuyait) elle s'était fait engager comme bonne à tout faire par celui qu'elle appelait « le châtelain » – lequel, gros patron d'industrie à la retraite, avait entrepris de monter, sur les terres de son château, un laboratoire agricole « futuriste ». Sans cesse visité par des délégations d'ingénieurs venus de tous les coins du globe, celui-ci était entièrement géré par informatique et selon les dernières découvertes scientifiques en matière d'agronomie. Chacune des vaches, m'expliqua Marie-Reine, était répertoriée personnellement par l'ordinateur et portait au cou une carte magnétique qui faisait qu'arrivée devant la mangeoire, lui était délivrée l'exacte quantité de nourriture, de vitamines et d'antibiotiques nécessaires. Il en allait de même avec les espaces cultivés où les doses d'engrais, de pesticides, les temps d'irrigation, etc. étaient calculés par le même ordinateur en relation permanente avec Météo-France.

Toujours est-il que, deux jours plus tôt et par ce climat de grande sécheresse, Marie-Reine, traversant les champs avant d'arriver au château « pour le ménage », avait constaté au premier coup d'œil que le maïs était en piteux état du fait qu'il n'avait pas été convenablement désherbé des « russes et des ravenelles » qui l'envahissaient et pompaient le peu d'humidité résiduelle.

Sur ces entrefaites, à l'heure de midi, alors qu'elle en était à la préparation d'un déjeuner pour les invités de marque du château (un « gros bonnet » du ministère de l'Agriculture, me dit-elle), le châtelain, tournicotant d'abord l'air de rien dans la cuisine, tout en feignant de chercher quelque chose, finit par s'adresser à Marie-Reine en ces termes :

– Alors Marie-Reine, que pensez-vous du temps ?

Marie-Reine (*debout devant moi et contrefaisant sa propre attitude « jouée » de paysanne ahurie et hébétée)* :

– Eh ben quoi ? C'est l'été !

(Exactement comme dans le théâtre classique, elle se penche vers moi – le public – et glisse en aparté, la bouche de travers et roulant des yeux pleins de

sous-entendus : Je m'disais : attends voir, si tu veux m'parler des maïs, on va bien rigoler, alors là oui ! J't'attends au tournant mon bonhomme !*)*

– Oui, c'est sûr… Il fait chaud ! Très chaud ! Et vous ça va ? Vous supportez bien cette canicule ?

– Ma foi, Monsieur, faut bien ! Nous aut'es, on est habitués !

– Dites-moi, Marie-Reine…

– Oui ? Monsieur, (Là, j'savais qu'il allait y v'nir, pour sûr !)

– Je m'inquiète un peu pour les maïs qui me paraissent un peu secs.

– Ah ! Ça Monsieur…

– Comment ça, que voulez-vous dire Marie-Reine ?

– Ben, c'que j'veux dire, Monsieur, c'est qu'vos maïs i' sont ben mal en point !

– Mal en point ! ? Mais c'est invraisemblable ! Savez-vous quelle somme j'ai investi dans ces trente hectares Marie-Reine ?

– Non, j'sais point ! Mais c'que j'me demande, Monsieur, c'est si vot'ordinateur il a jamais entendu parler des russes et des ravenelles, parce que maintenant, sauf vot'respect, vos maïs y sont foutus ! L'aurait fallu les désherber pass'que les russes et les ravenelles pompent toute l'eau pour eux-mêmes : pas si bêtes !

(I' disait rien, pipait pas mot, tout droit comme au garde-à-vous pendant que j'lui parlais, mais fidou ! – *et Marie-Reine, chaussée de ses grosses charentaises, imite le geste devant moi sur le sol de sa cuisine –* j'voyais les pointes de ses pieds se soulever toutes seules su'l'carrelage !)

*

Alors que j'étais sorti respirer l'air du soir dans le jardin, j'entendis, venant de la rue au-delà du portail, les échanges injurieux d'une altercation, mais dans une formulation molle et incertaine, sur le ton balbutiant dont seuls les ivrognes ont le secret. Je reconnus la voix de nos deux voisins célibataires – cousins germains par ailleurs – qui habitaient l'un en face de l'autre dans ce minuscule hameau de Touraine et qui avaient coutume, chaque dimanche après-midi, de se soûler de concert, plus méthodiquement encore que le reste de la semaine. Je sortis dans la rue pour les trouver agrippés l'un à l'autre, le premier à genoux et le second debout mais titubant sur des jambes fort instables, et tentant visiblement de se remémorer sans succès le début d'une redoutable prise de lutte.

Bien que j'aie souvent expérimenté combien il est problématique de se mêler des affaires d'autrui, je me retrouvais dès lors que je m'étais montré, intégré d'office aux réjouissances dominicales vernaculaires et il me parut difficile de ne pas intervenir. Aussi tentai-je de m'interposer et, sur-le-champ, comme c'était à prévoir, les choses se compliquèrent terriblement.

Avez-vous jamais essayé de raisonner un paysan tourangeau – issu d'une longue lignée d'alcooliques invétérés – en état d'ébriété très avancée ? Or ils étaient deux de cette trempe, et du genre particulièrement représentatif, si bien que, lorsque à force d'arguties très hypothétiquement susceptibles de parvenir jusqu'à leur entendement, agrémentées de quelques bourrades persuasives, j'avais réussi à en décrocher un, c'était l'autre, privé d'appui, qui perdait l'équilibre et s'écroulait sur le sol, tandis que le premier – qui n'avait pas nettement réalisé ma présence et me confondait avec celui qui s'accrochait maintenant à mes jambes pour tenter de se relever – essayait désespérément sur ma personne cette mystérieuse clé de bras qu'il ne parvenait décidément pas à se remémorer, réussissant tout au plus à me tordre mollement le petit doigt de la main gauche. Chacun s'employant par ailleurs à essayer de me convaincre que c'était l'autre qui était « une tête de con », ainsi qu'à me faire « avouer » que c'était son antagoniste à qui incombait la responsabilité du conflit : « à preuve qu'y avait essayé d'i balancer un coup d'tatane dans l'genou, c't'enflure ! » Cette dernière qualification ayant pour effet de réveiller l'interpellé qui, sans cela, se serait peut-être endormi tranquillement sur mon épaule, et de lui faire se récrier qu'on l'avait « attaqué en traître » et « qu'i fallait *surtout* pas jouer à ça avec lui ! »

Soudain, émergeant pour quelques instants des lourdes brumes éthyliques qui obscurcissaient leur conscience à tous deux, celui dont c'était devenu le tour d'être en station debout accroché à moi sembla me remettre, et, me soufflant son haleine méphitique au visage, la bouche en cœur, avec ces démonstrations de tendresse un peu répugnantes qu'ont les ivrognes, commença de me câliner, me prenant par le cou, s'employant à me démontrer à quel point il était en réalité un brave garçon qui n'aurait jamais fait de mal à une mouche, « à preuve, ses quinze lapins qu'i cajolait comme des bébés et à qui i n'aurait jamais donné que *du bon*, je n'avais qu'à me renseigner, c'était *garanti d'avance* ! » Ce que l'autre, qui pour l'heure était assis par terre un peu étourdi et qui avait entre-temps oublié l'objet de la querelle – si tant est qu'il y en ait jamais eu un –, confirma résolument : « Ça, pour sûr que c'est vrai qu'i n'i donne que *d'l'extra-bon* à ses lapinos ! » Mais comme la concorde n'était pas à l'ordre du jour, le maître des « lapinos » n'accepta pas que son antagoniste pût acquiescer à quoi que ce fût qu'il eût avancé, et la bataille reprit de plus belle : « Ta gueule ! Tête de con ! Qu'est-ce que t'en sais ? C'est-i toi qui leur donne leur boustifaille ? »

Et le différend parut alors s'orienter sur le fait d'établir si l'autre, pouvait oui ou non, savoir si les « lapinos » étaient nourris avec de *l'extra-bon* !

Je commençai de m'aviser que la situation se révélait conforme à ce que j'avais pu craindre au départ, à savoir parfaitement inextricable. D'autre part, était-il vraiment charitable de priver ces deux gars de leur altercation du week-end, ce remède de dernier recours à l'ennui définitif qui pèse, tout particulièrement le dimanche, sur les campagnes actuelles et plus encore sur les épaules de deux célibataires – dans cette localité perdue où les filles ont fui vers la ville, où le dernier café a dû fermer ses portes faute de clients et où ne subsiste pas même une ferme, le remembrement ayant imposé la monoculture intensive ?

Aussi, usant de ruses diverses et veillant bien, cette fois, à ce qu'ils restassent agrippés l'un à l'autre – ayant clairement réalisé entre-temps qu'au rebours de ce que j'avais pu croire de prime abord, c'était précisément en persistant à vouloir en venir aux mains qu'ils risquaient le moins de se blesser (chacun assurant un appui approximatif à l'autre) –, je parvins à me dégager du groupe vacillant que nous formions et je commençai à m'éloigner.

À peine avais-je parcouru quelques dizaines de mètres que je tombai sur Clotaire en faction, dissimulé derrière le coin de sa grange et ne perdant pas une miette du spectacle. Depuis qu'il avait vendu ses champs à un gros propriétaire, il était de notoriété publique que « le Clotaire » s'était trouvé une occupation à plein temps, consistant à guetter les moindres faits et gestes du voisinage. Quelques points stratégiques du hameau lui servaient d'affût. Sa femme et sa belle-sœur, qui assuraient l'intendance de la maison, étaient ponctuellement informées à chaque repas de l'évolution des *événements*, ce qui leur permettait ensuite de propager efficacement la gazette locale. Il devenait soudain évident que j'avais risqué, par mon intervention malencontreuse – restée heureusement sans effet –, de mettre en péril la vie culturelle du hameau. Ce n'est que lorsque je fus tout près de lui et que je le saluai à haute voix que Clotaire – sans pour autant lâcher du regard la scène palpitante – me lança de profil : « Ah ! Mais c'est qu'y vont y v'nir, sacré bon sang d'bon Dieu ! »

Jetant un regard en arrière, je vis les deux compères, toujours aussi tendrement enlacés, inaugurant tout juste les premiers pas hésitants d'une sorte de tango chaloupé… Mais quant à « y v'nir », ainsi que semblait l'espérer Clotaire, il y avait encore loin… et d'ailleurs à quoi exactement ? Seul le dieu des ivrognes, qui règne en maître sur les campagnes léthargiques d'aujourd'hui, aurait peut-être pu le prédire.

Récemment, alors que je venais de relire cette anecdote dans mes carnets, j'eus des nouvelles du hameau, où je n'étais pas retourné depuis plusieurs années. J'appris qu'il y avait un certain temps déjà, les deux cousins – bien avant d'atteindre la quarantaine et toujours aussi tendrement enlacés puisque l'un avait suivi l'autre de très près – étaient partis s'essayer au tango dans un lieu beaucoup plus profondément enfoui en terre de Touraine – et peut-être (qui sait ?) tout aussi *enivrant* que Les Bruères… Quant à Clotaire, on l'avait retrouvé quelques mois plus tard pendu à la poutre maîtresse de son grenier.

*

C'était une froide nuit de pleine lune, vers onze heures du soir, en mars. Je roulais à ma méditative allure habituelle sur la route départementale qui relie la ville de

Chinon au bourg de La-Tour-Saint-Gelin, traversant des villages et des hameaux tout aussi fantomatiques qu'on le dit du satellite mort qui, par cette nuit sans nuages, éclairait la campagne blanche de givre. N'eussent été les lueurs bleuâtres de la télévision filtrant par les rideaux des quelques fenêtres non hermétiquement closes de leurs volets, et, de temps à autre, l'apparition d'un chat précautionneux dont les yeux miroitaient un instant dans les phares, on eût pu croire s'avancer au cœur d'une contrée dévastée par quelque cataclysme.

À mesure que la lune montait vers son zénith, la campagne – radicalement disciplinée par la monoculture – semblait s'appesantir davantage sur son hébétude et son inertie. Je bifurquais de carrefour en carrefour par des routes de plus en plus étroites qui s'embranchaient les unes aux autres, en direction du hameau des Bruères. Mes phares débusquaient tout un peuple d'ombres fuyantes tapies dans les fourrés, les bosquets, le long des fossés et des talus – lesquelles cherchaient à m'effrayer avec de grands gestes emphatiques jusqu'à ce que la brutale révélation de la lumière électrique les ramenât à plus d'humilité.

Ce furent soudain d'autres ombres, plus mouvantes encore, qui s'animèrent dans le lointain et, cette fois, ne se dissipèrent point pour rejoindre la grande troupe sabbatique des *fantasmes-automobiles-nocturnes*. Celles-ci, au contraire, se concrétisèrent avec une surprenante réalité dans le halo des phares : silhouettes dansantes et tourbillonnantes emmenées par une gigue effrénée ! Étaient-ce des djinns tourangeaux, des goules réveillées par les ondes lunaires ?

Je m'approchai bravement, bien qu'au ralenti, et je matérialisai dans mes phares les faces hirsutes et sauvages d'une troupe de Gitans aux tenues bariolées, dansant pieds nus sur la chaussée à moitié verglacée ! Hommes, femmes, enfants, vieillards, plus quelques chiens excités courant en tous sens, s'agitaient au son de deux guitares, d'un tambourin et d'un chanteur qui, assis sur le marchepied d'une caravane rangée sur le bas-côté, officiaient près d'un feu, non loin d'un calvaire où la figure même du Christ paraissait s'animer un peu plus joyeusement sur sa croix…

Emportés dans l'élan d'une transe dionysiaque, les danseurs – qui allaient de temps à autre s'abreuver à un tonneau disposé sur une souche – ne prêtèrent pas même attention à mon arrivée et il fallut un certain temps avant qu'un vénérable vieillard, écartant les autres, me fît traverser au pas le cercle des envoûtés. Au passage, par la vitre ouverte, je croisai le regard de l'un d'eux. Au lieu de l'habituelle défiance méprisante affichée par ces éternels réprouvés, je crus y reconnaître cette béatitude qu'on aperçoit sur les images des saints médiévaux en extase.

Ayant toujours considéré qu'il était utopique et sans doute destructeur de vouloir fraterniser avec les quelques inspirés encore miraculeusement exemptés de nos soucieuses précautions modernes, je ne m'attardai guère et poursuivis ma route.

Traversant alors les quelques hameaux qui demeuraient encore sur mon chemin jusqu'à ma destination et, tandis que dans les hauteurs du ciel limpide – à l'aplomb même des toits serrés les uns contre les autres – la grosse lune radieuse était parvenue à son apogée, j'entrevis, derrière les fenêtres, les silhouettes des autochtones qui, assis bien droits sur leurs chaises, tel un peuple de spectres, fixaient sans bouger les lueurs tremblotantes de leurs téléviseurs.

*

Nous sommes montés jusqu'au-dessus de la maison du « docteur » par le sentier du bois et nous avons rejoint le pré où séjourne l'âne Socrate qui, lorsqu'il nous reconnut, vint vers nous pour se faire caresser à travers les barbelés.

J'observai le long poil soyeux, les grandes oreilles légendaires dressées en parallèles sur le dessus de la tête (de façon assez comique, à vrai dire, et qui explique sans doute le fameux et humiliant bonnet des écoles de jadis), les doux yeux immenses d'où émanait une innocence fabuleuse. J'étais surtout fasciné par l'œil bordé de noir qui s'effile sur le côté du haut crâne *gothique*. (Ne dirait-on pas que l'œil de l'âne a été dessiné une fois pour toutes par Modigliani ? Dans la plupart des portraits de Modigliani, en effet, les regards n'apparaissent-ils pas comme de minces échancrures de ciel pur qui, au milieu des visages et souvent en décalage avec l'expression, témoignent de l'ingénuité essentielle des êtres ?)

Et je songeais qu'on n'avait sans doute pas assez souligné le coup de génie de l'Histoire Sainte qui a osé choisir l'âne comme réchauffeur privilégié du Christ dans la crèche ! Cet animal martyr, ce souffre-douleur de l'humanité – si maltraité, si moqué, si torturé même, devenu pour nous tous, depuis si longtemps, le symbole à la fois de l'entêtement et de la stupidité bornée.

Dans son recueil de voyages au Maroc, Paul Bowles nous confie qu'il appartient à une association qui lutte depuis des décennies pour tenter de faire interdire dans le monde méditerranéen la pratique de la plaie maintenue au flanc de l'âne – qu'on fouaille un peu tous les jours pour qu'elle ne cicatrise jamais et qui permet ainsi, à l'aide d'un bâton bien manié, de faire obéir l'animal lorsqu'il devient trop récalcitrant. Plaie à vif, purulente, en permanence infestée de mouches !...

Animal adoré de l'enfance pourtant, et qui reste, pour les âmes demeurées un tant soit peu enfantines, le pendant christique de l'animalité universelle... et je me remémorai le titre du poème de Francis Jammes : « Prière pour aller au paradis avec les ânes ».

Mais ici dans l'enclos du « Mas », Socrate ne jouait que le rôle d'animal de compagnie, choyé, dans un pré décoratif… et il paraissait s'ennuyer ferme ! L'histoire horrifique ou absurde du traitement infligé aux animaux sur notre planète (déjà dénoncé avec virulence par Montaigne) reste à écrire. Sans doute se confondrait-elle, pour le coup, avec celle – occultée en permanence par notre *satanée* présomption angélique – de l'incommensurable « bêtise humaine » !

Toujours est-il qu'après avoir laissé Socrate à son spleen mélancolique dans le « calme pré du bon docteur », nous poursuivîmes notre randonnée jusqu'au chemin de crête où nous attendait la récompense – rarement refusée – des promenades impromptues : au fond d'une combe miroitait un étang d'eau verte, à la surface duquel de fines rides, poussées par la brise, se succédaient au rythme d'une aimable variation sur un même thème. Or tandis que sur ses rives, tel le décor d'une estampe chinoise ancienne, une luisante herbe haute et trois saules pleureurs ondulaient dans le vent tiède, sur les pentes environnantes de placides bovidés semblaient savourer le flux éternellement présent de cet instant fragile…

Une soudaine hallucination fit alors que, sur mon écran mental, les ondes de l'étang se confondirent aux douces irradiations du regard de Socrate, comme si, malgré tout, une certaine candeur pouvait s'entêter à persister dans le monde.

Table des matières

RÉALISATION : NORD COMPO À VILLENEUVE-D'ASCQ
BRODARD ET TAUPIN À LA FLÈCHE
DÉPÔT LÉGAL : NOVEMBRE 2007. N° 88930 (43803)
IMPRIMÉ EN FRANCE

Collection Points

DERNIERS TITRES PARUS

P1629. L'Affaire Hamilton, *Michelle De Kretser*
P1630. Une passion indienne, *Javier Moro*
P1631. La Cité des amants perdus, *Nadeem Aslam*
P1632. Rumeurs de haine, *Taslima Nasreen*
P1633. Le Chromosome de Calcutta, *Amitav Ghosh*
P1634. Show business, *Shashi Tharoor*
P1635. La Fille de l'arnaqueur, *Ed Dee*
P1636. En plein vol, *Jan Burke*
P1637. Retour à la Grande Ombre, *Hakan Nesser*
P1638. Wren. Les Descendants de Merlin I, *Irene Radford*
P1639. Petit manuel de savoir-vivre à l'usage des enseignants
Boris Seguin, Frédéric Teillard
P1640. Les Voleurs d'écritures *suivi de* Les Tireurs d'étoiles
Azouz Begag
P1641. L'Empreinte des dieux. Le Cycle de Mithra I
Rachel Tanner
P1642. Enchantement, *Orson Scott Card*
P1643. Les Fantômes d'Ombria, *Patricia A. McKillip*
P1644. La Main d'argent. Le Chant d'Albion II
Stephen Lawhead
P1645. La Quête de Nifft-le-mince, *Michael Shea*
P1646. La Forêt d'Iscambe, *Christian Charrière*
P1647. La Mort du Nécromant, *Martha Wells*
P1648. Si la gauche savait, *Michel Rocard*
P1649. Misère de la Ve République, *Bastien François*
P1650. Photographies de personnalités politiques
Raymond Depardon
P1651. Poèmes païens de Alberto Caeiro et Ricardo Reis
Fernando Pessoa
P1652. La Rose de personne, *Paul Celan*
P1653. Caisse claire, poèmes 1990-1997, *Antoine Emaz*
P1654. La Bibliothèque du géographe, *Jon Fasman*
P1655. Parloir, *Christian Giudicelli*
P1656. Poils de Cairote, *Paul Fournel*
P1657. Palimpseste, *Gore Vidal*
P1658. L'Épouse hollandaise, *Eric McCormack*
P1659. Ménage à quatre, *Manuel Vázquez Montalbán*
P1660. Milenio, *Manuel Vázquez Montalbán*
P1661. Le Meilleur de nos fils, *Donna Leon*
P1662. Adios Hemingway, *Leonardo Padura*
P1663. L'avenir c'est du passé, *Lucas Fournier*
P1664. Le Dehors et le Dedans, *Nicolas Bouvier*
P1665. Partition rouge.
Poèmes et chants des indiens d'Amérique du Nord
Jacques Roubaud, Florence Delay
P1666. Un désir fou de danser, *Elie Wiesel*

P1667. Lenz, *Georg Büchner*
P1668. Resmiranda. Les Descendants de Merlin II
Irene Radford
P1669. Le Glaive de Mithra. Le Cycle de Mithra II
Rachel Tanner
P1670. Phénix vert. Trilogie du Latium I, *Thomas B. Swann*
P1671. Essences et parfums, *Anny Duperey*
P1672. Naissances, *Collectif*
P1673. L'Évangile une parole invincible, *Guy Gilbert*
P1674. L'Époux divin, *Francisco Goldman*
P1675. La Comtesse de Pimbêche
et autres étymologies curieuses
Pierre Larousse
P1676. Les Mots qui me font rire
et autres cocasseries de la langue française
Jean-Loup Chiflet
P1677. Les carottes sont jetées.
Quand les expressions perdent la boule
Olivier Marchon
P1678. Le Retour du professeur de danse, *Henning Mankell*
P1679. Romanzo Criminale, *Giancarlo de Cataldo*
P1680. Ciel de sang, *Steve Hamilton*
P1681. Ultime Témoin, *Jilliane Hoffman*
P1682. Los Angeles, *Peter Moore Smith*
P1683. Encore une journée pourrie
ou 365 bonnes raisons de rester couché, *Pierre Enckell*
P1684. Chroniques de la haine ordinaire 2, *Pierre Desproges*
P1685. Desproges, portrait, *Marie-Ange Guillaume*
P1686. Les Amuse-Bush, *Collectif*
P1687. Mon valet et moi, *Hervé Guibert*
P1688. T'es pas mort !, *Antonio Skármeta*
P1689. En la forêt de Longue Attente.
Le roman de Charles d'Orléans, *Hella S. Haasse*
P1690. La Défense Lincoln, *Michael Connelly*
P1691. Flic à Bangkok, *Patrick Delachaux*
P1692. L'Empreinte du renard, *Moussa Konaté*
P1693. Les fleurs meurent aussi, *Lawrence Block*
P1694. L'Ultime Sacrilège, *Jérôme Bellay*
P1695. Engrenages, *Christopher Wakling*
P1696. La Sœur de Mozart, *Rita Charbonnier*
P1697. La Science du baiser, *Patrick Besson*
P1698. La Domination du monde, *Denis Robert*
P1699. Minnie, une affaire classée, *Hans Werner Kettenbach*
P1700. Dans l'ombre du Condor, *Jean-Paul Delfino*
P1701. Le Nœud sans fin. Le Chant d'Albion III
Stephen Lawhead

P1702. Le Feu primordial, *Martha Wells*
P1703. Le Très Corruptible Mandarin, *Qiu Xiaolong*
P1704. Dexter revient !, *Jeff Lindsay*
P1705. Vous plaisantez, monsieur Tanner, *Jean-Paul Dubois*
P1706. À Garonne, *Philippe Delerm*
P1707. Pieux mensonges, *Maile Meloy*
P1708. Chercher le vent, *Guillaume Vigneault*
P1709. Les Pierres du temps et autres poèmes, *Tahar Ben Jelloun*
P1710. René Char, *Éric Marty*
P1711. Les Dépossédés, *Robert McLiam Wilson et Donovan Wylie*
P1712. Bob Dylan à la croisée des chemins. Like a Rolling Stone
Greil Marcus
P1713. Comme une chanson dans la nuit
suivi de Je marche au bras du temps, *Alain Rémond*
P1714. Où les borgnes sont rois, *Jess Walter*
P1715. Un homme dans la poche, *Aurélie Filippetti*
P1716. Prenez soin du chien, *J. M. Erre*
P1717. La Photo, *Marie Desplechin*
P1718. À ta place, *Karine Reysset*
P1719. Je pense à toi tous les jours, *Hélèna Villovitch*
P1720. Si petites devant ta face, *Anne Brochet*
P1721. Ils s'en allaient faire des enfants ailleurs
Marie-Ange Guillaume
P1722. Le Jugement de Léa, *Laurence Tardieu*
P1723. Tibet or not Tibet, *Péma Dordjé*
P1724. La Malédiction des ancêtres, *Kirk Mitchell*
P1725. Le Tableau de l'apothicaire, *Adrian Mathews*
P1726. Out, *Natsuo Kirino*
P1727. La Faille de Kaïber. Le Cycle des Ombres I
Mathieu Gaborit
P1728. Griffin. Les Descendants de Merlin III, *Irene Radford*
P1729. Le Peuple de la mer. Le Cycle du Latium II
Thomas B. Swann
P1730. Sexe, mensonges et Hollywood, *Peter Biskind*
P1731. Qu'avez-vous fait de la révolution sexuelle ?
Marcela Iacub
P1732. Persée, prince de la lumière. Le Châtiment des dieux III
François Rachline
P1733. Bleu de Sèvres, *Jean-Paul Desprat*
P1734. Julius et Isaac, *Patrick Besson*
P1735. Une petite légende dorée, *Adrien Goetz*
P1736. Le Silence de Loreleï, *Carolyn Parkhurst*
P1737. Déposition, *Leon Werth*
P1738. La Vie comme à Lausanne, *Erik Orsenna*
P1739. L'Amour, toujours !, *Abbé Pierre*
P1740. Henri ou Henry, *Didier Decoin*

P1741. Mangez-moi, *Agnès Desarthe*
P1742. Mémoires de porc-épic, *Alain Mabanckou*
P1743. Charles, *Jean-Michel Béquié*
P1744. Air conditionné, *Marc Vilrouge*
P1745. L'Homme qui apprenait lentement, *Thomas Pynchon*
P1746. Extrêmement fort et incroyablement près
Jonathan Safran Foer
P1747. La Vie rêvée de Sukhanov, *Olga Grushin*
P1748. Le Retour du Hooligan, *Norman Manea*
P1749. L'Apartheid scolaire, *G. Fellouzis & Cie*
P1750. La Montagne de l'âme, *Gao Xingjian*
P1751. Les Grands Mots du professeur Rollin
Panacée, ribouldingue et autres mots à sauver
Le Professeur Rollin
P1752. Dans les bras de Morphée
Histoire des expressions nées de la mythologie
Isabelle Korda
P1753. Parlez-vous la langue de bois ?
Petit traité de manipulation à l'usage des innocents
Martine Chosson
P1754. Je te retrouverai, *John Irving*
P1755. L'Amant en culottes courtes, *Alain Fleischer*
P1756. Billy the Kid, *Michael Ondaatje*
P1757. Le Fou de Printzberg, *Stéphane Héaume*
P1758. La Paresseuse, *Patrick Besson*
P1759. Bleu blanc vert, *Maïssa Bey*
P1760. L'Été du sureau, *Marie Chaix*
P1761. Chroniques du crime, *Michael Connelly*
P1762. Le croque-mort enfonce le clou, *Tim Cockey*
P1763. La Ligne de flottaison, *Jean Hatzfeld*
P1764. Le Mas des alouettes, Il était une fois en Arménie
Antonia Arslan
P1765. L'Œuvre des mers, *Eugène Nicole*
P1766. Les Cendres de la colère. Le Cycle des Ombres II
Mathieu Gaborit
P1767. La Dame des abeilles. Le Cycle du latium III
Thomas B. Swann
P1768. L'Ennemi intime, *Patrick Rotman*
P1769. Nos enfants nous haïront
Denis Jeambar & Jacqueline Remy
P1770. Ma guerre contre la guerre au terrorisme
Terry Jones
P1771. Quand Al-Quaïda parle, *Farhad Khosrokhavar*
P1772. Les Armes secrètes de la C.I.A., *Gordon Thomas*
P1773. Asphodèle suivi de Tableaux d'après Bruegel
William Carlos Williams

P1774. Poésie espagnole 1945-1990 (anthologie)
Claude de Frayssinet
P1775. Mensonges sur le divan, *Irvin D. Yalom*
P1776. Le Cycle de Deverry. Le Sortilège de la dague I
Katharine Kerr
P1777. La Tour de guet suivi des Danseurs d'Arun.
Les Chroniques de Tornor I, *Elisabeth Lynn*
P1778. La Fille du Nord, Les Chroniques de Tornor II
Elisabeth Lynn
P1779. L'Amour humain, *Andreï Makine*
P1780. Viol, une histoire d'amour, *Joyce Carol Oates*
P1781. La Vengeance de David, *Hans Werner Kettenbach*
P1782. Le Club des conspirateurs, *Jonathan Kellerman*
P1783. Sanglants trophées, *C. J. Box*
P1784. Une ordure, *Irvine Welsh*
P1785. Owen Noone et Marauder, *Douglas Cowie*
P1786. L'Autre Vie de Brian, *Graham Parker*
P1787. Triksta, *Nick Cohn*
P1788. Une histoire politique du journalisme
Géraldine Muhlmann
P1789. Les Faiseurs de pluie.
L'histoire et l'impact futur du changement climatique
Tim Flannery
P1790. La Plus Belle Histoire de l'amour, *Dominique Simonnet*
P1791. Poèmes et proses, *Gerard Manley Hopkins*
P1792. Lieu-dit l'éternité, poèmes choisis, *Emily Dickinson*
P1793. La Couleur bleue, *Jörg Kastner*
P1794. Le Secret de l'imam bleu, *Bernard Besson*
P1795. Tant que les arbres s'enracineront
dans la terre et autres poèmes, *Alain Mabanckou*
P1796. Cité de Dieu, *E. L. Doctorow*
P1797. Le Script, *Rick Moody*
P1798. Raga, approche du continent invisible, *J.M.G. Le Clézio*
P1799. Katerina, *Aharon Appefeld*
P1800. Une opérette à Ravensbrück, *Germaine Tillion*
P1801. Une presse sans Gutenberg,
Pourquoi Internet a révolutionné le journalisme
Bruno Patino et Jean-François Fogel
P1802. Arabesques. L'aventure de la langue en Occident
Henriette Walter et Bassam Baraké
P1803. L'Art de la ponctuation. Le point, la virgule
et autres signes fort utiles
Olivier Houdart et Sylvie Prioul
P1804. À mots découverts. Chroniques au fil de l'actualité
Alain Rey
P1805. L'Amante du pharaon, *Naguib Mahfouz*